PoWer connector

파워커넥터

파워커넥터

초판 1쇄 발행 2019년 6월 1일

지 은 이   이연수
발 행 인   권선복
편   집   유수정
디 자 인   유수정
전 자 책   서보미
발 행 처   도서출판 행복에너지
출판등록   제315-2011-000035호
주   소   (157-010) 서울특별시 강서구 화곡로 232
전   화   0505-613-6133
팩   스   0303-0799-1560
홈페이지   www.happybook.or.kr
이 메 일   ksbdata@daum.net

값 15,000원
ISBN 979-11-5602-725-6 (03190)

Copyright ⓒ 이연수 2019

도서출판 행복에너지는 독자 여러분의 아이디어와 원고 투고를 기다립니다. 책으로 만들기를 원하는 콘텐츠가 있으신 분은 이메일이나 홈페이지를 통해 간단한 기획서와 기획의도, 연락처 등을 보내주십시오. 행복에너지의 문은 언제나 활짝 열려 있습니다.

PoWer connector

파워커넥터

이연수 지음

머리말

당당한 파워커넥터가 돼라!

오늘날 취업난이 갈수록 심화되고 있다. 창업의 길로 들어선 청년들의 사정 역시 크게 다르지 않다. 이렇게 어려운 사회적인 여건 속에서도 오늘보다 나은 미래를 위해 노력하는 청년들이 있다. 열심히 노력하는 청년들. 그들은 누구 못지않게 열심히 살고 있다.

사회진출을 앞두고 무엇을 어떻게 해야 할지 몰라 방황하는 청년들이 종종 보인다. 나는 그들에게 이렇게 질문하고 싶다. "당신은 왜 그렇게 잘 안 풀리는 걸까? 다른 사람보다 노력이 부족한 것도 아닌데, 어째서 월급은 쥐꼬리만큼 벌고 직급은 낮으며 비참한 결과만 얻는 것일까?"

어린 시절 같은 반 아이들 중에 공부도 꼴찌였고, 외모도 찌질했던 아이가 있었다. 그랬던 친구가 지금은 자신감 넘치고 당당

할 뿐만 아니라 유능한 CEO가 되어있다. 그런데 그 친구와는 달리 당신의 모습은 초라하기 그지없다. 승진은 고사하고 쥐꼬리만한 월급으로 내 집 마련 가망성은 제로에 가까워 보인다. 그렇다고 해서 현재의 당신 모습에 비관할 필요는 없다. 당신은 사회생활을 잘 해낼 수 있는 자본이 부족했던 것이 아니다. 단지 사회생활의 기술을 습득하지 못한 것일 뿐이다.

사람이 정답이다. 인간관계에서 길을 찾아야 한다. 주변 사람들에게 관심을 좀 더 기울여라. 만일 당신의 관계망에서 뛰어난 인물이 눈에 띄지 않는다면, 사교성이 뛰어난 친구를 찾아라. 그를 통해 인맥의 네트워크를 넓혀 나가라. 친구의 친구를 알게 되는 방식으로 인맥의 둘레를 조금씩 넓혀나가야 한다. 그래야만 괴로운 현실에서 벗어날 수 있다.

그렇다면 과연 어떤 사람을 사귀어야 할까?

재테크를 배우고 싶다면 재테크 전문가를, 대기업으로 자리를 옮기고 싶다면 자신을 키워줄 헤드헌터를 사귀면 된다. 사회에서 잘 풀리어 성공하고 싶은가? 그렇다면 당신의 생활 범위를 벗어나야 한다. 친구를 사귈 때에도 아무나 만날 것이 아니라 나름대로의 안목으로 사람을 분별하여 골라 사귀어야 한다. 당신이 아직 사회에서 성공하지 못한 작은 인물인가? 그렇다면 당신의 주변을 한번 둘러보라. 작은 인물들만 존재할지도 모른다. 당신이 성공하지 못한 까닭은 바로 거기에 있다. 인맥네트워크가 협소하면 자신의 활동구역도 작아지기 마련이다. 즉 강한 자를 가까이하면 강해지고, 부자를 가까이하면 부자가 된다. 이 사실을 빨리 깨달아야 한다.

본문에서도 소개했듯 빌 게이츠는 하버드대를 자퇴하고 친구 폴 알렌과 5주라는 시간에 걸쳐 BASIC 프로그래밍을 개발했다. 여기서 우리가 놀랄만한 점은 IBM사가 빌 게이츠와 인연을 맺을 수 있었던 데에는 단순히 그의 뛰어난 재능뿐만이 아닌 그의 인맥도 한몫했다는 점이다. 빌 게이츠의 어머니가 빌 게이츠에게 IBM 회장을 소개해준 덕분에 그는 IBM사와 인연을 맺을 수 있었다. 사람은 혼자서는 살 수 없는 존재다. 사람은 누군가와 관계를 맺고, 상호작용을 통해 더불어 살아가야 하는 존재다. 언젠가 도움을 요청하면 달려와 줄 사람이 필요하다.

이 책을 접한 독자들이 '사람보다 더 뛰어난 자산은 없다.'는 교훈을 깨닫길 바란다. 그리고 이것을 깨달았다면 적극적인 관계 맺기를 실행하여 원하는 삶을 살아가길 바란다.

2019. 05. 25
저자 **이연수**

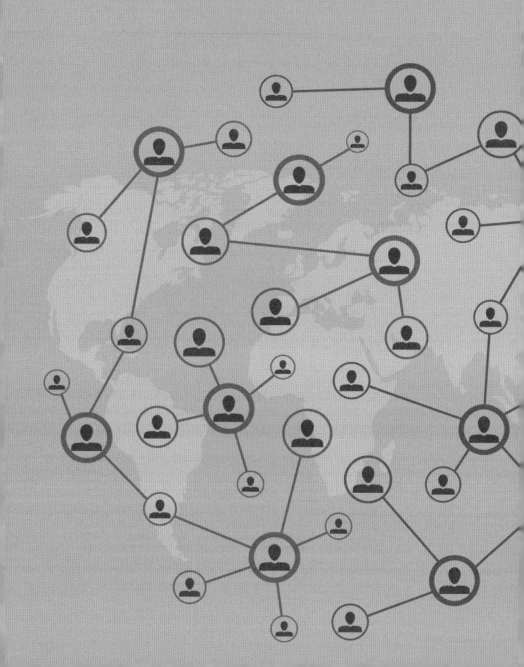

C o n t

제1부 WHY

왜, 파워커넥터(Power connector)가 되어야 하는가?

ents

제2부 **MIND**

관계맺기를 위한 마인드

Succes story ✦

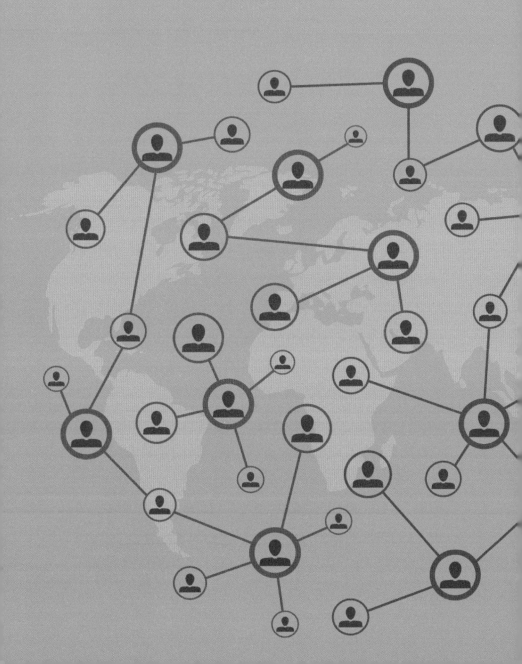

관계를 가장 잘 맺는 사람이 능력자다

초연결 사회에서는 누가 관계를 잘 연결하는가에 달렸다. 오늘날과 같은 도전적인 세상은 '다른 사람의 힘'을 나의 연결 마인드맵 안으로 집어넣어야 한다. 영국의 잡지 《네이처》에 게재된 논문에서 다음과 같은 연구결과를 발표했다. 최고의 성취자는 가장 많은 사회적 관계를 바탕으로 다양하게 정보를 공유할 사람들이라고 말이다. 대상을 평가하는 데도 곁에 누가 있느냐에 따라 결과가 달라진다고 한다. 초연결사회에서 말하는 성공은 '누가 가장 잘 적응하는가'가 아니라 '누가 관계를 가장 잘 연결하는가'에 달려 있다.

힐러리 클린턴 국무장관에 관한 이야기이다. 이화여대를 찾아 2,000여 명의 학생들에게 강연을 한 적이 있었다. 이 강연에서 힐러리는 자신의 경험을 이야기하여 학생들로부터 열광적인 박수를 받았다. 힐러리 클린턴 장관은 강연의 서두에서 "국무장관 자격으로 이 자리에 이렇게 서게 될 줄은 몰랐습니다. 인생은 그렇습니다. 언제나 준비하고 기회를 잡고, 다른 사람과 협력을 통해 공통의 좋은 목표를 향해 나아가야 합니다. 여러분의 꿈을 좇으십시오."라고 이야기를 풀어나갔다. 이때 한 학생이 "세계에서 영향력이 가장 큰 인물이 되기까지 많은 장애를 어떻게 헤쳐나갔느냐?"라고 질문했다. 이 질문에 힐러리는 다음과 같이 대답했다. "모든 인생에는 도전이 있고 어떤 경우에도 어려움이 있습니다. 중요한 것은 이것에 어떻게 대응하느냐이죠. 장애물을 극복하고 앞으로 나아가는 사람도 있고, 장애물 앞에서 지레 포기하는 사람도 있습니다. 주변에 손을 내밀어 줄 사람이 있다는 것은 너무나도 중요하죠. 여러분은 주변의 관계 네트워크부터 균형을 잡을 수 있게 해야 합니다. 이는 여러분 모두가 감당해야 하는 일입니다."

여기에서 그녀가 강조한 핵심은 그것이다. 어려움이 있을 때 이에 어떻게 대응하는가 하는 위기 대응 능력, 그리고 주변의 사람들과 협력 관계를 유지하는 균형 잡힌 인적 네트워킹 능력을 가져야 한다는 점이다. 또한 그녀는 자서전에서도 다음과 같이 밝힌 바 있다. "내가 퍼스트레이디 시절에 배운 가장 중요한 교훈은 외교정책이 지도자들 사이의 인간관계에 의해 크게 좌우된다는 점이다. 이념이 대립하는 나라끼리도 지도자들이 서로 알고 신뢰하면 쉽게 합의에 이룰 수 있고, 동맹관계도 맺을 수 있다. 하지만 이런 외교에 성공하려면 당사자들이 끊임없이 치밀하게 비공식적인 대화를 나누어야 한다." 여기서도 힐러리는 인간관계에서 신뢰의 중요성을 이야기하고 있다.

우리 주변에는 흔히 같은 조직과 직장 내의 사람들하고만 교류하는 사람들이 적지 않다. 인간관계의 폭이 좁다고 할 수 있다. 어떻게 보면 너무 한쪽에 치우친 소극적인 인간관계 속에서 살아가는 사람들이다. 그래선 안 된다. 힐러리 클린턴 장관이 강조하듯이 한쪽에 치우치지 않는 다양한 사람들과 균형 있는 관계맺기를 해야 한다. 이런 사실도 모른 채 그저 자기 분야만 아는 사람들, 다른 분야의 사람들과는 거의 접촉하지 않는 소극적 태도의 사람들이 많다. 학창시절에는 다양한 사람들과 잘 사귀다가도 취직한 후에는 소홀히 하는 경향이 있다. 물론 지식이나 기술을 습득하는 일은 중요하다. 하지만 일정 수준을 넘어가면 그것들보다도 사람을 더 많이 아는 일이 큰 재산이 된다. 이것이 바로 '인테크', 즉 관계맺기라는 사실을 깨닫게 되는 것이다.

소위 '억대 연봉자'로 성공한 사람들과 평범한 직장인을 비교해 보면 그 차이를 쉽게 이해할 수 있다. 실적을 내야 하는 직장에서는 뛰어난 업무 능력으로 좋은 평가를 받는 것은 너무나 당연하다. 그러나 성공한 사람들은 업무능력 외에 관계맺기의 능력도 탁월하다. 이들의 공통점은 바로 친화력이다. 상대방과 정서적인 간격을 좁힐 수 있는 친화력, 그리고 의지를 가졌다는 공통점이 있다. 성공한 사람들은 위기 대처 능력도 다르다. 그들은 어려운 문제를 잘 찾아내고, 이에 필요한 정보를 분석하고 해결 시나리오를 생각해 낼 수 있는 능력, 그리고 영향력 있는 인맥을 동원하여 문제를 수습할 수 있는 능력을 가지고 있다. 이처럼 연결사회에서는 관계맺기가 중요하다.

어떻게 관계맺기를 해야 하는가

그럼 어떻게 관계맺기를 해야 하는가.

우리의 삶은 만남의 연속선상에 있다. 우리가 만나는 사람들은 서로의 삶에 지대한 영향을 미치는 관계에 있다. 뜻과 마음을 나누는 친구, 손수 모범을 보이는 선배, 스승, 서로 소통하여 상생의 발전을 하는 멘토 등 우리가 만나는 모든 사람들은 우리와 무관하지 않다. 어떤 사람과 만나느냐에 따라 나 자신의 처지도 달라지는 법이다. 더 나은 미래를 가진 사람이 되기도 하고, 그 반대가 되기도 한다. 특히 현 문재인 정부 출범 후 올해처럼, 경제 상황이 급변할 때에는 잘 짜인 네트워크를 가진 사람들이 살아남을 확률이 높다고 해도 과언이 아니다.

이러한 관계맺기는 기본적 관계맺기와 전략적 관계맺기로 구분할 수 있다. 기본적 관계맺기는 동창회·친구 모임 등 대개 타인에 의해 만들어지거나 우연한 계기로 만난 인연으로 맺어진다. 자신의 의지와는 상관없는 인맥 속에서 형성되는 경우다. 전략적 관계맺기는 필요한 인맥, 즉 내가 만나고 싶은 사람과 내가 추진하는 목적에 도움이 되는 인맥, 자신에게 도움이 될 미래의 인맥과 전문가를 가리킨다. 이것은 스스로 만들어나가는 관계맺기로서, 계획성과 노력에 따라 형성되는 것이다. 그 성공사례로 들 수 있는 것이 바로 지난번 남아프리카공화국 더반에서 열린 '2018년 올림픽 개최지 투표'이다. 올림픽 개최지 투표에서 우리나라는 압도적인 득표율로 선정되었다. 덕분에 평창 유치를 확정 지을 수 있었다. 모두 인맥 덕분이다. 우리 대표단은 I.O.C 위원 전원의 인맥을 세심하게 정리한 '인맥 관계도'를 만들어놓고 맨투맨으로 밀착 마크를 했는데, 이것이 바로 전략적 관계맺기라고 할 수 있는 것이다.

연결사회에서의 관계맺기란 하나의 목적을 향해 건너가는 연결의 징검다리다. 이 징검다리가 부패 사슬의 기업가에게 연결되어 사용되느냐, 아니면 성공한 사람들에게 사용되느냐는 전적으로 선택에 달려있다. 전통적 사고라고 해서 무조건 부정적으로만 볼 것이 아니다. 오히려 지금처럼 변화의 속도가 빠른 현실 세계에서는 사람이 곧 돈이고 힘이며 정보다. 인맥은 경쟁력이라는 사실을 인식하는 것이 현명하다. 경제 상황이 변할 때에도 어려움을 이기고 살아남는 사람들은 잘 짜인 전략적 관계맺기를 가진 사람들이다.

이 책에서 소개하는 모든 성공 스토리는 사람에 투자하여 그 인맥을 기반으로 성공한 사람들의 이야기다. 다양한 관계맺기의 사례들을 접한 독자들이 '사람보다 더 뛰어난 자산은 없다'는 교훈을 깨달았으면 한다. 이 교훈을 통해 보다 적극적인 관계맺기를 주저 없이 실행하기를 바라는 마음이다.

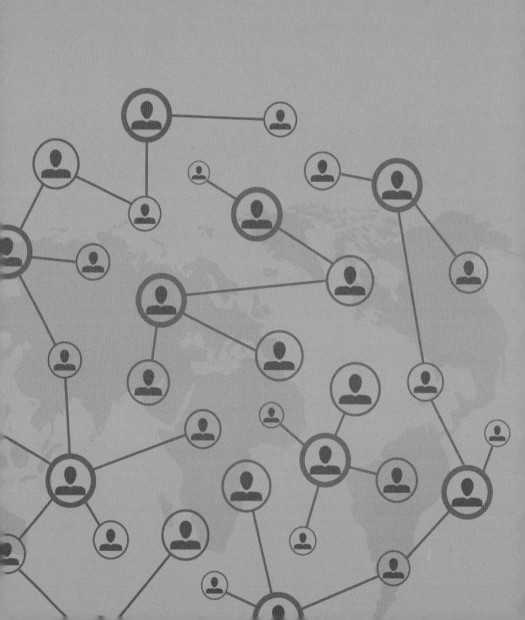

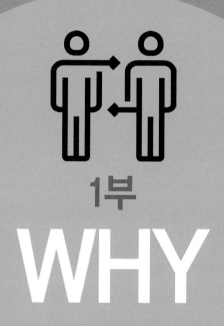

1부

WHY

왜,
파워커넥터(Power connector)가
되어야 하는가?

01 / 사람이 답이다

사회와 기업에서 선호하는 인재상은 단순히 성적만 우수한 사람이 아니다. 성적보다도 직무능력이 우수한 학생을 선호한다. 사회에서 성공하려면 사회를 알고, 다양한 경험 속에서 다양한 관점을 지닌 많은 사람들과 어울릴 줄도 알아야 한다. 미국의 카네기 멜론 공과대학에서 조사한 결과에서도 성공에 필요한 요소의 85%는 인간관계, 즉 다른 사람과 잘 어울리는 품성과 능력이라고 한다. 전문적인 기술과 훈련은 단지 15%에 불과하다고 보았다.

성공을 하기 위해선 나 자신과 연결 관계에 있는 사람의 도움이 필요하다. 물론 성공 자체는 나 자신의 손에 달려있다. 하지만 관계로 맺어진 사람들의 도움 없이 목표 과정을 완수하기란 거의 불가능하다.

빌 게이츠(Bill Gates)는 하버드 대학 2년을 다니다가 그만두고 친구 폴 알렌과 사업을 시작했다. 그가 거둔 첫 번째의 성공은 DOS 운영체제를 들고 바로 세계적인 컴퓨터 업체인 IBM과 계약한 것이었다. 그는 어떻게 이런 좋은 기회를 얻을 수 있었을까?

그것은 바로 빌 게이츠의 어머니가 IBM 회장 존 오펠(John Opel)을 만나 아들의 신생회사 마이크로소프트(MicroSoft)와 일해보도록 권유했기 때문이다. 그녀가 가입하여 활동하는 사회단체인 워싱턴 주립대학 이사회, 자선단체 유나이티드 웨이 등의 모임에서 IBM 존 오펠 회장과 친분 관계가 있었던 것이다. 어머니가 연결하여 만들어준 이 15분의 기회가 없었다면 아예 이 일을 추진할 기회조차 없었을 것이다. 그의 첫 성공은 사회성이 좋은 어머니의 인간관계 맺기에서 비롯된 셈이다. 이것은 비단 그에게만 적용되는 얘기가 아니다. 우리도 마찬가지다. 어떤 사람을 만나느냐에 따라 지금보다 더 나은 사람이 되기도 하고, 그 반대가 되기도 한다.

아시아의 최대 자산가로 우뚝 선 알리바바(Alibaba) 그룹의 마윈(馬雲, Ma Yun, J)의 이야기를 살펴보자. 오늘날 세계적인 경제인의 자리에 올라선 마윈. 그의 삶은 굴곡이 심했다. 젊은 시절 가뜩이나 가난했던 환경에 그는 대입시험에 두 번이나 떨어졌다. 그 후 항저우 사범대학에 들어가 영어교육을 전공한 후 항저우 전자과학기술대학에서 영어 강사로 일했다. 그는 항저우에서 최초 번역회사인 하이보 번역사를 차려 번역사 업무를 하다가 가게 된 미국에서 인터넷의 미래를 상상하게 되었다. 그간의 경험을 바탕으로 중국 내 제조업자와 해외 구매자를 연결해 주는 온라인 쇼핑몰 알리바바닷컴을 17인의 동업자와 함께 창업하게 되었다. 이후 성공하는 듯하였으나 역경은 끊이질 않았다. 이후로도 위기가 몇 차례 찾아왔다. 위기가 올 때마다 오뚝이처럼 일어설 수 있었던 데에는 인간관계맺기의 저력이 숨어있었다. 2000년에 또 위기를 맞았을 때, 친구에게서 연락이 왔다. 친구는 이렇게 말했다. "손정의 회장이 베이징 회의에 참석 중인데 내가 연결하여 만날 수 있게 해볼게, 어쩌면 이번이 전환점이 될 기회일지도 몰라."

일본 소프트뱅크 창업자 손정의 회장을 찾아가 만나 단 6분 만에 2000만 달러의 투자 결정을 받아내어 위기를 넘긴 사례도 있었다. 마윈은 뛰어난 기술을 보유한 사람도 아니며, 체계적인 경영수업을 받은 바도 없다. 하지만 비전을 제시하고 관계를 맺은 사람들과의 마음을 결집시키는 능력만큼은 최고이다. 평소에도 그는 "친구를 통해 친구를 사귀어라."라고 동료들에게 말하면서 개인도 기업도 그 중심에는 사람이 있다고 한다. 사람의 가치와 힘을 믿는 그의 경영철학에 공감이 가는 이유이다.

일본의 소프트뱅크 손정의(孫正義, Son Masayoshi) 회장의 이야기도 마찬가지다. 그는 세계적인 인터넷 재벌로 경영계의 거목이 된 지금 자신의 성공신화 뒤에는 사사키 다다시 스승과의 만남과 그의 가르침이 있었다고 말한다.

"버클리 학생이었던 제가 만일 사사키 선생님을 만나지 못했더라면…. 사사키 선생님! 모든 것은 선생님과의 만남으로부터 시작되었습니다. 감사합니다."라고 사사키 다다시 스승의 89세 생일 축하연에서 한 인사말이다.

사람에겐 우리 스스로가 생각하는 것보다 훨씬 더 큰 힘이 있다. 인생을 바꾼 인연, 바로 그것이다. 성공은 작은 인연에서부터 출발한다. 어떤 사람을 만나느냐에 따라 인생이 달라지기도 한다. 종종 전혀 예상치 못한 다른 삶을 살게 되는 변곡점이 되기도 하는 것이다. 중요한 것은 우리 주변에 누가 있느냐이다.

바람직한 인간관계를 위한 효율적인 전략과 기법들을 이 책을 통해 설명하고 있다. 그러니 이 책에서 일러주는 것들을 잘 학습하여 실행한다면 누구든 최고의 파워커넥터로서 네트워킹 능력자가 될 수 있을 것이다. 파워커넥터가 되는 길이 당장은 많은 시간과 노력을 필요로 하는 것처럼 생각될 것이다. 하지만 이런 노력의 과정을 거친다면 새로운 관계맺기로 연결될 확률은 더 높아지게 된다.

석유왕 록펠러는 누구를 만나 부자가 되었을까?

존 록펠러는 1839년 뉴욕 주 리치퍼드의 평범한 가정에서 장남으로 태어났다. 그의 아버지는 월마트의 전신인 리테일회사의 방문판매 영업사원이였고, 전업주부인 어머니로부터 가정교육의 영향을 많이 받으며 자랐다.

그의 어머니는 센트럴 고등학교를 졸업한 아들 록펠러에게 "대학에 가서 공부하지 말고 빨리 돈을 벌어라. 돈을 많이 벌게 되면 전 세계가 너의 아래 무릎 꿇을 것이다."라는 말을 자주 들려주곤 하였다.

어린 록펠러에게 가장 많은 영향을 주었던 인물은 어머니였다. 16세의 어린 록펠러는 18세가 될 때까지 오하이오 주에서 원유를 채굴하는 공장 주변 함밥집 식당에 곡물류 등 농산물을 소매 유통하는 작은 회사에서 주급 4$의 일자리로 일을 시작했다. 당시 오하이오 주는 많은 석유 채굴공장에서 석유가 폭발하는 사고가 잦아 '불(폭발)의 고장'이라는 오명을 가지고 있었을 때이다. 어린 그는 이때부터 단순한 원유 채굴이 중요한 일이 아니라 불이 나지 않게 이를 잘 정유하는 기술이 중요하다는 인식의 전환을 골똘히 하고 있었다. 그는 어머니에게도 자주 "석유를 깨끗하게 만들지 않으니 자꾸 폭발하는 것입니다. 배추와 샐러드를 깨끗이 씻어 먹어야 배탈이 나지 않듯이요. 나는 석유를 깨끗하게 만들겠습니다."라고 이야기했다. 원유 정제기술의 부족을 인식한 그는 미국의 신기술 개발자가 되어 사업을 하겠다는 생각을 하게 된 것이다.

그리하여 이를 사업화하는 일로 마음을 먹게 된 2년 후 19세 때는 석유 정제, 물류, 보관에 관한 전문 기술자인 화학자와 관련 사업자들을 만나려 찾아다녔다. 그때 만난 사람들 중 사무엘과 클락이 합류하게 되었다. 이때부터 어린 록펠러는 석유는 채굴보다 정제가 더 중요하다는 평소 생각에 기반하여 "내가 전 세계를 석유로 뒤덮을 것이다. 그리고 다시는 폭발사고가 없는 세상을 만들겠다."라고 굳게 다짐했다.

그가 23세 때 친구 사무엘과 함께 인수하려던 상사회사가 같이 일해오던 클락과의 경쟁 입찰을 하게 되었다. 2만 5천 달러에서 시작된 입찰이 서로 과당 경쟁을 거치면서 7만 2천 달러에 록펠러가 낙찰을 받아 많은 언론에서 집중 보도되었다. 그에 대한 호기심은 들끓고 있었다. 그런 큰돈 7만 2천 달러가 없는 록펠러는 그 거금을 어떻게 마련했을까?

어린 록펠러는 당시에 철도사업을 하고 있는 밴더빌트(나중에 미국의 철도왕이 된 인물)를 찾아가 자기를 소개하면서 다음과 같이 말했다. "요즘 언론에 보도된 상사회사를 낙찰 받은 사람이 저입니다. 저에게 투자를 해주십시오. 석유의 철도와 선박 수송 사업을 투자유치 받아 석유사업을 하고 있는 제가 도와드릴 테니 이번 기회에 동부 철도망을 장악하십시오. 원유 수송에 있어 정확한 물량을 정시에 보급하는 철도 물류를 독점적으로 공급하겠으니 투자해주십시오."

어린 록펠러에게 설득된 밴더빌트는 7만 2천 달러를 투자하게 되었다. 이는 세계 최초의 거금 신용대출로 이때 손을 맞잡은 두 사람은 미래에 꿈을 이루어 석유왕 록펠러와 철도왕 밴더빌트가 되고 세계의 역사적인 부자로 이름을 날리면서 이 지구를 떠나게 된다.

02 "누구 아는 사람 없소?"

미국 대통령 선거에서 버락 오바마 민주당 후보가 당선되었을 그때의 일이다. 우리 국내의 정치권과 경제계의 수많은 인사들이 오바마 대통령 당선자와 관계를 맺고자 하는 시도를 계속하고 있었다. 차기 백악관 주인과의 친분은 국제무대에서뿐만 아니라 국내 정치판에서도 큰 자산이기 때문이다. 당시 국내 언론 보도에 나타난 여러 신문의 헤드라인을 한 번 보자.

- 누구 오바마 아는 사람 없소? (매경)
- "오바마에게 줄 대라" 여야 인맥 동원령 (중앙)
  - 민주 직간접 인연 강조 … 송영길 "안면 튼 사이"
- 오바마와 악수라도 해본 분 없나요? (동아)
- 재계 "오바마와 통하라" (국민)
- 재계 "오바마에 줄 댈 곳이 없다" (매경)
  - 삼성, 현대와 LG 그룹 인맥 없어 고민

- "오바마 채널 뚫어라" 재계 분주 (동아)

  - 손경식 상의 회장 '워싱턴 G20' 통해 유대 강화 계획

  - 전경련–무역협회 간담회 마련 … KOTRA는 정보 수집

- '오바마 인맥'이 없다 (문화)

  - 중앙정치 경력 짧아 '직통' 없어

  - 여 : 정몽준 · 박진, 야 : 송민순 정도

이처럼 정치권과 경제계 인사들이 오바마 정부와 인맥을 만들겠다고 줄지어 태평양을 건너갔었다. '오바마 인맥이 없어 큰일'이란 궁색한 이유 때문이다. 또 '빨리 줄을 대야 한다'라는 것이다. 온통 인맥 찾기에 난리들이었다. 선거 전까지는 찾지 않다가 세상이 바뀌니 너도나도 줄을 서는 꼴이 됐다.

대체 오바마 인맥이 무슨 뜻일까.

오바마 주변에 있는 한국계 인물들을 찾자는 것이다. 또한 오바마의 참모 중에서 한국에 우호적인 생각을 가진 사람을 찾아 그와 악수를 하고 아주 친밀한 관계로 발전하기를 바라는 관계맺기를 하자는 것이다. 나는 미국 대선 이후 오바마 대통령과의 인맥이 없다는 사실에 대하여 이런 현상, 이러한 반응을 보면서 평소 필요한 사람과의 관계맺기의 중요성을 강조하고 싶다. 이렇게 사람 관계도 평소에 관리해야 하듯이 외교도 마찬가지다.

국가와 국가 사이의 외교도 사람과 사람 사이의 관계로 이루어

지는 것이 아닌가, 미국 민주당이 공화당 부시 정부 8년 동안 찬밥을 먹고 있을 때, 그들과도 교분을 지속해 왔더라면 이렇게 걱정하지 않아도 될 것을 하고 지켜보는 마음이 안타까웠다.

인간관계란 어려울 때 서로 부탁을 들어주고 속 깊은 이야기를 나눌 수 있는 관계이다. 상대가 힘든 시절에 형성된 인간관계는 먼 훗날엔 진가를 발휘하게 된다.

서로 간의 어떤 이해관계도 작용하지 않는 관계, 평소에 학연·지연이나 취미·운동·세미나를 통해 맺어진 관계. 그런 관계일수록 장래의 귀한 관계로 발전한다. 이번 일을 기회로 정부 안에 국제적인 안목과 폭넓은 네트워크를 구축한 인재를 많이 키워야 하고, 그것도 전략적으로 필요한 관계맺기를 해야 한다. 국제기구에 내보내기도 하고 유학 프로그램도 많이 만들어야 한다. 그래서 장기적으로 그들이 국가가 필요한 네트워크를 만들 수 있게 해야 한다.

03 / 능력 있다고 누구나 다 성공하나?

사람 사는 세상~!

인간 세상은 결코 공평하지 않다.

사람들 사이에 그 친밀도 정도에 따라 서로 간의 거리가 달라진다. 이러한 친소 관계를 인간관계라고 하며 이러한 인간관계 속에서 관계맺기가 형성되는 것이다.

만약 누군가의 도움을 필요로 하는 급박한 상황이 발생한다면 어떻게 하겠는가. 그럴 땐 누구를 찾아가겠는가? 모르는 사람을 찾아가진 않을 것이다. 그동안 자신이 관계를 맺어왔던 사람, 또는 몇 단계를 거쳐 아는 사람에게 도움을 요청할 수밖에 없을 것이다. 사람은 자신의 목표를 이루기 위해 필요한 사람을 만난다. 그런 식으로 인맥을 만들어가고 있다. 그러므로 성공한 사람일수록 의식적으로 인맥 넓히기에 관심을 갖는다. 반면에 그냥저냥 살아가는 사람들은 인맥 형성에 별다른 관심이 없다. 그러다가 정작 자신에게 인맥이 필요한 상황이 발생하면 허둥지둥 찾아 나선다.

자신의 삶을 소중히 여기는 사람들은 아마 혼자 살 수 없다는 사실과 함께 혼자의 힘으로는 성공할 수도 없다는 것을 잘 알고 있을 것이다. 설사 성공했다고 하더라도 더 발전하려면 주변에 있는 성공한 사람들의 도움이 있어야 한다. 그래서 이제부터라도 자신의 인맥을 소중히 여기며 네트워킹에 더욱 힘써야 하는 것이다.

21세기인 지금, 기업에서 열심히 일하고 능력을 잘 계발하기만 하면 성공할 것이라는 생각을 품는다면 순진하거나 무능력하다는 비판을 면치 못할 것이다. 조직에 속한 모든 사람, 그중에서도 특히 리더는 단지 알고 있다는 지식수준을 뛰어넘어 목적을 성취할 줄 아는 정치적 역량이 필수적이다. 그러기 위해서는 다른 사람의 협조를 얻어야 한다. 즉, 관계맺기로 조직의 목표를 성취할 수 있는 능력이 필요하다는 뜻이다. 이 능력의 범위 안에는 정치력이라고 표현되는 처세술이 포함되어 있다. 이 처세술의 바탕은 바로 인간관계의 기술인 것이다.

3급 이상의 공무원은 고위 공직자로 불린다. 이들은 자신이 언제까지 공무원으로 근무할 수 있을지 예측하기 어렵다. 정년이 보장되는 직업공무원이라고는 하지만 요즘은 정년을 채우고 퇴직한 사례가 거의 없기 때문이다. 그렇다고 고위 공직자로 승진하기를 바라지 않는 공무원은 없을 것이다. 동기들보다 빨리 승진한 공무원이 예상치 못한 상황으로 오히려 뒤처지기도 한다. 비록 현 정권에서는 승진이 늦었지만 그 덕분에 다음 정권에서 덕을 보는 이도 있다. 앞서 승진한 동기들이 공직에서 물러날 때 그 뒤를 이어 더 오랜 기간 공직을 누리는 이도 있다. 승진에서 계속 탈락하여 취직 준비를 하던 중에 정권이 바뀌면서 돌고래처럼 살아남아 고속 승진하는 경우도 그중의 하나이다. 이처럼 공직 사회에서도 승진과 장기 근무에 필요한 제1요소는 자신의 업무 능력이지만 그게 다는 아니다. 제2요소인 처세술도 중요한 요소이다. 그래서 능력과 함께 처세술은 고위 공직자의 필수 역량이라고 할 수 있다.

이명박 정부 초기의 인사 개각에 대해 민주당은 경북·고려대·공안통을 집중 배치한 'KKK 인사'라고 평했다. 19명의 장·차관급 중 9명이 고려대 출신이거나 경북 출신이라며 대한민국에 인재가 그렇게도 없느냐고 비난했다. 자유선진당에서도 국민을 무시하고 우롱하는 졸속 개각으로 편협한 자기 사람 챙기기 인사라고 비판했다. 이명박 정부 출범 초기에는 대통령과 같은 학교·교회·지역 출신들을 청와대와 내각에 대거 배치하여 이른바 고(고려대), 소(소망교회), 영(영남) 내각으로 불리기도 했다. 언론 사설에서도 "그 이후에도 갖가지 인연으로 얽힌 자기 사람만 챙긴다는 비난을 받으면서도 공기업과 정부 산하 기관장 인사에서 대선 때 특보를 했거나 지연·학연으로 얽힌 사람들로 채워졌다. 겉만 공모(公募)였을 뿐 속내는 연줄에 따른 갈라 먹기였다."라는 비난을 하며 "요즘 그런 공모에는 세상 물정 돌아가는 걸 모르는 무직자(無職者)들 외에는 거의 나서지 않는다."라고 질타했다.

특히, 인적 쇄신이라는 미명 아래 고위 공무원들로부터 비자발적 사표를 받고서는 그 자리를 정권에 줄을 댔거나 연줄로 얽힌 사람들로 채우기 일쑤였다. 공무원 인적 쇄신이란 것이 국책 연구기관에서 겉만 공모, 안은 연줄 챙기기처럼 자기 사람 채우기로 이어지면 공무원 사회 전체가 등을 돌리게 된다. 연줄이 인사를 좌우한다는 여론은 인맥의 지나친 역기능으로 비쳐지는 대표적인 폐해 중의 하나이다.

지난해 서울시 어느 구청에서 전 직원을 대상으로 조사했더니, 승진 요인 1, 2위로 처세술과 학연, 지연이 꼽혔다는 설문 조사 결과가 나왔다. 실력보다도 충성도에 따라 출세 여부가 달라진다는 생각이 공무원 사회 전반에 팽배하다는 것을 알려주는 조사 결과였다. 아마 중앙 부처도 크게 다르지 않을 것이다. 윗사람이 아랫사람을 평가하는 데 능력보다 충성도에 더 많이 좌우된다 싶으면 누가 진정으로 충성스레 일할 사람이 있겠는가.

04 정치인, 관계맺기란 곧 생명줄

"국민을 위해 열심히 일하겠다."라는 코멘트는 국회에 입성한 국회의원들의 한결같은 소감이다. 그러나 입성 이후 재선 삼선을 계속할 거라고 생각한다면 그것은 참으로 순진한 생각이라고 할 수 있다. 경제정의실천시민연합(경실련)이 발표한 '입법 발의 및 가결 종합평가'에서 20위 안에 든 국회의원 중 18대 국회에 입성한 의원은 20명 중에 5명에 불과했다. 7명은 아예 공천에서조차 탈락했다. 공천 받아 출마한 13명 중 8명은 고배를 마셨다.

입법 성적표 상위에 든 의원들이 시민단체로부터 평가받아 선정된 경력을 자랑스러워하는 경우는 당연한 일이다. 본 회의와 상임위 출석률도 좋았다. 재선에 실패한 의원들은 "의원실에서 법안 만들고 동료 의원을 쫓아다니며 열심히 일한 의원보다 평소에 언론매체에 얼굴을 자주 비추고, 의정 활동은 소홀히 해도 얼굴 많이 알려지고, 말 잘하고, 계파에 속해있는 의원이 계속 국회에 입성하여 의원 신분을 누리는 게 대한민국 선거."라고 말한다. 실제로 계파의 관계맺기를 잘한 덕분에 어느 날 갑자기, 따놓은 당상이나 다름없는 지역구로 주소를 옮기고 그 지역을 위해 일하겠다는 전략공천을 챙겨 국회에 재입성한 의원들이 있었다.

그들이 그런 행운을 거머쥐게 된 이유는 입법·의정 활동 성적표와는 관련성이 없어 보였다. 이명박 대통령은 당시 박희태 당대표와 회동하면서 "여당에는 계보나 계파가 없다. 여당은 하나."라고 말한다. 하지만 계보나 계파가 없다는 말을 수긍할 사람이 얼마나 될까. 민주당 내 계파는 친문(親文)·원문(遠文)으로 나뉘고, 결국 누구와의 관계맺기에서 유리한 관계가 작용하여 의원 배지를 달았느냐가 분류의 잣대가 되는 게 정치계의 현실이다. 야당에서도 지난 총선을 치르면서 계파가 분류되어 공천에 영향을 끼친 것으로 알려져 있다.

정치인에게 계보나 계파의 인맥은 생명줄이나 다름없다. 과거 DJ, YS, JP 등 세 명의 김씨 때와 지금 문재인 대통령 정권의 정치 모습은 많이 바뀌었다고는 하지만 정치권에서는 관계맺기에서 어떻게 성공하느냐에 따라 생존의 여부가 좌우된다. 이것은 지금도 정계의 분명한 현실이다.

05 / MBA 과정, '황금 인맥'이다

기업은 조직에 충성할 수 있는 기업 문화를 만들어야 한다. 《한국경제신문》의 보도에 따르면 골드만삭스가 1999년부터 2004년까지 진로 MCA에 대한 투자로 막대한 이익을 챙길 수 있었던 데에는 인재의 힘이 컸다고 한다. 당시 골드만삭스는 1988년부터 몸담고 있던 K상무를 파견하여 진로 딜을 성사시켰었다.

K상무는 진로의 국내외 채권 매입, 법정, 관리, 매각 등을 주도함으로써 회사에 막대한 이익을 챙겨줬다. 물론 그도 천문학적인 액수의 인센티브를 받았다. 당시 자산관리공사에서 부실채권 매각을 담당했던 담당자에 따르면 "IB 비즈니스에서 전문 인력이 얼마나 중요한지를 극명하게 보여준 사례였다."라고 하였다. 이는 IB가 결국 네트워크 비즈니스였다는 사실을 말해준다.

골드만삭스가 한국 사정에 밝은 K라는 사람을 연결하여, 그를 통해 엄청난 수익을 거둔 것은 해외로 진출하려는 한국 IB가 벤치마킹해야 할 사례 중의 하나이다. 그 일이 알려진 후, 대기업에는 100여 명을 헤아리는 외국계 IB 출신들이 근무하게 되었다.

한국형 MBA의 경쟁률이 계속 높아지는 가운데 각 대학들이 이 교육 과정에 대한 투자를 늘리면서 외국인 교수와 외국인 학생 수도 매년 늘어나고 있다. 학부를 졸업한 뒤 곧바로 대학원에 진학하는 경우와 달리 대부분 직장을 다니다가 자신의 경력과 능력을 한 단계 더 높이기 위해 과감히 인생 항로를 바꾸는 경우가 더 많아졌다. 학부에서 경영학을 전공하지 않았어도 수업을 따라가는 데 큰 무리가 없고 최신 경영학 이론을 단기간에 배울 수 있다는 게 강점이다. 수업 자체도 재미있지만 다양한 사회 경험을 가진 친구들을 만나 인적 네트워크를 형성하고 관계맺기로 함께 노하우를 공유할 수 있다는 것이 가장 큰 소득이라는 것이다.

MBA는 수료 후에도 평생 교육의 기회를 제공하는 차원에서 수료생들에게 최신 경영정보를 이메일을 통해 제공하기도 하며, 포럼을 개최하는 등 각 분야의 핵심 인재들과 인적 네트워크를 잘 가꿔나갈 수 있어 좋다. 또, 수업 과정에서도 수십 명의 최고경영자 (CEO)들의 특강을 통해 폭넓은 인맥을 형성할 수 있다. 입학생 10명 중 9명이 직장인이므로 인맥 관리에 크게 도움이 될 것이다. 이들은 MBA 과정을 마치고 국내외 유명 기업에 취직해 자신의 연봉을 50~60% 이상 끌어올린 졸업생들이 대부분이다. 이와 관련한 사례를 소개한다.

IT 관련 기업에 다니다가 S대 MBA에 입학한 K씨는 졸업을 앞두고 금융 업체 입사를 결정했다. 이전 직장과 전혀 다른 업종이지만 K씨의 첫해 연봉은 7,000만 원 선, 성과급까지 합치면 약 1억 원에 가깝다. 입학 전 연봉이 3,000만 원대 후반이었는데 2배 이상 뛴 셈이다. 또 다른 B모 씨는 삼성SDS에 근무하다 MBA를 마치고 모 기업 경제연구소로 자리를 옮겼다. B모 씨도 이전 직장보다 2,000만 원 오른 5,500만 원의 연봉을 받는다. 물론 각 MBA와 능력에 따라 다르겠지만, 연봉이 많은 직장으로 이직하는 성공 케이스가 늘고 있다. 이들은 실무 감각을 익히고 이론과 실무를 겸비한 유능한 인재다. 관계맺기로 성장한 결과이다.

06 / 관계맺기의 힘으로 성공한 대통령

미국 대통령 버락 오바마(Barack Obama)는 여러 면에서 특별하다. 미국 최초의 흑인 대통령이라는 점이 그렇다. 또한 케냐 유학생 아버지와 백인 어머니 사이에서 태어났다는 점, 아버지가 부재한 성장환경에서 자랐다는 점도 보통의 미국인과 구별된다. 대통령이 됨으로써 버락 오바마의 삶이 하루아침에 바뀌었다. 유일하게 변하지 않은 게 있다면 바로 친구들에 대한 그의 '우정'이다.

오바마가 워싱턴 DC로 옮겨 갈 때 시카고의 고향 친구들인 밸러리 재럿·애릭 휘태커와 마틴 네스빗 등 대통령과 사이가 가장 돈독한 친구들이 권력의 핵심 멤버가 되었다.

미국 《뉴욕타임스》는 버락 오바마 대통령 부부의 인적 네트워크 속에는 대체가 불가능한 7총사가 있다고 소개했다. 이 7총사들의 인연은 '농구'와 '시카고대'라는 두 갈래 뿌리에서 탄생했다. 오바마의 아내 미셸은 재럿의 소개로 시 정부에서 일했고, 나중에 시카고대 메디컬센터에서 함께 일했다. 휘태커·재럿·블랜차드는 오바마 미셸이 부원장으로 재직했던 시카고대 메디컬센터에서 오바마 부부와 인연을 맺었다. 휘태커는 이 병원 부원장인 의사로서, 하버드대 공공보건대학원을 다니면서 로스쿨을 다니던 오바마와 친해서였다. 네스빗은 미셸의 오빠인 그레이그 로빈슨과 고교 시절 함께 농구를 하면서 친구로 지냈고, 시카고시 주택국 책임자로서 시카고 비즈니스스쿨을 같이 다녔다. 그는 지난 선거에서 오바마 캠프의 재무를 맡았다. 네스빗의 아내는 시카고대 메디컬센터 산부인과 전문의인데, 오바마 부부의 두 딸의 출산을 맡았던 관계로 인연이 되었다. 이들은 시카고의 하이드파크 근처에 살면서 10년 이상 오바마 부부와 결혼과 출산 등 경조사부터 휴가·여가생활까지 함께 동고동락하면서 우정의 관계맺기를 다져왔다.

오바마와 이들 핵심 친구들은 자수성가한 흑인이라는 공통점을 가졌다. 오바마 부부와 휘태커·네스빗은 모두 평범하고 어려운 집안에서 태어났다. 오바마 아버지는 케냐의 유학생이었으며 일찍이 오바마가 어릴 때 본국으로 귀국하여 어린 오바마는 외할아버지 부부와 함께 살면서 성장했다. 미셸은 시청 수도국 노동자의 딸이었는데, 친오빠인 크레이그 로빈슨은 오리건 주립대 농구 코치로 활동했다. 네스빗의 아버지는 철강 노동자였고 어머니는 간호사였다. 또 휘태커는 버스 운전사인 아버지와 간호사인 어머니 사이에서 태어났다. 이들은 모두 장학금을 받으면서 사립 중·고교를 다녔으며 명문 대학에 진학했다. 흑인이 많지 않았던 유명 대학 캠퍼스나 엘리트 사회에서도 그들은 그들만의 깊은 관계맺기의 인연을 계속 이어갔다. 또, 오바마는 취미인 농구를 통하여 만난 인맥도 중요한 네트워크로 만들었다. 오바마는 농구로 인정받고 싶어 틈날 때마다 농구를 했다. 평생 그는 농구공과 함께, 감독도 심판도 없이 각양각색의 사람이 모이는 동네 농구를 통하여 빈민가 사람들과 쉽게 어울려 호감을 얻게 된 것이다. 시카고 대학 시절과 사회운동을 할 때, 농구를 하다가 만난 많은 학생들이 대선 때 "Yes, We Can."이란 선거 구호를 내걸고 함께 뛰며 그의 선거 참모가 되기도 했다.

농구는 오바마의 결혼에도 큰 도움이 되었다. 부인 미셸을 만났을 때, 그의 오빠 그레이그 로빈슨은 아이비리그 최고 선수 출신으로 오리건 주립대 감독이었다. "여동생 신랑감의 심성은 코트에서 확인할 수 있다."라면서 오바마를 테스트하듯 농구 게임을 즐기면서 코트에서 만났다. 처남 로빈슨은 자신의 프린스턴 대학 농구팀 동료였던 존 로저스 같은 재계 인사들을 오바마에게 소개하여 이들이 선거자금 담당을 하면서 자금 마련에 기여를 하게 만들었다. 그의 관계맺기의 노력은 대단하다. 하버드대 로스쿨의 학자금 융자 창구 담당에서, 헌법학 강의실에서, 하버드로리브 편집실에서, 도서관에서, 동급생들의 작은 파티에서, 강의실 밖에서 함께 담배를 피우면서 사귄 친구들이 그를 대통령으로 만들어낸 것이다. 그가 성공할 수 있었던 건 모두 그의 관계맺기 노력 덕분이다.

오바마의 인맥네트워크는, 미국뿐만 아니라 우리나라에서도 지방 자치의 지방화 시대에서 각종 공직 선거를 준비하고 꿈꾸는 사람들에게 시사하는 바가 크다. 사람은 누구든 꿈을 이루기 위해 도전해야 한다. 시작할 수 있는 용기, 끝까지 버텨낼 수 있는 의지와 자신감만 있다면 우리는 뭐든지 할 수 있다.

07 / 좋은 인맥, 멘토는 성공의 보증수표

최근 학생들의 대학 진학 전공 선택은 진로에 커다란 영향을 미치는 중요한 결정 사항이다. 미국 아이비리그 대학에 입학하는 가장 큰 장점 중 하나는 바로 옆자리에 누가 앉느냐 하는 점도 들어 있다. 함께 강의를 듣는 옆자리 클래스 메이트들이 잠재적인 미래의 국가원수·글로벌기업 CEO·노벨상 수상자들일 수 있기 때문이다. 대학 시절에 좋은 친구를 만나 그들과 선의의 경쟁을 하게 되면 인생의 긍정적인 요소로 작용한다. 즉 잠재적으로 성공할 사람들과 친구가 되는 것이기에 더욱 그렇다. 미국 오바마 대통령의 예를 봐도 그렇다. 하버드대 인맥 형성이 성공 스토리를 만들 수 있었던 것이다.

특정 분야에서 성공을 거둔 인사들에게는 특별한 무엇인가가 있다. 명사들이 지금의 성공을 이룰 수 있었던 데에는 그들의 사회적 네트워킹과 훌륭한 멘토가 큰 역할을 했다. 성공하려면 훌륭한 멘토(조언자)를 찾아야 한다. 가만히 기다리는 자에게 성공의 기회는 오지 않는다. 행운의 여신이 찾아왔을 때 이를 움켜잡을 준비가 된 사람이 성공할 수 있는 것이다.

미국 경제 전문지 《포브스》는 미국 연예계에서 자신의 꿈을 이룬 명사들의 고백을 소개한 적이 있다. 방송인 오프라 윈프리·배우 브래드 피트는 훌륭한 멘토를 만나 꿈을 이루었으며, 가수 마돈나와 머라이어 캐리는 관계맺기 덕분에 인생이 달라졌다고 소개했다.

미국 방송 사상 최고의 방송인으로 꼽히는 오프라 윈프리는 고교 시절 '미스 화재예방' 콘테스트에 참가하여 수상자로 뽑혀 상을 받기 위해 지방 방송국에 갔다가 우연히 마이크 테스트를 받는다. 여기서 윈프리의 목소리가 마음에 들었던 방송국의 어느 멘토를 만난다. 그는 윈프리를 캐스터로 특채했고, 그 후 윈프리는 다양한 방송 프로그램에서 경력을 쌓는다. 미주리대를 졸업하고 혈혈단신 무작정 헐리우드를 찾은 브래드 피트도 당시 저명한 연기 지도자 로이 런던을 만남으로써 제대로 된 연기를 배울 수 있었던 것이 행운이었다. 이처럼 훌륭한 멘토를 만났기에 헐리우드 최고의 남자배우가 되려는 꿈을 이룰 수 있었던 것이다.

브래드 피트는 일본 도쿄를 방문해 그랜드 하얏트 롯폰기 호텔에서 영화《벤자민 버튼의 시간은 거꾸로 간다》의 홍보 기자회견을 가진 적이 있었다. 이날 행사에는 내외신 기자 500여 명이 몰려 발 디딜 틈이 없을 정도로 관심이 쏠렸다. 또한 지나 데이비스, 패트릭 스웨이지 등도 로이 런던이 길러낸 성공한 제자들이다. 자신의 재능을 인정해 주는 중요한 사람을 만난다는 것은 관계맺기로 성공하는 가장 중요한 계기가 되는 것이다. 자신의 인생을 크게 변화시켜 줄 힘을 가진 사람을 찾는 것은 인생에서 가장 중요한 일 중의 하나이다.

팝스타 머라이어 캐리는 푸에르토리코 출신의 가수 브렌다 스타의 보조 가수로 활동하던 중, 한 파티장에서 컬럼비아레코드사 경영자인 토미 모톨라를 만난다. 이 자리에서 브렌다 스타는 머라이어 캐리의 노래가 담긴 데모 데이프를 모톨라에게 넘겨준다. 이 노래를 들어본 회사 측은 바로 캐리와 계약한다. 컬럼비아 레코드사가 내놓은 캐리의 노래 다섯 장의 싱글 앨범은 빌보드 차트 100위권에 드는 대히트를 기록했다.

던킨도너츠 점원과 누드모델 등을 전전하던 마돈나도 DJ 마크 카민과 친분을 쌓으면서 그의 소개로 레코드사에서 음반을 발매해 팝스타로서 화려한 커리어를 쌓을 수 있었다. 미국 드라마《덱스터》로 스타덤에 오른 마이클 홀 역시 뉴욕대를 졸업한 뒤 3년 간 연기 수업을 받던 중 뮤지컬 워크숍에서 감독 샘 멘데즈를 만나게 된 것이 행운이었다. 멘데즈가 감독하던 브로드웨이 뮤지컬 《카바레》의 주연배우가 갑자기 낙마하자 멘데즈는 마이클 홀을 대역으로 등용하게 된다. 홀은 밤을 새우며 안무와 연기 연습에 몰두했고, 마침내 미국 드라마 스타로 성공을 하게 되었다.

08 / 지방자치단체도 관계맺기의 시대

　우리나라도 지방자치 시대가 시작된 지 어느덧 20년이 지났다. 문재인 대통령이 전국 시·도지사와 간담회에서 연방정부 수준의 지방분권 강화를 밝히면서 실질적 지방자치분권시대가 될지 주목되고 있다. 때마침 지방자치 단체마다 경제계 원로급 인사를 비롯해 민·관 인적 자원을 총동원해 지역 경제 살리기에 경쟁적으로 적극 나서고 있다.

　수도권 지자체 중에서 낙후한 지역으로 알려진 경기도 연천군에서는 지역 관련 인사를 대상으로 '인맥구축 작전'에 나섰다는 이야기가 있었다. 농촌 지역 지자체들이 지역 발전을 위해 출향 인사를 활용하는 것은 지자체 공무원들의 열정적인 노력과 창의적 발상이라고 할 수 있겠다.

　수도권인 경기도 지자체 단체장인 K군수는 폭넓은 인간관계를 활용해 지역 발전을 이루기 위해 주력하고 있었다. 특히 그는 젊은 청년 시절부터 지역 JC회장을 하는 등 매우 활동적인 대인 관계를 통해, 크고 작은 인연을 활용한 관계맺기를 구축하여 중앙정부의 관심과 지원을 유도하고, 외부 기업을 유치하는 등 지역 발전에 적극 활용할 생각이라고 말했다. 분명 좋은 성과가 있을 것이다. 또 다른 B군청은 인구가 적다 보니 이곳 '출신 인사'뿐만 아니라 이 지역을 '거쳐 간 인사'까지 찾아내 명단을 작성하여 지역 연고 관련 소식과 군정 홍보 자료를 제공하는 지속적 관심으로 인연의 끈을 이어가고 있다.

현재의 600여 명 전 공무원을 동원하여 이 지역에서 태어나 성공한 공직자·관료·학자·언론인·문화예술인·기업인·금융인·사회 단체장 등의 출향 인사들과 관내에 과거 근무했던 공직자 기관 단체 인사들까지 망라하여 이를 인적 네트워크화하고 있다. 단체장은 이렇게 선정된 인사들을 맨투맨 식으로 접촉하고 영향력 있는 주요 인사들을 직접 관리한다. 또 간부급·과장·계장 공무원들은 분야별로 인맥을 관리해 나간다. 군의 대표 축제와 '농산물 대축제' 행사에 모든 출향 인사 가족을 초청하여 관광 투어 프로그램으로 지역의 관심과 애향심을 자극하여 지역 경제 발전을 돕는 원군으로 활용하고 있다.

서울의 E구청은 전국의 8개도와 자매결연을 맺었다. 이는 '팔도의 형제' 맺기를 하는 사업으로 평가할 만한 사업이다. 전남 진도군·경북 영양군·경남 함양군·경기 가평군·강원 영월군·전북 진안군 등과 차례차례 '자매결연'을 맺었다. 현재 전국 8개도 중에서

6개도의 1도 1자매 도시화를 추진하고 있다. 앞으로 '자매결연'을 맺은 농촌 지역과 행정·문화·예술·체육 등 다방면에 걸쳐 교류 협력 사업을 추진하여 지역 발전을 꾀한다는 목표이다. 또 관내 15개 주민센터에서도 농촌 지역과 1주민센터 1촌의 '자매결연'을 맺고, 농번기 때 농사일을 돕거나 농수산물 직거래를 통해 주민들 상호 간의 이해를 도우며 청소년들의 농촌·도시 체험행사를 위한 관계맺기로 발전시키겠다는 것이다.

09 / 재취업, 평소 관계맺기부터 다져라

　문재인 정부의 소득성장정책과 최저임금제 등의 경제정책으로 인해 급격한 경기둔화 현상이 나타나고 있다. 이로 인해 경영의 한계 상황에 내몰린 중소기업은 인력을 감축하고 있다. 물론 어떤 직장이든 누구나 언젠가는 떠나야 한다.

　한 취업 정보 회사가 최근 조사한 바로는 직장인 두 명 가운데 한 명꼴(48.8%)로 감원에 대한 불안감이 커지고 있다고 발표했다. 그중에서 40~50대가 경력직 채용 비중이 15% 미만으로 가장 크게 위기감을 느끼고 있다고 한다. 30대 초 대리에서 30대 후반까지 관리직이 절반가량, 그다음 신입직 20대 중·후반 차례이다. 그래서 요즘은 특히 40~50대 관리자급은 해고로 내몰린 이후 재취업을 하는 게 아주 어려워졌다. 재취업 상담 기관이나 재취업 지원센터의 문을 두드려보거나 그동안 쌓은 인맥을 적극 활용할 수밖에 없다. 취업 포털 사이트가 경력직 구직자를 대상으로 재취업을 위해 활용한 것을 조사한 내용 중에는 34.3%가 '인맥'이라는 대답이 나왔다. 다음으로는 '취업사이트'가 30.4%, '헤드헌터'가

19.9%의 순서로 집계되었다.

이처럼 40대 이상 재취업자들의 취업은 외부로 공개된 기관보다는 평소 관계맺기를 통해 이루어진 경우가 많다. 그러므로 평소적절한 인맥 관리가 어느 때보다 중요한 시대에 살게 되었다. 그동안 직장과 여가 시간에 만나 쌓은 인간관계로 잠재적 취업 수요처를 찾는 게 효율적인 시대이다. 과거에 함께 일했던 직장상사·동료·후배들과 맺은 인간관계가 효과를 보는 이유이다.

다음은 Y씨의 사례이다. 이제 갓 아파트 관리소장 자리를 얻은그는 기분이 몹시 좋아 보였다. 그는 "사람 때문에 고생도 많이 했지만, 또 사람 덕분에 제2의 인생을 살게 됐다."라며 인맥이 재산이라는 걸 강조했다. Y씨는 다니던 회사가 2년 전 인수 합병되는바람에 30년 직장에서 퇴직하게 되자 함께 근무했던 전 직장 동료들과 제조업을 차려 관리 담당 이사를 했었다. 회사는 그럭저럭돌아갔다. 그런데 경영에 함께 참여한 창업 멤버들과 극심한 갈등을 겪다가 결국 1년 전 회사에서 손을 떼고 재취업을 준비했다.

Y씨는 재취업을 위해 학원에 다니면서 주택관리사 자격증 공부를 하여 6개월 만에 주택관리사 자격증을 땄다. 운이 좋게 학원에서 옆 좌석에 앉은 '짝꿍'을 잘 만나 그와 친하게 지내면서 그를 통해 서너 번 떨어진 사람의 자격시험 실패담과 수험 요령을 배웠는데, 그게 큰 도움이 됐던 것이다. 자격증이 재취업의 보증수표는

아니기에 Y씨는 자격증을 딴 이후 6개월 동안 취업 가능성이 있다고 생각되는 아파트 관리 분야만 골라 10여 곳에 이력서를 냈지만 모두 퇴짜를 맞았다. 이때에도 학원에서 만난 짝꿍은 자기의 풍부한 실패 경험에서 얻은 요령을 미리미리 지도해 주었다. 이 덕분에 자격시험을 통과한 것처럼 재취업에도 성공할 수 있었던 것이다. Y씨의 재취업 성공은 역시 그가 말한 대로 '좋은 인간관계맺기' 덕분이었다.

"예전에 잘 알고 지내던 사람이 아파트 동 대표 회장으로 일하고 있다고 해서 체면불고하고 부탁했지요. 그래서 이렇게 지금의 직장을 잡게 됐습니다." 그는 참으로 구세주를 만난 기분이었다고 말하면서 그동안의 고생담을 열심히 이야기했다. 그는 현재 생활에 만족한다고 했다.

강호동은 SBS의 《스타킹》과 KBS의 《1박 2일》 프로에서 최고 MC로 인기를 누렸다. 그는 씨름계를 은퇴한 후 방황하고 있는 자기를 연예계로 이끈 인물이 이경규라고 했다. 이경규는 강호동을 데뷔시키면서 "네가 잘 안되면 같이 은퇴하자."라고 말하며 격려와 함께 든든한 인적네트워크를 만들어주었다. 그래서 연예계에서는 강호동을 가리켜 '이경규 라인'의 멤버라고 한다. 말하자면 이

경규는 강호동의 멘토인 셈이다. 강호동은 이경규 선배의 이런 막강한 지원에 힘입어 연예계에 빠르게 안착할 수 있었다. 인간관계를 폭넓게 넓혀가며 최근에는 '이경규 라인'에서 독립하여 더욱 막강한 '강호동 라인'의 수장이 되었다.

스포츠 선수 출신 연예인은 다소 자기중심적인 측면이 강해 연예계에서 인맥을 형성하는 데 큰 어려움이 있었는데, 강호동은 그어떤 연예인보다 더 인간관계에 신경을 쓰며 어울리려고 노력한결과, 이제 운동선수에서 개그맨과 MC로 완벽하게 변신에 성공한것이다. 강호동의 성공은 좋은 관계맺기가 얼마나 큰 힘을 발휘하는지를 보여주는 훌륭한 사례 중의 하나이다.

10 / 슈퍼우먼(Super women), 관계맺기에 강하다

볼보코리아 L사장은 이화여대 대강당에서 후배들에게 '성공한 사회인, 리더의 조건'이라는 주제로 자신의 경험담과 함께 특강을 한 적이 있다. L사장은 강의 중에서 특히 "자격증과 점수에만 매달리지 말고 다양한 관계맺기를 만들라."고 강조했다. 또 성공할 수 있는 여성들은 열린 마음으로 다양한 경험에서 자신만의 플러스알파(+a)를 만들기를 원한다고 말했다. 이 특강에서 L사장이 제시한 성공법은 다음과 같다.

첫째, 쓸데없어 보이는 일들이 인적 네트워크의 자산이 된다.
둘째, 플러스알파(+a) 없이는 임원급까지 올라가지 못한다.

L사장은 "자기 시간을 쪼개가면서 쓸데없는 일을 하자."고 제안했다. "요즘 외국 기업을 중심으로 회사가 주최하는 파티가 많아졌는데, 파티에서 만난 사람과 네트워킹하려면 콘텐츠가 필요하다."고 하면서 "영화도 보고 음악도 들어야 대화 소재가 풍부해진다."는 것을 강조했다. 즉 자격증과 점수에만 매달려 다른 이들

과 나눌 이야기가 없는 삭막한 사람은 성공적인 관계맺기를 할 수 없다는 것을 강조한 것이다. 즉 봉사활동도 참여하고 여행도 하고 인턴 경험도 해보면서 나 자신을 알아가고, 그렇게 경험해 보고 직업을 결정해도 절대 늦지 않는 것이다. IBM에서 근무하는 K 전무는 《매일경제신문》과의 인터뷰에서 IBM에 13년간 근무하면서 현재 임원이 되어 생각하니 크게 느끼는 사실이 있다고 말했다. "끙끙 앓으며 혼자 다 해내려고 하는 것보다는 팀 리더나 멘토들의 도움이 보태지면 결과가 훨씬 더 좋다."라는 것이다.

또 '주위 사람들에게 물어보는 것, 도움을 청하는 것이 얼마나 중요한 일.'인지를 알겠다고 했다. 결국 혼자 일을 다 하려는 사람보다는 다른 사람에게 많이 묻고 도움을 청하는 사람이 일도 더 잘한다는 것이다. 그래서 그는 꾸준한 사람 사귀기, 즉 네트워크 확장을 강조하는 조언을 했다. "지금 제가 여성 후배들에게 가장 해주고 싶은 조언은 동창회든 친구 모임이든 되도록 많이 참여해서 폭넓은 인간관계를 구축하라는 거예요. 네트워크라는 것은 여성들이 학창 시절에는 참 잘하거든요. 그런데 직장에만 들어가면 소홀히 해요. 남자들은 학생 때는 하지 않던 네트워킹도 직장에 들어가면 더 열심히 하는데 말이죠. 그래서 남성들에게 밀리는 부분이 분명 있는 것 같아요. 지식 하나, 기술 하나를 더 아는 것이 어느 순간까지는 절대적으로 필요하지만, 일정 수준을 넘어가면 사람을 더 아는 것이 큰 재산임을 깨닫게 돼요. 일을 핑계로 인간관계를 소홀히 해서는 절대 안 된다고 말해주고 싶어요."

성공하려면 주위 사람들과 인간관계를 잘 맺어가는 것이 정말 중요하다. 약한 연결 관계라도 말이다. 내가 잘 알고 있는 K광고 대행사 국장인 K씨는 명절·연휴·크리스마스·생일 등에는 꼭 이벤트를 준비하여, 평소 잘 아는 여러 분야 사람들을 한자리에 모아 파티를 열고 있다.

서로 전혀 모르는 낯선 사람들이 파티에 참석한 인연으로 또 새로운 관계를 맺는 걸 보면서 재미있어하는 사람이다. 본인에게도 인맥의 연결고리가 되어 점점 다양한 방면으로 관계를 뻗어갈 수 있으니 도움이 되고, 이런저런 좋은 평판이 생겨 점점 더 많은 사람이 모이게 되어 저절로 좋은 관계맺기가 되더라는 이야기를 했다.

11 / 비즈니스, 인간 커넥션의 전쟁터

　바야흐로 5G 시대다. 변화의 속도가 빨라졌다. 많은 사람들이 관계맺기의 중요성을 크게 인식하고 있다. 그래서 활발한 대인관계맺기를 위해 노력하는 사람들이 많아졌다. 어느 분야든 마찬가지겠지만, 특히 비즈니스 분야에서 성공하려면 상대방을 경쟁자가 아닌 협력자로 만들어야 한다. 그래야 성공할 수 있다. 비즈니스란 결국 사람이 추진하고 결정하는 일이다. 그렇기 때문에 인맥의 영향을 더욱 크게 받는 분야다.

　성공하려면 우선, 다양한 사람들과 어울려가며 다양한 관계를 맺어야 한다. 미국 등 선진국 언론에서는 인적네트워크를 커넥션(connection)이라고 표현한다. 커넥션은 인적 네트워크보다 결속력이 더 강해 보인다. 나와 직업이 다른 다양한 사람들과 어울리는 것은 비즈니스의 확장에 크게 도움이 된다. 바쁘더라도 짬짬이 취미나 종교 활동을 통해 다양한 직업과 연령대의 사람들을 만나면 시사적인 정보도 얻을 수 있어 좋은 관계맺기의 기회를 얻을 수 있다.

　일례로 페이스북을 통한 온라인 공간에서의 다양한 동호회, 즉 문화·예술·골프·테니스·부부스포츠댄스·여행·음악감상·와인이나 미식가 동호회 등에 적극 참여하면 많은 네트워크를 만들 수 있다. 특히 비즈니스맨이 네트워킹을 할 때는 무엇보다도 사람을 진실과 열정으로 대해야 튼튼한 인맥관계로 발전한다. 인맥 네트워크가 없는 비즈니스맨이 성공하기란 하늘의 별 따기라고 생각한다.

story002
현대자동차 '판매왕'의 비결은 바로 인맥 관리
매년 자동차판매업계에서는 그해의 판매왕 선발 시상식을 개최한다. 현대자동차의 2009년 판매왕은 서울 혜화지점 C차장이었다. C차장은 1년 동안 모두 300대의 차를 팔아 휴일을 제외하면 매일 한 대꼴로 차를 판매한 셈이다. 더욱 놀라운 것은 8년 연속 판매왕을 놓치지 않았다는 점이다. 그의 비결은 고객을 만나면, 고객의 입장에서 생각하고 마음을 열어 진실하게 대하는 것이다. 그러다 보니 신뢰가 쌓여 이 신뢰가 든든한 관계맺기로 발전하고 고객들이 먼저 도움을 준다고 했다. 지난해 자신이 세웠던 '300대 이상' 판매 목표를 달성한 것도 연말에 고객들이 먼저 전화를 걸어 구매 의사를 밝히고 차를 사준 결과라는 것이다. 그의 판매왕의 비결은 평소 관계맺기로 인한 인맥지도 관리에 있었다.

story003
중소기업 S사장의 중국 시장 공략
중국 베이징올림픽 때의 일이다. 그때 금메달 이상으로 비즈니스

성과를 거둔 사람은 N사 대표 S사장이다. N사는 화장실 위생 변기 시트를 만드는 중소기업이다. 그런 작은 회사가 중국에 변기 시트 10억 원어치를 수출한 것이다. S사장은 올림픽을 앞두고 중국이 화장실 위생 문제에 관심을 크게 가질 것을 예측하고, 여러 차례 수출처를 뚫으려고 노력했으나 그때마다 실패했다. 때마침 그 전년도에 제6차 '세계한상대회'에 참가해서 비즈니스 미팅을 통해 동포 기업인을 만난 인연으로 관계맺기가 지속되었다. 이를 통해 어렵사리 수출 기회를 잡을 수 있었다.

S사장에게 중국을 이어준 가교의 네트워크 역할을 한 것은 중국한국상회 수석부회장인 H씨였다. H부회장은 N사 제품을 직접 중국 베이징올림픽 조직위원회에 가지고 가서 보여주면서 중국인 특유의 상술인 친밀한 인맥 관계를 통해 직접 S사장에게 연결시켜 준 것이다. 이 기회를 통해 S사장은 베이징 올림픽 조직위원회와 납품 계약을 맺어 올림픽 경기장 곳곳에 있는 화장실에 10억 원 상당의 N사 변기를 설치하게 되었다.

12 / 관계맺기에 소홀하여 털리고 망했던 기업들

사회에 첫 발을 내디딘 후에는 일보다는 인간관계를 우선순위에 두어야 한다. 기업 운영을 위해서는 더더욱 성공한 정계, 재계 등의 목적하는 인물들에게 먼저 접근하는 연결의 관계맺기에 적극적인 자세를 가져야 한다. 그러니 성공은 당신의 일이 아니라 당신에게 힘이 되어주는 인맥과 관계맺기에 달려 있다.

국제그룹(회장 양정모)은 유명 신발 상표인 '프로스펙스(Prospecs)'의 주인이며 현재 용산에 있는 LS타워의 전 소유주였다. 이 국제그룹은 1980년 제5공화국 신군부가 들어서면서 그들과의 인간관계 맺기에 소극적인 대처로 기업의 생명줄을 잡고 있는 정·재계 금융권 인사들과의 관계맺기에 실패, 정치적 희생양이 되어 1985년에 해체되고 말았다.

그 후 국제그룹은 93년에 헌법소원을 제기하여 "공권력에 의한 법률적 근거 없이 경영권에 개입하여 직접적으로 헌법을 위반한 것이다."라는 위헌 판결을 받아냈으나 이미 관계기업들은 법정관리 또는 M&A 매각되어 빼앗긴 기업을 찾을 수 없을 정도로 피해 회복이 불가능한 상태였다. 그저 양정모 회장의 명예 회복에 그쳤을 뿐이다.

또한 동아그룹(회장 최원석)은 1980~90년대의 후반까지 리비아 대수로 공사, 중동지역 개발 붐을 타고 활기찬 성장을 하였으나 1997년 IMF 당시 기업 유동성 위기를 넘기지 못하고 1998년 5월에 그룹이 해체되고 말았다.

당시 리비아 대수로 공사는 서울과 부산의 450km 거리의 12배나 되는 5524km였다. 리비아 카다피 대통령은 이 공사를 세계 8대 불가사의의 하나라고 자랑했다. 이렇게 승승장구하던 동아건설도 자금 사정 악화로 부도 처리되고 말았다.

그 후 최원석 회장은 "다른 기업이 아니고 왜 자기 기업이 죽었을까?" 하는 의혹을 가지면서 한 언론과의 인터뷰에서 "나는 원래 이회창 씨를 지지했어요. 다 뺏기고 나서 보니 차라리 돈을 줄 것을~"이라고 말하기도 했다.

당시 15대 대통령 선거에 출마한 후보들에게 대기업을 한다는 사람들은 정치권에 줄대기를 위한 보험으로 정치자금을 제공하면서 돈독한 관계맺기를 해온 것임을 알 수 있다.

다음의 신동아 그룹(회장 최순영)은 신동아제분, 대한생명보험 등으로 선친의 뒤를 이어 경영권을 물려받아 당시 동양 최고의 빌딩인 여의도의 63빌딩을 우뚝 세운 보험업계의 대표기업이었다. 이 신동아 그룹에도 80년 신군부 정권이 아니라 99년 김대중 정권하에서도 이런 있을 수 없는 일이 일어났다니…. 그는 인터뷰에서 "야, 내가 한번 잘못했어. 그때 내가 줘야 했는데, 왜 김영삼, 이회창 씨에게만 주었을까. 미리 보험을 들어 놨어야 했는데…."라고 하였다.

그 다음은 80년대 당시 개인 재산으로 당대 최고 갑부였던 동명목재(회장 강석진)의 이야기이다. 1979년 10월, 서슬 퍼런 신군부가 들어섰을 때, 신군부는 부산의 최고 기업이며 부산의 대표적인 기업이었던 동명목재를 반사회적 악덕기업으로 몰아 1980년 6월 강제로 해체하였다. 그 후 강석진 회장은 왜 빼앗긴 기업이 되었는지 알 수가 없다고 했다.

또 목포의 삼학소주는 1970년 전까지 전국을 아우르던 대한민국 최대의 소주 회사였다. 70년대 삼학소주의 시장 점유율이 70%, 납세실적이 진로소주의 2배를 넘을 정도로 탄탄하던 회사가 탈세라는 명목 아래 3억 2천만 원의 추징을 당하고 최종부도 처리되었다. 부도가 난 배경에는 당시 김대중 대통령 후보에게 정치자금을 지원했다는 구실이 있었다.

세상은 빠르게 변화하고 있다.
당신이 지금의 대인관계에 만족한다면 영원히 하류인생에 머물 수밖에 없다. 당신이 도움을 요청하면 힘이 되어줄 사람이 과연 몇 명이나 되는가? 기업들이라면 미리 정부 관련 인사들이나 재계 인사들을 집중적으로 만나고 그들과의 깊은 관계맺기를 다져나가야 한다. 사회는 결코 공평하지 않다. 또 호락호락하지 않다. 이 사실을 명심하자.

13 / 관계맺기, 20대부터 시작하라

수석 졸업을 하면 뭐하나? 수도권 지역의 단과대학 수석 졸업 여학생이 취직을 하고자 했으나 뜻을 이루지 못하는 일이 생겼다. 여학생은 많이 힘든 시기를 보낸 모양이었다. 그런 여학생의 모습을 보다 못한 부모가 학교에 찾아와 항의하는 소동까지 벌어졌다. 해당 학생은 성적이 우수한 모범생이었다. 학교에서 시키는 대로 열심히 공부해서 자격증도 많이 취득했다. 소위 말하는 스펙을 완벽하게 갖춘 학생이었다. 그런데 어째서 취직을 못 했을까.

수많은 부모들이 자녀들에게 '노력만능론'을 주입했다. '노력만능론'이란 노력하면 무조건적으로 성공한다는 믿음을 기반으로 한다. 일종의 통념이라고도 볼 수 있을 것이다. 그런 가르침을 주입받고 자란 20대의 미래란 과연 어떠할까. 막상 사회에 진입하자 '노력=성공'이란 공식이 통하지 않았다. 열심히 공부해도 취업을 잘할 거란 보장이 없다. 간신히 직장을 잡아도 그저 월급쟁이 형편에서 그칠 뿐, 더 나아가지 못하고 있다. 집을 살 형편도 못 된다. 형편이 그렇다 보니 결혼에 대한 생각은 꿈 같기만 하다.

실제로 요즘은 국내 대기업뿐만 아니라 글로벌기업들의 채용방법이 많이 바뀌었다. 예전처럼 출신학교와 성적만을 보고 채용하는 일은 점점 줄어드는 추세이다. 성적 외에 성격·대인관계·매너·문화적 소양 등 여러 가지 채용 방법을 통해 사원을 뽑고 있는 것이다.

대학생 시절엔 여러 경험을 하는 것이 좋다. 아르바이트, 봉사활동, 인턴, 현장실습, 각종 연합 동아리 활동, 해외연수, 국내외여행 등으로 다양한 경험을 해야 한다. 이 시기에 맺어진 인간관계는 매우 먼 훗날 매우 소중한 인연이 될 확률이 높다. 같은 분야에서 일하는 이들과 함께할 수 있기 때문에 더욱 소중한 관계로 발전할 수 있다. 이런 인연은 소홀히 여길 게 아니다. 관계를 유지하기 위해 약간의 노력만 기울인다면 소중한 인맥 자산을 얻을 수 있다.

《나는, 나를 배팅한다》라는 저서로도 잘 알려진 김상경 국제금융연수원장이 한양대에서 대학생들에게 일일 교수로 특강을 한 적이 있다. 이 특강에서 김 원장은 중학교 3학년 때부터 미군 부대교회에 다니면서 영어 설교를 듣고 회화를 배웠다고 했다. 이런 노력은 훗날 외국계 은행에 취직하면서 외환딜러로 성공하는 계기가 되었다고 했다. 아르바이트로 학비를 벌어 대학을 마친 김 원장은 영어에 능통한 지도사를 찾던 농업진흥공사에 입사를 하게된다. 김 원장은 그 직장에서 성실하게 일했다. 그때 함께 근무했던 직장 상사가 잘 알고 있는 외국계 은행에 추천해 금융계에 입문했다. 금융계에서도 여러 부서에서 근무했는데, 또 한 번 직장 선배가 외환딜러를 해보라는 권유를 했다. 그래서 김 원장은 아메리칸익스프레스 은행의 외환딜러가 된 것이다.

첫 여성 치프 딜러가 되었던 시절을 회상하면서 김 원장은 여학생들에게 인적네트워크의 중요성을 강조했다. 김 원장은 "매년 연하장을 보낼 사람, 매달 전화 통화라도 해야 할 사람, 부르면 당장나와 줄 수 있는 사람들로 나누어, 체계적으로 인맥을 관리해야한다."라고 말했다. 또 "관계맺기를 만드는 습관을 20대부터 당장시작하라."라고 주문하면서 인생의 성공을 위해선 '긍정적 사고'와'균형 잡힌 삶의 자세'를 가져야 한다고 했다.

흔히들 '인맥 관계맺기'라고 하면 학연, 지연, 혈연 등으로 끈끈한 관계를 맺는 것을 생각한다. 그러나 인맥 관계맺기란 이렇게끈끈한 관계가 아니어도 좋다. 느슨한 연대감으로 맺어진 관계 역시 세상을 살아가면서 도움이 되기도 한다. 약한 연결고리의 관계를 유지하는 것도 관계맺기의 방법이다. 가끔씩 휴대폰 문자로 안부를 주고받으며 관계를 관리하는 것이 좋다. 사실, 대학생들이관계맺기를 쌓는 일은 자신이 발전할 수 있는 멋진 기회이다. 그네트워크는 현재에 머무르지 않고 조금 더 큰 세상, 조금 더 낯선세상으로 도전하여 자신의 꿈을 키울 수 있는 튼튼한 성공의 사다리가 될 것이다. 우리나라에서도 《연금술사》, 《흐르는 강물처럼》등으로도 잘 알려져 있는 세계적인 작가 코엘료는 한 언론 인터뷰에서 이렇게 말했다.

"나는 세상 보기를 간절히 원하여 여행을 아주 많이 했다. 세계는 아이의 눈으로 봐야 한다. 이를 위해서는 모르는 나라, 낯선 곳으로 가서 낯선 사람들과 만나야 한다. 우리 엄마는 어렸을 적에 모르는 사람을 조심하라고 했지만 지금은 모르는 사람과 사귀어야 하는 시대이다. 위험을 감수하는 것이 삶이다."

나는 코엘료의 이러한 모험정신과 그칠 줄 모르는 도전의식에 감탄했다. 성공하는 삶은 항상 커다란 꿈과 그 꿈에 대한 도전으로 시작된다. 20대 젊은이들은 자기가 꿈꾸고 도전하는 세계의 크기에 따라, 송사리가 될 수도 있고 대어가 될 수도 있는 것이다. 최근 전국경제인연합회에서 주요 159개 기업을 상대로 직원을 채용할 때 기업이 원하는 인재상을 설문조사한 후 이 결과를 발표한 일이 있다. 이 조사에 따르면 기업들은 사원을 채용할 때 '도전정신'을 최우선으로 고려하는 것으로 나타났다. 도전정신은 38개 기업이 1순위의 자질로 선택했으며, 2순위가 18개, 3순위가 27개 기업이었다. 도덕성·올바른 가치관·협동성·조직 적응력 등은 그 다음 순서로 중요한 자질이었다. 신입 사원 채용 면접에서 조직에 헌신하는 정도와 대인관계 등을 가장 중요하게 고려하고 있는 것이다.

14 / 100세 실버시대, 좋은 관계맺기가 힘이다

현직에서 승승장구하여 좋은 직위에 머무를 때는 주위에 많은 사람들이 모여들다가도 현직에서 물러나거나 일이 잘 풀리지 않아 실직하게 되면 자주 찾아오던 많은 사람들도 멀어지거나 소식이 뜸해진다. 사람 사는 이치이다. 그렇다고 소외되어 외로운 오리 새끼 신세처럼 지낼 필요는 없다. 이럴 때일수록 한때 사이가 좋았던 각계의 인맥들이 떨어져 나가지 않도록 움츠러들지 말고 더욱 적극적으로 관리를 해야 하는 시점인 것이다.

세상의 인심이 변하는 것을 탓하지만 말라. 오랫동안 만나지 못해 자주 대화를 나누지 못했던 친구와 친지에게 편지를 보내라. 이메일로 하지 말고 손으로 쓴 편지를 우편으로 보내라. 편지를 쓴 사람의 정성어린 문장 글귀를 읽으면서 느끼는 감정은 인터넷 시대에는 더 귀한 정감을 줄 것이다. 설사 경제적 부담이 있더라도, 청첩장을 보내온 지인들의 결혼식에 모두 참석하여 축복해 주라. 장례식에는 그리 친한 사이가 아니더라도 슬픔을 위로해 주러 가라. 지인이 몸이 아파 입원해 있으면 병문안을 가고 시간을 내기 힘들거나 가는 것이 어려우면 과일·꽃바구니라도 보내어 위로해야 한다. 그럼으로써 베푸는 사람 스스로가 넉넉한 행복을 맛볼수 있다. 미국 국립여론연구센터의 조사에 의하면 '친구가 많으면 많을수록 더 행복해진다.'고 했다. 또한 '다른 사람과 친밀한 관계를 맺으면 더 장수한다.'는 연구 결과도 있다.

영국 《인터내셔널 헤럴드 트리뷴》은 사회운동단체인 '프린시플'의 창립자 힐러리 코뎀의 조사 결과를 실은 적이 있다. 그는 런던 사우스워크 지역 노인들의 삶을 1년간 관찰한 결과 "노년에도 행복한 사람은 사회적 네트워크를 계속하는 사람이 많았다."고 하면서 "소득이 삶의 질과 크게 관계가 없다는 사실에 놀랐다."고 했다. 정기적으로 만날 수 있는 최소 세 명의 친한 사람이 있고, 일상사의 불편에서 벗어날 수 있다면 노년에도 행복할 수 있다는 것이다.

이제 노인들도 가까운 노인복지관에서 컴퓨터 교육을 이수하여 문자 메시지나 이메일·채팅을 하는 등 사회적 네트워크를 가져야 한다. 또한 노인들이 적은 돈으로 동네 카페·체육관·영화관 등 문화적 공간을 이용할 수 있어야 하고, 건강한 노인들이 불편한 노인들을 돌보는 노노(老老) 케어 봉사활동이나 지역사회 캠페인 등에도 적극 참여하여 친구를 더 많이 사귀어야 한다. 그렇게 하면 지금보다 더 행복한 노년을 누릴 수 있는 것이다. 노년의 행복한 노후를 지켜나갈 수 있는 여건이 어려운 사람들이라면 《탈무드》

에 나오는 '세 친구 이야기'를 떠올려 보았으면 한다.

어떤 농부가 궁궐에 있는 임금님의 부름을 받고 입궐을 하게 되었다. 그 농부는 임금님 앞에 혼자 가는 것이 너무 걱정되어 평소 가장 친한 친구에게 함께 가자고 부탁을 했다. 그러자 그 친구는 "일이 바빠서 같이 갈 수가 없다네. 미안해. 어쩌지."라고 거절했다. 하는 수 없이 가끔 연락을 하며 지내는 다른 두 번째 친구에게 부탁을 하게 되었다. 그 두 번째 친구는 고개를 갸웃거리면서 "글쎄, 궁궐 입구까지는 가줄 수 있네만." 하고 망설였다. 결국 농부는 평소에는 별로 만나지 않아 그다지 친하지 않은 친구인 세 번째 친구에게 같은 부탁을 하러 갔다. 이때 그 친구는 흔쾌히 승낙을 하면서 "같이 가주겠네. 그리고 내가 임금님 앞에서 친구가 죄가 없다는 것을 변호해 주겠네. 너무 걱정하지 말고 마음 편하게 먹게나." 하고 격려를 해주었다는 이야기다.

평소에 아무리 친하게 지냈더라도 어려울 때 함께 해줄 수 있는 친구가 진정한 친구이다. 인생에서의 진정한 친구 셋만 두었다면 인생을 헛되이 살지 않았다는 말도 있지만, 그래도 노년에 행복하려면 현대 사회에서는 평생 나와 함께할 수 있는 최소 세 명의 친한 친구는 있어야 한다. 세상이 과거와 달리 빠른 변화의 다원화된 환경 속에서 살고 있으니 서로의 사정을 배려하는 뜻에서 세 명은 만들 수 있도록 대인 관계에 충실해야 한다. 결국, 실버 세대의 행복도 평소의 인간관계에서 좋은 관계맺기가 가능해야 보장되는 것이다.

15
관계맺기로 성공한
낙하산 인사들

해마다 3월이면 각 기업체의 '주주총회' 시즌이다. 언론에서는 각 기업체의 '주주총회' 소집결의 공시 내용에서 '사외이사' 후보 추천을 살펴보고 올해에도 대폭 물갈이가 예상된다고 보도하고 있다.

사외이사란, 기업체에서 직접 책임 경영을 하는 대표이사를 포함한 사내이사 외에 외부 전문가를 이사회의 구성원으로 선임하는 일이다. 이러한 사외이사제를 두는 취지는 대주주의 전횡을 방지하고 기업 경영을 감독하고 조언하자는 데 있다. 따라서 사외이사 후보의 추천은 해당 인물의 전문성을 우선적으로 고려하지만, 별도의 모집 방석이 채용 시험이나 자격이 전제되는 것이 아니어서 정치적 고려가 반영될 수밖에 없다.

민영화 공기업은 물론이겠지만 대기업에서 사외이사진을 영입할 시에는 정권 친화적인 인사들을 영입하고 바람막이 역할을 맡기는 것이 기업 입장에서는 당연할 것으로 이해가 된다. 최근《일요신문》보도에 의하면 포스코·KT·KT&G 등의 신임 사외이사 후보 11명 중 5명이 측근 인사로 구성돼 공기업 낙하산 인사가 재연되는 동시에 지배 구조 악화가 우려된다고 보도했다. 새로 영입되는 사외이사들은 새 정부 정권인수위원회 자문위원을 했거나 대선 당시 캠프에 참여했던 인사들이란 것을 알 수 있다.

공기업뿐 아니라 일반 대기업에서도 현 정부와 가까운 인물이 사외이사 후보로 추천되는 사례가 많은 것을 보면 정치 외풍의 바람막이로 세워 기업 경영의 안전을 바라는 것이 비난만 할 일은 아니라는 생각이다. 가끔씩 기업 경영자들이 정치권과 너무 가까이 있던 인물로 비쳤다가 정권 교체 후에 검찰 수사의 대상이 되어 구속되는 일들도 심심치 않게 보게 된다.

기업 경영도 사람이 하는 일이고 사업인지라 비리라고 들추어내면 범죄가 되는 것이니 사정 칼날의 대상이 되지 않는 그 무엇(?)을 잘해나가는 인물이 필요하지 않을까 한다. 역대 정부에서는 그렇게 해 왔지만 지금 문재인 정부 하에서는 2019년 올해에도 공공기관에 내려온 낙하산 인사는 여전한 것으로 나타났다. 현재 여당 출신 선거낙마자, 시·도 의원 당직자로부터 여당 지지자까지 이른바 '캠코더(선거캠프, 코드, 더불어민주당)' 인사들이 영역을 가리지 않고 억대 연봉의 공공기관 기관장, 감사, 이사 자리를 줄줄이 꿰찼다고 언론이 '캠코더 낙하산'이라 비난한다.

이와 같이 고위 공직자로 퇴직한 사람, 또는 전문가로 자처할 수 있는 교수 출신 인사들, 지역 사회에서 공직 출마로 경험을 쌓은 정치인 출신 인사들도 낙하산 인사로 영입되는 기회가 있을 테니 평소에 폭넓은 인간관계맺기를 구축해 놓을 필요가 있겠다.

16
해외 관계맺기로
수출 길 뚫었다

2007년 '수출의 날'에 비언어극 공연물 최초로 《점프》가 '100만 불 수출탑'을 받았다. 한국을 대표하는 산업 분야인 조선이나 반도체·자동차가 아닌 공연물이 수출 탑상 시상대에 오른 것이다. 《점프》는 2007년 한 해 해외 12개국 16개 도시에서 공연해서 모두 110만 달러의 외화를 벌어들였다. 국내에서는 전용관 공연과 지방 공연 등을 통해 85억 원의 매출을 올리기도 했다.

《점프》는 지난 2000년에 대학 동기인 김경훈 대표와 최철기 감독이 의기투합하면서 시작되었다. 태권도를 소재로 기막힌 공연물을 한 편 만들어보자는 게 기획 의도였고 두 사람의 생각이었다. 그리하여 그들은 후배 연극배우들과 체조선수, 태권도 유단자들을 모아 공연 연습을 시작했다. 처음에는 《별난 가족》이라는 이름으로 초연을 했다. 그러다가 2003년부터 《점프》라는 이름으로 재

탄생하게 된 것이다. 당시 《점프》의 국내 공연 흥행은 매우 어려운 상태였다. 경제적 어려움을 안고서 2005년 영국 '에든버러 축제'와 2006년 '웨스트앤드 공연'에 참가하여 흥행에 성공하면서부터 길이 열리기 시작했다.

《점프》의 에든버러 공연 이후 현재의 한국 공연계의 분위기는 이제 한국 공연물이 해외 진출 자체만으로 화제가 되던 시대는 지났다고 보는 입장이다. 전에는 우리의 공연 작품을 해외에서 보여 주는 것만으로 만족했다면 이제는 예술로도 큰돈을 벌 수 있다는 인식에 초점이 맞춰지고 있는 것이다. 이런 분위기 속에서 국내 공연물을 수출하고 인지도를 높이는 데 선두주자로 평가되는 '쇼앤아츠'는 창작 공연의 해외 마케팅 홍보를 전문으로 하는 동시에 《점프》의 해외 진출을 총괄해 온 회사이다. 쇼앤아츠의 노력으로 《점프》는 영국을 비롯한 중국·대만·말레이시아·인도네시아·싱가폴·홍콩 등 지역으로 공연을 확대하여 한류의 세계화에 크게 기여한 바 있다.

한경아 대표가 이렇게 해외에 작품들을 진출시켜 성공시킬 수 있었던 비결은 해외 유명 축제 운영위원회와 교류를 통해 쌓은 인적네트워크를 적극적으로 활용한 노하우 때문이다. 그녀는 이메일이라도 한 번 교류했던 사람과는 절대 연락의 끈을 놓지 않는다. 그리고 해외 공연 관계자들에게 우리 한국 공연계에 관한 정보를 끊임없이 알려주고 있다.

17 / 악연은 모닥불처럼

　명함만 주고받은 많은 사람들 중에 아무나 내 인맥으로 삼을 만한 사람이라고 판단하고 함부로 손을 내밀지 말아야 한다. 상대방이 어떤 사람인지 알 수 없기 때문이다. 상대방이 어떤 부류의 사람인지 찬찬히 살펴본 후 다가가는 것도 나쁘지 않다.

　살다 보면 분명 악연도 생기기 마련이다.
　그런 경우에는 상대방을 고슴도치의 가시를 다루듯 해야 한다. 상대방을 함부로 탓하지 말라. 성격이 까다롭고 속이 좁은 사람이라고 해도 그들을 바꾸려 들지 말고, 모닥불처럼 대하라. 너무 가까이 다가가 손을 데고도 찔끔찔끔 눈물 흘리며 모닥불을 탓하지 않듯이 쬐는 사람이 알아서 거리를 맞춰가야 한다. 그리고 마음에 들지 않는 사람들일지라도 그들과 어울리고 그들을 포용하는 방법을 익혀나가야 한다.

　그러나 가급적 악연이 없도록 선택하고 노력해야 한다.
　잘못된 만남에서 잘못 헤어질 때의 파괴력은 엄청나다. 그동안 함께 지내며 비즈니스 하던 중요한 정보가 악용된다면 어찌하겠는가? 순간의 감정 관리를 그르쳐서 금이 갈 때는 최악의 상황을 예견하면서 결정하는 것이 현명하다. 그러므로 관계를 맺은 후 상대방을 함부로 내치는 것도 현명하지 못하다.

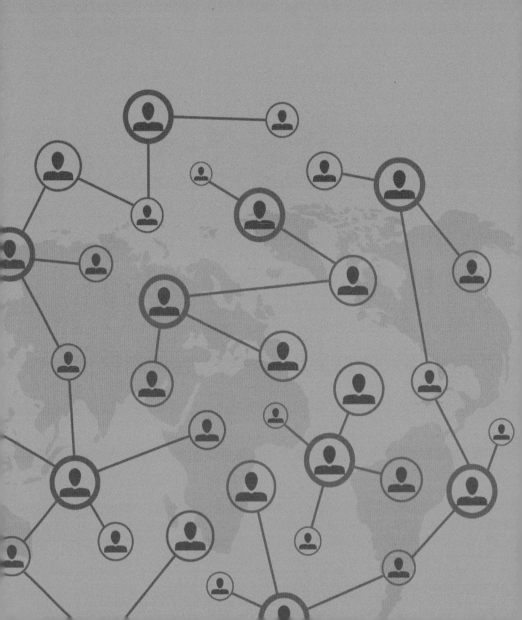

2부

MIND

관계맺기를 위한
마인드

01 / 첫 만남, 끌리게 하라

● 깔끔한 옷차림, 깍듯한 태도

살아가면서 만나는 인연들 중에 아무런 관계가 없는 인연이란 없다. 모두 제각각의 의미를 지니고 있다. 어떤 사람과 만나느냐에 따라 더 나은 사람이 되기도 하고, 그 반대가 되기도 한다. 얼마 전, 조찬모임에서 뇌과학자의 강연을 듣게 되었다. 그는 강연 중에 이런 말을 했다. 과학적인 측면에서 봤을 때에도 첫인상은 중요하다고, 누군가를 처음 만날 때에는 자신의 원래 모습에서 30% 정도를 부풀려서 자신이 돋보이게 연출하는 것이 좋다고 말이다.

첫 만남에서 순간적으로 포착된 이미지는 바로 뇌에 전달된다. 상대방에 대한 인상이 바로 뇌에 전달된다. 이렇게 전달된 인상을 나중에서야 바꾸려면 엄청난 노력이 필요하다. 그러므로 중요한 관계가 될 만한 사람과 대면할 때에는 반드시 첫인상에 주의를 기울여야 한다. 공자(孔子)는 옷차림에 남달리 많은 신경을 썼던 것으로 유명했다. 또 옛 속담에 "입은 거지가 얻어먹는다."라는 말이

괜히 내려오는 말이 아니다. 신언서판(身言書判: 외모 말씨 글씨 판단력)이란 옛말은 아직도 유효한 것 같다.

셰익스피어는 《햄릿》의 시종 폴로니어스가 길을 떠나는 아들 레어티스에게 주는 '10가지 인생 조언' 중에서 "낭비는 금물이지만 주머니가 허락하는 한 옷을 잘 입어라. 사치스러운 느낌을 주지 말되 부자처럼 보여라. 사람들은 종종 옷으로 사람을 판단한다. 최고 계층은 특히 더하다."라고 표현했다.

이와 같이 동서양 어디에서나 세련된 옷차림을 통해 그 사람을 평가한다. 이러한 사회적인 분위기는 시대가 변해도 다르지 않다. 용모 관리는 먹고사는 일보다도 우선하며, 조심하고 중요시하던 부분이다. 외모는 그만큼 사람을 평가할 때 중요한 영향을 끼친다. 즉, 요즘 세상에서도 외모가 경쟁력이라고 말할 수 있다. 미국 《뉴스위크》가 인사담당자들을 상대로 조사한 내용은 "57%가 능력이 있어도 외모가 빠지면 직장을 얻을 때 고생을 할 수 있고, 68%는 취업 후 업무 평가와도 관련이 있다."라고 보도하며 "취업 희망자들은 외모에도 투자할 필요가 있다고 생각한다."라고 했다.

인기드라마 《꽃보다 남자》의 꽃미남 주인공들인 'F4'가 한동안 시중의 화제가 되었다. 이 네 남자가 뭇 여성들을 단시간에 사로잡은 데는 이들의 타고난 '외모'가 큰 역할을 했다. 성과 위주로 냉혹하게 평가되는 직장에서조차 외모 프리미엄이 명백히 존재한다는 조사 결과가 나오기도 했다. 타고난 외모는 바꿀 수 없지만 상대방이 호감과 매력을 느낄 수 있도록 깔끔한 옷차림과 깍듯한 태도로 신뢰를 주는 인상으로 잘 관리해 나가야 한다.

내가 근무했던 직장에서 만난 A와 B는 같은 부서의 동료이다. 두 사람은 학력과 능력, 재직기간까지 엇비슷하다. 하지만 생활습관이 전혀 달랐다. A는 옷차림 등 겉모습에 주의를 기울였으며 누가 보더라도 신사의 품격이 느껴졌다. 그러나 B는 옷차림에 전혀 신경 쓰지를 않았다. 그는 겉모습을 그다지 신경 쓰지 않았으며 열심히 일하기만 하면 된다고 생각했다. 어느 날 직장에서 새로운 팀을 만들었다. 팀원들 중에 한 사람에게 팀장을 맡기기로 했다. 부장은 A와 B를 추천하면서 말했다. 둘 다 모두 능력이 뛰어나기 때문에 어느 한 사람을 선택해야 좋을지 결정하기 어렵다고 말이다. 나는 보고를 받은 후로 A의 이름 위에 표시하며 말했다.

"둘 다 매우 똑똑하고 능력 있지만, A가 더 나은 것 같아. B는 겉모습에 신경을 너무 안 쓰더군. 그런 모습으로 아무리 열심히 일해 봤자 누가 그를 따르겠냐. 영업할 때에도 거래하는 사람이 놀라 달아나면 어떡하겠냐."

실제로 사람의 겉모습이란 관계맺기에 적지 않은 영향을 준다. 멋진 겉모습은 사람들의 이목을 끌 수 있어 좋다. 그러므로 품위 있는 겉모습을 유지한다면 좋은 인간관계맺기에 큰 도움이 될 것이다.

● 첫인상의 힘은 강하다

첫인상은 첫눈에 느껴지는 인상으로 오랫동안 마음에 남는다. 그래서 첫 만남에서 매력적이고 강한 인상을 줄 수 있어야 한다.

미국의 심리학자 고든 올포드의 '대인지각이론'에 따르면, 사람들이 낯선 사람을 만나 불과 30초 내에 처음 만난 사람의 성별·나이·체격·직업·성격·신뢰감·성실성 등을 어느 정도 평가할 수 있다고 했다. 물론 첫 만남을 통해 그 사람의 모든 것을 판단할 수는 없는 일이다. 하지만 '다음에도 계속 사귀고 싶은 사람이다.', '이 사람과 거래를 해보고 싶다.', '좀 부담스러운 사람이다.'라는 등의 생각은 첫 만남에서 결정된다. 그러므로 자신의 첫인상을 잘 관리하는 일은 아주 중요하다.

첫인상이 좋았던 사람이 잘못을 저질렀을 때는 그 사람을 우호적으로 이해하려는 경향이 있다. 물론, 사람 중에는 알고 지내다 보면 그 첫인상과 달리 다른 장·단점이 추가되어 그에 대한 이미지가 바뀌는 경우도 많이 있고, 자주 만나다 보면 정이 들어 첫인상이 더 오래가기도 한다. 그렇다면 무엇이 첫인상을 결정하는 걸까? 전문가들은 외모가 80%, 목소리가 13%이며 인격은 7%에 불과하다고 말한다. 그래서 첫 만남은 인격과 인격의 만남이기 전에 이미지와 이미지의 만남인 셈이다. 그렇기 때문에 준비된 만남이 아닌 예상치 못한 첫 만남에서 좋은 첫인상을 주려면 평소부터 겸손하고 상대를 배려하는 좋은 습관을 가지는 것이 더욱 중요하다.

● 첫 만남으로 내 사람 만드는 '클린턴의 3분 법칙'

항상 미소를 잃지 않는 사람은 만나면 기분이 좋아지고 함께하고 싶어져서 아무런 이유 없이 끌리게 된다. 사람을 끌리게 하는 사람이란 명문 학교를 나오고 출중한 외모, 유창한 고급 언어를 청산유수같이 내어놓는 실력자가 아니다. 의외로 이들은 표정이 밝고 소탈하다. 미소가 있고 쉽게 웃음을 터뜨리며 부드러운 음성과 고운 말씨, 가끔씩 한마디 던지는 유머가 있다. 다시 말하면 상대를 편안한 마음으로, 진솔하게 배려하고 경청할 줄 아는 사람이다. 물론 호감을 주는, 끌리는 사람이 되기란 말처럼 쉽지는 않다. 그런데도 대인 관계가 원만하여 많은 인맥 자산을 가지고 있는 사람은 이처럼 아무런 이유 없이 끌리게 만든다. 생각해보면 사실 '낯선 사람'을 사귀는 일은 그리 어렵지 않다. 첫 만남에서 너무 식상한 말이나 경직된 말로 대화를 시작하지 말고, 저속하지 않은 유머러스한 농담을 건네거나 상대방을 칭찬하는 말로 대화를 시작해보자.

명문가 출신이 아닌 어려운 환경에서 자수성가해서 미국의 대통령까지 역임했던 빌 클린턴 전 대통령의 행동 스타일을 나는 '클린턴의 법칙'이라고 부르며 생활의 지표로 삼고 있다.

빌 클린턴 대통령이 한국을 방문했을 당시는 르윈스키 사건의 탄핵 분위기 때문에 신뢰감이 상당히 추락한 시기였다. 나도 그런 선입견을 갖고 일정한 거리를 두고 그를 지켜보았다. 그러나 방한 일정 때 면담 인사들과 인사를 나누는 그의 모습을 지켜보면서 나는 깊은 인상을 받았다. 밝게 웃음 띤 얼굴로 상대를 바라보고, 마주치는 눈빛과 두 손으로 상대를 반기는 제스처가 자연스러웠다. 만나는 사람들마다 일일이 악수할 때도 상대의 팔꿈치를 잡아주듯이 끌어당기고 한두 마디씩 던지는 재치 있는 대화로 즉각적인 호감을 끌어내곤 했다. 평소의 그에 대한 부정적인 선입관이 눈 녹듯 사라지고, 그 짧은 한순간 많은 감동을 받았다.

빌 클린턴 대통령처럼 비록 짧은 순간이지만 진정으로 상대를 좋아하고 배려하고 있다는 마음을 보여준다면 이에 보답해 주고 싶은 것이 사람들의 일반적인 반응이라는 것을 알게 되었다. 첫 만남에서 매력적인 강한 인상을 남겨주고 상대의 마음을 사로잡던 클린턴의 행등에서 감명받은 나는 '클린턴의 3분 법칙'이라고 명명하여 나의 생활 지표로 삼게 되었다. '클린턴의 3분 법칙'을 소개한다.

첫째, 악수를 할 때 반드시 눈을 마주쳐라.

눈 맞춤과 동시에 자신의 이름을 소개한다. 이 방법은 전에 만난 사이라고 해도 다시 한번 기억나게 한다.

둘째, 상대의 관심사를 질문하라.

상대에게 집중된 관심을 보이면서 상대와 관련된 관심사에 관해 질문하여 마음을 함께하고 싶다는 애정을 표시해 준다. 특히 내가 말하고 싶은 것만 말하는 것이 아니라 상대가 듣고 싶어 하는 것을 말하는 것이 중요하다.

셋째, 3분 이내 격려의 말을 건네라.

처음 사람을 만났을 때 대화를 시작하여 3분 내에 상대의 좋은 이미지와 장점, 외부에 나타난 장식 소품 등에 관해 칭찬과 격려를 한다.

넷째, 상대를 배려한다는 마음을 느끼게 하라.

상대방의 생각과 원하는 바를 인지하여 상대를 좋아하고 배려한다는 마음을 느끼게 한다.

story004
모든 사람은 한 권의 책과 같다

사람의 마음속엔 저마다 불씨가 하나씩 있다. 우리가 어떤 사람을 만나느냐에 따라 마음속의 불씨는 강해지기도 하고, 꺼지기도 한다. 영감을 주는 사람과의 만남은 인생 전체에 영향을 미친다. 때로는 전혀 다른 삶을 사는 변곡점이 되기도 한다.

미국 클린턴 대통령의 이야기다.

그는 미국의 시골 아칸소 주에서 아버지를 못 보고 태어난 유복자다. 1963년, 소년 시절이었던 그는 당시 16세였다. 그는 미국 재향군인회가 설립한 훈련기구 '보이스네이션(Boys Nation)의 아칸소(Arkansas) 주 대표로 선발되어 백악관을 방문한다. 그는 당시 대통령인 존 F. 케네디를 만났다. 그 만남을 계기로 정치가가 될 것을 결심한다. 백악관에서 케네디 대통령을 만난 소년 빌 클린턴은 30년 후, 미국의 제42대 대통령으로 취임한다.

02 / 꿈(열정)을 크게 이야기하라

● 열정은 일하게 만드는 배터리

《성공하는 사람들의 열정포트폴리오》의 공동 저자인 성공학 전문강사 마크 톰슨은 이렇게 말했다. "열정을 빼놓고선 성공을 말하지 말라."

지난 10년간 빌 게이츠·잭 웰치·도널드 트럼프·마윈·손정의와 같은 쟁쟁한 각계의 성공한 거인들을 만나 유심히 관찰한 결과, 이들은 모두 열정(Passion), 목표(Purpose) 실행(Performance) 등 '3P'를 갖고 있었다고 말했다. 톰슨은 열정에 대해 이렇게 말했다. "열정이란 시간 가는 줄 모르고 일에 열중할 수 있으며 피곤하거나 무료할 때 일하고 싶도록 만드는 일종의 배터리다." 그렇게 말하면서 그는 자신이 하고 있는 일에서 열정을 찾는 사람이 성공한다고 했다.

빌 게이츠 회장과 찰스 스와프 회장, 리처드 브랜슨 회장, 이 세 사람 모두 대학을 나오지 못했지만 열정과 뚜렷한 목적의식으로 그 핸디캡을 극복한 대표적인 사람이라는 것이다. 톰슨 외에도, 미국 하버드대 경영학 박사인 게리 해멀은 그의 저서《꿀벌과 게릴라》에서 "착실하게 주어진 일만 열심히 수행하는 꿀벌과 같은 20세기의 사고방식에서 탈피해 창의력과 상상력으로 무장한 행동주의자이며 혁명가인 게릴라가 돼라."라고 강조했다. 이처럼 꾸준하게 열심히 노력하는 근면함보다는 무장한 혁명가처럼 게릴라형의 소나기 같은 열정만이 21세기 경영의 미래에서 성공할 수 있다는 것이다.

일본 혼다 자동차 창업자인 혼다 소이치로(本田宗一郎)는 일개 동네공장을 세계적 기업으로 키워낸 유명한 경영자이다. 그는 "이륜차 시장에서 세계 제일이 되겠다."고 공언했고, 사륜차 시장에 진출하자마자 "F1 그랑프리를 획득하겠다."라고 선언하여 많은 사람들을 깜짝 놀라게 하였다. 놀랍게도 혼다 소이치로는 그가 약속한 두 가지를 모두 훌륭하게 이루어냈다. 실패에 실패를 거듭하면서도 식지 않는 소나기 같은 열정으로 모든 사람들의 눈이 휘둥그레질 정도의 쾌거를 거둔 것이다.

여러분도 가능한 한 크게 생각하고 가능한 한 크게 소리쳐라!
돈키호테처럼 보일지라도 얼굴엔 열정이 넘치는 표정으로, 자세는 아무리 봐도 허풍으로밖에 보이지 않을 것 같은 자신만만함으로 대인 관계를 맺으라. '좀팽이'처럼 소심하게 굴지 말아라. 누가 보아도 불가능해 보이는 큰 꿈을 이야기하라. 그렇게 하면 얻으려고 하는 것이 쉽게 손에 들어오고, 원하는 인간관계가 쉽게 풀린다. 결국 주위에 사람을 많이 모을 줄 아는 사람만이 인적네트워크가 풍부하여 성공의 여유를 누릴 수 있는 것이다.

● 꿈은 클수록 좋다

마틴루터 킹 목사가 "나에겐 꿈이 있습니다."로 시작되는 명연설을 남긴 것처럼 오바마 대통령도 선거 유세에서 줄곧 외친 슬로건은 "우리는 할 수 있다."였다. 우리는 미국을 위해 '변화(Change)의 꿈'을 이룰 수 있다고 주장한 것이다. 이 명연설 덕분에 오바마의 주변에는 사람들이 물밀 듯이 몰려들었다.

누구나 살다 보면 고난과 역경을 맞이하게 된다. 그때마다 겉으로 드러내지 않으려고 애쓰곤 했다. 내 눈빛에 담긴 좌절과 상실감을 상대방에게 들키고 싶지 않았다. 들켰다간 세상의 인심은 썰물처럼 나를 떠나갈 것이다. 그것을 명심해야 한다. 항상 넘치는 의욕과 꿈을 이룰 수 있다는 것을 이야기하라. 설사 그 꿈이 좌절된다고 해도 또 다른 꿈을 꾸는 식지 않는 열정을 가져야 한다. 꿈과 열정만 있다면 도와줄 사람들은 항상 나를 찾아온다. 누구든 꿈이 있는 사람을 응원하고 싶어 한다. 성공을 원한다면 먼저 큰 꿈을 가져라.

노벨 문학상 수상 작가 펄벅 여사는 "젊은이들은 도저히 이룰 수 없는 무모한 꿈을 꾸다가 그것을 실현할 수도 있다."라고 말했다. 경제 한파의 냉정한 현실에 기죽어 지내지 말고 무모하고 허황한 꿈을 품는 돈키호테가 되어보는 것도 도움이 될 것이다.

꿈은 크면 클수록 좋다. 꿈이 너무 커서 곤란한 일이란 없다. 큰 꿈을 품은 사람은 크게 이루고 작은 꿈을 가진 사람은 작게 이룬다.

story005

정주영 현대그룹과 롱바톰(LongBottom) 회장과의 만남

TV광고에 생전의 정주영 현대그룹 명예회장의 모습과 목소리가 방영되고 있다. 정 회장이 현대조선을 만들기 위해 영국에 가서 겪었던 일화가 소재였다. 비록 TV광고였지만 힘들게 사는 국민들에게 커다란 용기와 긍정의 힘을 심어주는 내용이었다.

"목선이나 만들지 그러십니까?" 이런 비아냥 소리를 들어가며 1971년 정주영 회장은 울산에 조선소 용지를 마련해 놓고 차관을 얻기 위해 유럽과 일본 금융기관을 찾아다녔다. 천신만고 끝에 선박 컨설팅 업체인 영국 애플도어사의 롱바톰 회장을 만났지만 한국이 조선 산업을 하는 것은 '환상'이라는 충고를 받고 일행들이 난감해하는 순간이었다.

정 회장은 갑자기 주머니에서 500원짜리 지폐를 꺼내 테이블에 올려놓았다. 정 회장은 지폐 위에 새겨진 거북선 그림을 가리키며 이렇게 말했다.

"이것은 우리가 만든 거북선이오. 우리는 당신네 영국보다 300년이나 앞선 1500년대에 철갑선을 만들었소. 산업화가 늦어져서 국민 능력과 아이디어가 녹슬었을 뿐 잠재력은 고스란히 남아있소."

롱바톰 회장이 빙그레 웃으면서 고개를 끄덕이며 세계 5대 은행이었던 바클레이즈 은행에 추천서를 써줬다. 롱바톰 회장과의 첫 만남에서 그의 신뢰를 얻어 첫 관문은 어렵사리 통과했다.

그러나 차관을 얻으려면 영국 수출신용보증국(ECGD)의 보증을 받아야 했다. 이때 보증국은 배를 사겠다는 사람의 '증명서와 확인'을 요구했다. 하지만 정 회장의 열정은 이 정도 난관 앞에서 포기하지 않았다. 울산 미포만의 황량한 백사장 사진, 5만분의 1 지도 한 장, 외국 조선소에서 빌린 26만 톤급 유조선 도면 등을 들고 선주들을 찾아다녔다. 만들지도 않은 조선소에 배를 사겠다고 주문하는 사람을 만나기란 불가능에 가까운 일이었다.

정 회장은 지푸라기라도 잡는 심정으로 그 즉시 스위스 몽블랑에 있는 별장으로 갔다. 선박왕 오나시스의 처남인 리바노스 회장을 만나기 위해서였다. 리바노스 회장은 정 회장의 용기를 높이 인정하고 유조선 두 척을 발주했다. 훗날 정 회장은 어느 만찬장에서 그때를 회고하며 리바노스 회장을 두고 농담하기를 "나보다 더 미친 사람도 있었다."며 파안대소하기도 했다.

정 회장의 경우처럼 선박을 건조할 수 있는 조선소도 짓지 않고 울산 방어진에 말뚝만 박아놓은 채 단지 거북선이 그려진 500원짜리 지폐 한 장으로 외국 선주들로부터 수주를 할 수 있었던 용기와 배짱, 꿈과 열정이 있었기에 가능한 일이었다.

story006
스필버그 감독과 유니버설 영화사 부사장과의 만남

미국에서 가장 성공한 영화감독으로 손꼽히는 스티븐 스필버그 감독의 인생도 평탄하지만은 않았다. 그는 캘리포니아 대학 재학 중에 부모님의 이혼으로 극심한 경제적 어려움을 겪었다. 그러나 힘들고 어려운 순간에도 스필버그는 자기가 좋아하는 일에 몰입 하는 투지를 잃지 않고 좌절하지 않았다.

그는 경제적 어려움 속에서도 24분짜리 단편영화 《앰블린》을 만 들었다. 어느 날 이 영화를 본 유니버설 영화사 부사장이 즉각 계 약하자고 제의했다. 부사장과 만남으로써 든든한 관계맺기를 지 원받은 그는 곧 《ET》와 《죠스》, 《쥐라기 공원》 같은 영화사에 길 이 남을 숱한 명작을 제작하게 된다.

그가 만드는 모든 작품들은 엄청난 인기 속에 전 세계인의 관심 을 끌었다.

그 후 스필버그는 현역으로 활약 중인 감독 중에서 '최고의 감독' 으로 선정되기에 이르렀다. 최근 미국 대중연예지인 《엔터테인먼 트 위클리》는, 지금도 활발하게 영화를 만들고 있는 감독들을 대 상으로 뽑은 '세계의 영화감독 50인'에서 그를 1위에 올렸다.

스필버그, 그는 고난의 순간에도 오로지 꿈을 포기하지 않고 도 전하는 열정으로 성공한 남다른 감동 스토리의 주인공이 된 것이 다. 그 성공의 발단은 유니버설 영화사의 부사장과 만난 관계맺 기었고 그것이 인맥네트워크의 원동력이었다.

물감을 아끼면 꿈을 이루는 성공한 인생의 그림은 그리지 못한다.

story007

세상 탓하지 않고 세상에 맞서는 구직 청년 세디키

한 미국 대졸 청년의 '구직 전쟁' 이야기를 소개한다. 그는 2005년 미국 명문 남캘리포니아대 경제학과를 졸업한 대니얼 세디키라는 이름의 청년이다. 이 젊은이는 자기와 같은 구직자들에게 "편안한 일상에 안주하지 말고 새로운 세상에 맞서라."라는 메시지를 보냈다. 언론들은 이 사실을 기사화하여 앞다투어 보도했다.

대니얼 세디키. 그는 대학 졸업 후 정규직 취업 면접에서 40번 넘게 떨어졌다. 면접 때마다 취업담당자들은 그에게 "좀 더 경험을 쌓으라."라는 말을 하곤 했다. 하도 여러 번 이런 지적을 듣게 되니 청년 세디키는 "그럼 먼저 경험을 쌓는 일에 도전하여 세상을 배우겠다."라는 일념으로 미국 전국 50개 주 구직 투어에 나섰다. 그는 유타 주에서 창고 관리 보조 업무를 시작으로, 6개월 동안 모두 21개 주에서 항만 노동자·벌목공·고기 포장업·보일러 설치기사·부동산중개업·로데오경기장 내 아나운서·술집 바텐더·옥수수농장 일꾼 등을 거쳤고, 라스베이거스에서는 결혼식 진행자로 일하는 등 수많은 일자리를 경험했다.

그는 자신의 홈페이지에서 각 주를 돌며 일하고 있는 현장 상황을 실시간으로 알렸다. 그리하여 미국 ABC와 CNN, NPR 등 유력 방송 매체들이 그의 일자리 투어에 관심을 가지고 기사를 내보내기 시작했다. 세디키의 뉴스는 다른 구직자들에게도 큰 용기를 북돋아 주었다. 세디키는 기자들에게 말했다. "나 자신도 취업에 실패해서 절망했고, 경기 침체의 희생양이라고 괴롭지만 뭔가를 성취해 가는 자신의 경험이 다른 사람들에게 힘이 됐으면 좋겠다." 언론 보도 이후, 청년 세디키에게는 구직을 하려는 끈질긴 열정을 높이 평가한 많은 회사들의 채용하겠다는 문의가 쇄도했다. 그는 가는 곳마다 만난 사람들과 좋은 관계를 유지하는 데 성공했고 그들로부터 사랑과 도움을 받았다. 이것이 바로 관계맺기의 힘이다.

03 / 칭찬하라

● 먼저 칭찬하라

우리 사회에는 '칭찬'에 유달리 인색한 사람들이 많다. 경쟁이 치열한 사회에 살다 보니 웬만큼 잘해서는 눈에 차지도 않는다는 생각 때문일까. 대체로 칭찬에 인색한 사람들은 기준 잣대가 높다. 눈높이를 낮춰라. 눈높이를 낮추면 누구든지 한두 가지의 장점은 있기 마련이다. 긍정의 마음으로 상대를 바라볼 때면 오히려 칭찬할 거리가 차고 넘친다. 상대방에게 무심코 던진 한마디가 그 한 사람의 인생을 바꿀 수 있듯 칭찬 한마디로 인해 무능한 사람이 유능해질 수도 있다.

칭찬은 에너지를 충전시켜 준다. 칭찬은 고래도 춤추게 한다고 하듯이 칭찬받는 사람은 밤새 일을 해도 피곤한 줄을 모른다. "얼굴이 참 밝아 보여요.", "대단한 솜씨야!", "나보다 훨씬 잘하는걸~" 등의 칭찬은 상대방을 기분 좋게 한다. 이처럼 사람의 마음을 간단하게 사로잡는 비결이 바로 칭찬이다. 칭찬을 아끼지 말자. 누구를 만나든 상대를 인정하고 칭찬부터 한다는 원칙을 실천해

보자.

● 최대한 많이 칭찬하라

누군가에게 어떤 일을 시키고 싶다면, 또한 누군가의 마음을 얻고 싶다면 상대가 원하는 것을 먼저 해주면 된다. 그렇다면 '상대가 원하는 것'이란 무엇일까? 사람들은 누구나 인정을 받고 싶어한다. 칭찬받기를 원한다. 즉 칭찬이나 인정은 인간의 궁극적인 욕망이다. 이러한 인간의 욕망과 심리 작용을 제대로 파악하면 상대방을 내가 원하는 대로 움직이게 할 수도 있다.

한때 세간을 떠들썩하게 만든 어느 결혼사기범 A의 범죄사실에 관한 이야기를 소개한다. A는 직업 없이 무려 27명의 여자들을 차례차례로 만나가며 그녀들의 마음과 은행 통장을 건네받아 흔들고 다니면서 유흥을 즐기고 뻔뻔하게 생활해 오던 결혼 사기꾼이었다. 다음은 조사를 하던 수사관과 피의자 A와의 조사 질문과 답변 내용이다.

수사관: 피의자A는 어떤 방법으로 그 많은 피해 여성들의 사랑을 얻을 수 있었는지, 그 특별한 재주가 무엇인가요?

피의자A: 글쎄요…. 보시다시피 저는 잘생기지도 않았고 말도 잘 못합니다.

수사관: 아, 그렇더라도 피의자 A가 한 행위는 무능력한 사람이 저지른 일이라곤 믿기지 않을 만큼 큰일이지요. 아무 능력조차 없는 사람이 그렇게 많은 여성들에게 피해를 줄 순 없잖아요.

피의자A: 아닙니다. 누구나 할 수 있는 일입니다. 제가 한 일이라곤 여
         자의 말을 열심히 들어주거나 여자를 칭찬하는 일뿐이었습니
         다. 그러다 보면 제게 마음의 문이 열린 여자는 만사 OK를 외
         치지요.

위의 이야기에서도 느낄 수 있듯이 어떤 여성의 환심이나 사랑을 얻을 수 있는 방법은 간단하다. 상대 여자의 말을 열심히 들어주고 그녀에 관한 이야기만 줄곧 해대며 칭찬하기만 하면 된다. 이는 여성뿐만 아니라 남성을 포함해 누구에게든 적용되는 칭찬의 효과다. 일반적으로 효과적인 칭찬하기를 요약하자면 다음과 같다.

첫째, 상대방만을 위한 칭찬을 한다.
둘째, 자연스럽게 상대방의 이름을 언급한다.
셋째, 진부한 칭찬은 차라리 안 하는 것이 낫다.
넷째, 칭찬을 할 땐 구체적으로 한다.

특히 상대방의 이름을 불러준다든지 센스와 관찰력 있게 어디서도 들어보지 못한 칭찬을 한다면 굉장한 효과를 볼 수 있을 것이다. 사람들은 누구나 주위 사람들로부터 인정받기를 원한다. 또한 자기가 중요한 존재라는 사실을 인정받고자 한다. '진정한 인정과 아낌없는 칭찬'에 대한 욕구는 누구나 똑같이 느낀다. 그러므로 인간관계에서 가장 중요한 것은 내가 상대방에게 원하는 만큼 나역시 상대방에게 그만큼 베풀라는 것이다. 칭찬받기를 원하는가?

그렇다면 나부터 먼저 상대방을 칭찬하자.

미국의 유명한 사업가 록펠러(Rockefeller) 역시 성공의 비결로 칭찬을 꼽았다. 그와 공동사업자인 에드워드 T. 베드포드(Edward. T.Bedford)가 실수해서 100만 달러에 달하는 손실을 회사에 입혔을 때 록펠러는 화를 내거나 비난할 만한 이유가 충분하였으나 그러지 않았다. 베드포드가 최선을 다했고, 이미 벌어진 일이니 어쩔 수 없다고 생각했기 때문에, 오히려 "이것도 정말 잘한 거야. 항상 최고 수익을 낼 수는 없지!" 하고 칭찬하였다. 이런 진심에서 우러나오는 칭찬은 리더의 덕목이요, 누구든 일상생활에서 적용해야 할 처세의 기본이다.

미국의 유명한 극작가이며 뮤지컬 제작자인 플로렌스 지그펠드(Florenz Ziegfeld)는 그저 평범하기 그지없는 소녀들을 발굴해 매력적이고 재능이 넘치는 슈퍼스타로 변모시키는 데 최고의 능력을 보였다. 이때도 그가 사용한 것이 바로 칭찬과 격려였다. 그는 아주 세심하고 은근한 칭찬을 통해 소녀들의 마음을 흔들고 소녀들이 스스로 중요한 사람이라고 생각하게 만들었고 공연이 끝날 때마다 직접 전화를 걸어 찬사를 쏟아냈다. 그는 최선을 다해서 상대방의 장점을 찾고 그것을 진심으로 칭찬해 주었다. 특히 그녀들이 가장 듣고 싶어 하는 말은 '예쁘다.', '멋있다.', '너는 꼭 그 자리에 필요한 사람이다.' 등등이었다. 사람들은 자신을 누군가와 비교하는 말은 싫어한다. 반면에 자신을 인정해 주는 말은 좋아한다. 그러니 상대방을 인정해 주는 칭찬을 자주 해보자.

●칭찬을 받아들이자

가끔 어쩌다가 누군가를 칭찬할 때가 있다. 칭찬을 받은 상대방은 종종 다음과 같은 반응을 보인다. "별말씀 다 하십니다.", "아니에요." 혹은 "아니, 전 그런 칭찬받을 만한 사람이 아닙니다." 이런 경우라면 칭찬을 한 사람이 얼마나 무안해할까? 지나친 겸손은 자칫 상대방을 불쾌하게 만들 수도 있다. 정말로 성공하는 사람들은 상대방의 칭찬을 우아하게 잘 받아들인다.

04 먼저 배려하라

● 먹는 시늉만 하는 중국 총리 저우언라이

인간이란 근본적으로 이기적인 존재다. 이것은 대부분의 사람들이 자기중심적인 이유이기도 하다. 그러나 인간관계의 핵심은 바로 상대에게 꾸준히 관심을 가지며 배려하는 일이다. 관계맺기를 중요시하는 사람들은 지위와 직업에 상관없이 서로 친해지기 위해서 먼저 상대방에게 관심을 가지고 지켜본다. 실제로 상대방에게 관심을 갖다 보면 좀 더 상대의 독특한 개성이나 장점과 가치를 발견하게 되어 대화 중에 새로운 친구 관계로 맺어질 수 있다.

사람과의 관계에서 관심과 배려를 조금만 주면 보다 쉽게 마음을 열게 되어 가까운 인적네트워크로 발전할 수 있다. 누구를 만나더라도 상대를 존중하고 먼저 배려할 줄 아는 사람에게는 늘 사람들이 많이 따르게 된다. 상대를 위한 배려, 이것이야말로 사람의 마음을 얻는 가장 빠른 방법이다.

중국의 저우언라이(周恩來) 전 공산당 총리의 이야기를 예로 들어 본다. 국빈 만찬이 있는 날이면 자신은 먼저 국수로 간단히 배를 채운 뒤에 손님을 맞는다고 했다. 실제 연회에 참석해서는 먹는 시늉만 하면서 손님이 식사를 잘 하는지 정성껏 배려하고 챙기기 위해서라는 것이다. 저우언라이 총리처럼 성공한 사람이나 꿈이 큰 사람일수록 허세를 부리지 않는다. 허세를 부리기는커녕 겸손한 태도로 만나는 상대방을 먼저 배려한다. 남을 높인다고 내가 낮아지는 것은 아니다. 오히려 나도 덩달아 높아져서 존경을 받게 되는 것이다. 좋은 관계맺기를 구축하려는 사람들은 우선 먼저 상대를 배려할 줄 아는 겸손의 미를 가져야 한다.

● 배려하는 마음을 잊지 않게 하는 '모나리자의 법칙'

우리는 다른 사람으로부터 호의나 배려를 받았을 때는 꼭 잊지 않고 갚아야 한다는 마음속의 의무감 같은 것을 느낀다. 나는 이

런 케이스를 '모나리자의 법칙'이라고 부르고 있다. 명화 '모나리자'와 관련한 역사적 사례가 하나 있다.

프랑스 왕 프랑수아 1세와 화가 레오나르도 다빈치가 주고받은 배려와 보은에 관한 아름다운 이야기이다. 이 이야기를 가리켜 나는 '모나리자의 법칙'이라는 이름으로 명명했다. 다음 글은 조병호 목사의 칼럼이다.

이탈리아 피렌체 출신의 유명한 화가 레오나르도 다빈치는 당시 하도

유명해서 어느 나라를 가든 환영받는 대단한 화가였다. 특히 프랑스 왕 프랑수아 1세는 이 위대한 화가가 자기 나라를 방문해 준 것이 너무나 기뻤다. 왕은 프랑스 남부 지방의 한 성을 내어주며 필요한 모든 것을 다 지원해줄 테니까 그 성에서 머물며 마음껏 그림을 그리고 쉬라고 했다. 다빈치는 프랑수아 1세의 호의를 받아들였다. 그래서 64세 때부터 3년 동안 그 성에서 호사스러운 생활을 즐기며 그림을 그릴 수 있었다. 이전까지 그는 많은 나라와 영지를 방문하여 그림을 그려 팔거나 선물을 했는데, 유독 그림 한 점만은 선물을 하지도 팔지도 않았다고 한다. 그 그림이 바로 '모나리자'였다.

67세 때 프랑스에서 눈을 감으며 생을 하직하는 순간 다빈치는 "내가 그린 '모나리자'를 프랑수아 1세에게 선물한다."라는 유언을 남겼다. 그리하여 '모나리자'는 프랑스의 소유가 되었고 지금도 루브르 박물관에 전시되어 있다.

그림에 대한 이해가 부족한 사람도 프랑스에 가면 꼭 루브르 박물관에 들르고 싶어 한다. "모나리자" 때문이다. 다빈치가 프랑스 왕에게 선물한 이 한 장의 그림은 지금까지 프랑스에 많은 관광수익을 가져다주고 있다. 프랑수아 1세가 다빈치에게 3년여 동안 성에 머물도록 배려했던 것과는 비교도 할 수 없는 큰 이득을 프랑스에 선물하고, 파리를 세계적인 문화·예술의 도시로 만드는 데 기여하고 있다. 그림 한 장이 프랑수아 1세와 그 후손, 그의 나라에 참으로 큰 혜택을 안겨준 것이다.

《국민일보》 '로뎀나무' 칼럼의 조병호 목사의 글에서

이 '모나리자' 스토리처럼 자신이 상대방에게 가까워지기 위해서는 상대가 무엇을 원하는지 미리 파악해서 실제로 도움을 주거나 먼저 베풀어야 한다. 그러면 도움을 받은 사람은 마음속으로 '언젠가는 나도 당신을 돕거나 편들어 주어야 한다.'라는 마음의 빚을 진다. 심리적인 의무감을 갖게 되는 셈이다. 만약 당신이 누군가에게 도움을 주고 베풀었다면 도움을 받은 상대방과 당신은 끈끈한 관계로 발전할 수 있을 것이다. 도움을 베푸는 일은 이와 같이 관계의 시작점이 된다.

story008
작은 친절 덕분에 일약 호텔 사장이 된 호텔 매니저

조지 볼트는 필라델피아에 있는 작은 호텔의 매니저였다. 어느 비바람이 몰아치는 늦은 밤, 한 중년 부부가 하룻밤 묵을 숙소를 찾아 헤매다 길모퉁이에 있는 이 조그만 호텔에 들어섰다.

그 도시에서는 때마침 커다란 집회가 있었던 탓에 이 호텔에도 빈 방이 없었다. 너무 늦은 시간인 데다 궂은 날씨 때문에 다른 호텔을 찾기도 힘든 상황이었다. 안내원이 방이 없다는 사실을 말하려고 할 때, 볼트는 그 부부가 많이 지치고 피곤한 상태라는 것을 알았다. 특히 부인은 제대로 걷기조차 힘들어했다.

그래서 볼트는 그들에게 몹시 미안한 목소리로 이렇게 말했다.

"두 분 모두 피곤해 보이는군요. 다른 곳에 가도 방이 없을 텐데,

혹시 작은 방이라도 괜찮으시면 제 방에서 하룻밤 묵으세요. 저는 제 동료와 한 방을 써도 됩니다."

자신의 방을 내주겠다는 볼트의 제안에 부부는 안도의 한숨을 내쉬며 기쁘게 그의 제안을 받아들였다.

다음 날 아침 젊은 직원의 친절한 배려에 너무 감동한 부부는 호텔을 떠나면서 이런 메시지를 남겼다.

"당신은 호텔에 꼭 필요한 매니저입니다. 훌륭한 곳에서 일할 자격이 있어요. 내가 그런 호텔을 지을 계획인데 같이 일해 보지 않겠어요? 나중에 꼭 연락하겠어요."

몇 년 후 중년 부부는 약속대로 그 매니저를 위해 호텔을 지었다. 얼마 지나지 않아 매니저 조지 볼트는 중년 부부가 건축한 호텔의 사장이 되었다. 그 중년 부부는 바로 힐튼 호텔의 창업자인 콘래드 힐튼 부부였다.

조지 볼트는 영어 실력도 사투리가 섞여 완벽하지 못한 편이었고 멋쟁이도 아니었다. 그러나 완벽한 말솜씨나 옷차림, 완벽한 교육과 매너보다도 그는 손님의 입장을 먼저 배려하는 마음이 더 중요하다고 생각했다. 이것이 호텔 창업자인 콘래드 힐튼 부부의 마음을 사로잡은 것이다.

story009
관노 김갑순이 어떻게 공주 갑부가 되었을까?

공주 갑부 김갑순은 우리 근세사에서 '갑부(甲富)'의 원조라고 할 수 있다. 이 김갑순을 소개하는 것은, 배려와 보은으로 부자가 된 그의 이야기가 극적이기 때문이다.

김갑순은 1872년 고종 9년에 출생하여 13살에 가난한 소년 가장이 되었다. 그는 공주 감영에서 잔심부름하던 관노(官奴)였다. 그의 타고난 통 큰 성품은 요즘 표현으로 말하자면 'Think Big'이었다. 그는 미천한 관노의 신분으로 있으면서 의남매를 맺었던 여인이 운 좋게도 충청감사의 첩이 되면서 하루아침에 노비 신분에서 공무원인 아전(衙前)으로 올라선다.

어느 날 해가 뉘엿뉘엿 저무는 저녁 무렵, 김갑순이 아전으로 근무하는 공주 감영으로 허름한 선비 한 사람이 찾아온다. 선비는 충청감사를 만나러 온 옛 친구였지만 감사가 만나주지 않자 그만 발길을 돌리게 된다. 이것을 본 아전 김갑순은 헛걸음으로 돌아가는 선비가 딱하게 여겨져서 그를 붙잡고 자초지종을 물었다. 선비는 딱한 얼굴을 지으면서 "과년한 딸년 혼수 비용이 없어서 옛 친구인 충청감사를 만나 부탁하려고 왔는데 만나주지 않아 그냥 빈손으로 돌아가는 거요."라고 말했다. 선비의 어려운 사정을 알게 된 김갑순은 충청감사 대신 광목과 혼수 비용을 장만하여 당나귀에 실어주었다.

그리고 몇 년의 세월이 흘렀다. 이때 도움을 받았던 이 선비가 이런저런 연줄로 지금의 지식경제부 장관 격인 호조판서에 오르자 예전 김갑순의 배려에 보은을 하기 위해 충청감영으로 사람을 보냈다. 김갑순은 호조판서의 부름을 받고 한양으로 올라왔다.

그때부터 김갑순의 출세 길이 열리게 되었다. 호조판서의 추천으로 충청도 부여 군수·공주 군수·아산 군수 등 충청도 6개 지역을 역임했다. 매관매직으로 얻은 군수 자리였다. 하지만 본인이 돈이 많으니 가난한 서민들의 주머니를 털 일은 없었다. 또한 주민들의 분쟁 송사도 명쾌하게 해결해 주곤 했다. 덕분에 훗날 '솔로몬 판정'을 능가했다는 평판도 자자했다. 조선왕조가 망한 후에도 일제 식민지 시대에는 친일행각까지 하며 억만금의 재산을 모은 거부가 되었다.

그가 갑부가 된 직접적 계기는 청일전쟁 후 한밭(大田) 일대에 경부선 철도가 놓인다는 사전 정보를 입수한 뒤에 놀고 있던 땅과 야산 등을 헐값으로 사들인 덕이었다. 그 후 경부선 철도가 대전역을 통과하게 되면서 땅값이 엄청나게 뛰어 1930년대 후반 당시 대전시 면적의 약 40%가 그의 소유였다고 전해진다. 그의 별칭은 '땅투기꾼 1호'였다고 한다.

그는 해방이 되자 6·25 전쟁 때는 악덕 부자로 분류되어 인민재판에 회부되었으나 인민군 장교의 도움으로 목숨을 건졌다. 평소에 김갑순에게 많은 신세를 졌던 마름의 아들이 때마침 인민군 장교가 되어 목숨을 구해준 것이다.

김갑순의 경우는, 어려운 처지에 있는 사람을 도와준 배려심이 극적인 운명의 장면에서 보은의 손길이 되어 되돌아온 사례라고 할 수 있다. 더욱 놀라운 것은 그때 어느 누구도 김갑순을 비난하는 사람을 보지 못했다고 한다. 그는 결국 인민재판에서도 기사회생으로 살아나 천수를 마친다. 사람에 대한 투자가 재산이라는 생존 철학을 터득하고 베풀 줄 아는 부자의 길을 실천한 사람이라고 할까.

05 자신만의 브랜드를 만들자

● 자신의 장점이 곧 자신의 브랜드

지금은 '브랜드' 관리 시대이다. 기업이 시장에서 자사의 상품을 차별화하기 위한 수단으로 브랜드화가 꼭 필요하듯이 사람 역시 마찬가지다. 스스로를 남들과 차별화하여 브랜드화하면 인맥네트워크를 성장시키는 데에 좋은 발판이 된다.

개인 브랜드란 곧 개인의 이미지나 평판을 말한다. 개인의 몸값, 즉 상품 가치를 위한 자신만의 장점을 상징화하는 것을 '개인의 브랜드화'라고 한다. 개인 브랜드의 핵심은 자신의 말과 행동이 자신이 바라는 이미지와 얼마나 잘 부합하느냐에 달려있다.

세계적인 광고회사인 '사치엔사치'의 CEO인 케빈 로버츠는 "개인도 브랜드를 통해 남과 차별화해야 생존할 수 있다."라고 말하면서 "21세기 직장인의 생존 비결은 브랜드와 아이디어."라고 했다. 즉 남들과 차별화된, 자신만의 컬러와 창의력만이 성공을 약속한다는 것이다. 이는 시장에서 뛰어난 브랜드만 살아남듯이 개인도 자기만의 상징을 구축해야 생존할 수 있는 것과 같은 맥락이다. 케빈 로버츠는 자신의 트레이드마크로 항상 검은 옷에 검은 가방을 들고 다닌다. 그가 항상 검은 옷을 입는 것은 소외당하는 사람들을 잊지 않기 위해서라고 한다. 그는 이것으로 자기 나름대로 '케빈 로버츠' 하면 떠올리는 브랜드화에 성공한 것이다.

또 하나 개인 브랜드의 대표적인 예가 있다. 세계적인 축구 선수로 명성이 높은 영국의 베컴은 다른 축구 선수와 달리 패션을 자신에 접목함으로써 새로운 상징으로 브랜드화하는 데 성공했다. 이와 같이 사람도 '명품브랜드'로 인정받을 때는 그 파워가 막강해진다. 베컴과 같이 스스로를 가치 있는 브랜드로 성장시킨 사람은 그 누구보다 아름답고 빛난다. 이처럼 좋은 관계맺기를 위해선 상대방에게 확실한 인상을 새겨야 한다. 그러기 위해선 자신만의 스타일을 만들도록 해야 한다.

● 튀지 않고 차별화하는 개인 상표 전략

SBS TV의 《생활의 달인》은 오랫동안 인기리에 방영되고 있는 프로그램이다. 직장에서 좀 더 남다른 전문가로 인정받고 싶어 하는 경쟁 심리가 존경스럽고 아름답게 소개되고 있기 때문이다. 직장에서, 사업에서 전문가로 성장하려면 자기만의 강한 브랜드를 만들어야 한다. 그렇게만 할 수 있다면 대인 관계에서도 명품급 유명 인사로 귀한 대접을 받으며 자신의 관계맺기의 자원을 업그레이드하며 성장할 수 있다. 그러나 기본적으로 남들과 다르다는 차별성이 없으면 브랜드라고 할 수 없다. 그렇다면 이러한 차별성을 어떻게 만들 수 있을까.

마케팅 전문가로 잘 알려진 잭 트라우드가 쓴 《튀지 말고 차별화 하라》에서 이야기하는 차별화 전략을 소개하려고 한다. 나는 이 전략을 상품뿐만이 아닌 사람에게도 적용할 수 있다고 본다.

자신을 브랜드화할 수 있는 차별성은 어떻게 만들 수 있을까. 우선 자신의 학력이나 경력·적성 등을 감안할 때, 조직이나 직장, 관련업계에서 누구보다 탁월하게 발휘할 수 있는 장점을 찾아내야 한다. 예를 들어 직장인이라면 기획서 작성·프레젠테이션 협상능력·외국어 실력 같은 직무 분야에서 자신 있는 분야를 선택하여 집중하는 것이다. 직장 내에서 "이 일은 아무개가 적임자다."라는 말이 저절로 나올 수 있을 정도여야 한다. 이때 고려할 점으로 경쟁자가 적고 차별적 지위가 오래 유지될 수 있는 분야를 선택하는 것이 좋겠다. 이리하여 자신이 특정 분야의 전문가가 될 수 있는 방안을 발견했다면 이 차별화 전략을 끊임없이 수련하면 된다.

● 나 자신만의 브랜드를 생각해 보라

TV 방송에서 늘 웃는 얼굴로 재치와 순발력이 뛰어난 국민 MC 유재석·강호동, 워너원 멤버로서 황민현의 양파 같은 매력, 언제나 의리의 대명사 '의리~! 김보성(본명: 허성)' 등은 자기 분야에서 개인 상품 가치가 대단히 높은 사람들이다. 그들은 자신의 개성·성격·경험 등을 잘 살린 것은 기본이고, 여기에 성실함·기술적 지식·유머 테크닉으로 자신의 상표를 창출하여 성공했다. 사소한 행동과 말이 자신의 브랜드를 결정하는 데 영향을 주고 있다는 얘기다. 즉, 브랜드는 만드는 것이 아니라 생겨나는 것, 작은 요소들이 여러 과정을 거쳐 오랜 시간 동안 쌓인 결과물이며, 개인의 상표는 아주 사소한 일로 만들어지고 바뀌어간다는 것이다.

예를 들면 회사에서 출장비를 어떻게 청구하고 판공비는 어떻게 쓰는가가 도덕성 상표에 큰 영향을 미친다. 또 상사나 공식 모임에서는 회사를 지지하고 충성을 다하는 것 같지만 사적인 자리나 회사 밖의 사람들과 만나는 자리에서는 회사에 대해 비판적인 입장을 취하는 사람들도 많다. 이런 경우 이들 개인 상표의 신뢰도는 절대 높아지지 않는다. 또 일관성이 상표의 신뢰성을 결정하는 가장 중요한 잣대여서, 자의적이고 상황에 따라 언행이 표변하는 사람에게 신뢰의 브랜드가 형성될 가능성은 거의 없다. 뿐만 아니라 출근 시간을 잘 못 지키거나 약속 시간을 자주 어기는 사람은 성실성의 브랜드를 얻지 못하게 되고, 얼마 안 되는 돈인데도 밥값이나 술값을 잘 내지 않는 사람은 인색하다는 인상을 주고 만다.

또 식사 자리나 엘리베이터를 타고 내릴 때 "먼저…"라는 한 두 마디가 상대방을 배려한다는 이미지를 만들어낸다. 그래서 브랜드의 태반은 사소한 것에 의해서 결정된다. 자기 브랜드 관리에서 사소한 것은 절대 사소한 것이 아니라는 것이다. 평소에 자기 관리를 어떻게 하느냐가, 임원 승진 대열에 오를 수 있느냐 없느냐를 결정하는 중요한 잣대가 된다. 그래서 먼저 자기 브랜드 가치를 키워야 한다. 이때 자기 브랜드 가치가 어느 정도인지 측정하는 것은 어렵지 않다. 마치 기업 신뢰도가 얼마나 충성을 다하는 고객이 많은지(Net Promotor Score)로 결정되는 것처럼 자신을 믿고 추천하는 주변 사람이 많다면 상표 가치는 자연스레 높아진다. 따라서 주변 사람이 자신의 능력을 선호할 수 있도록 차근차근 준비하자. 그런 자만이 결국 성공하게 된다. 앞으로 자신의 브랜드를 정확하게 파악하고 그것을 키우기 위해 노력해야 한다. 능동적으로 새로운 것을 배우기 위해 노력하고, 자신만의 색깔이 분명한 브랜드를 만들어야 한다. 그래야만 보다 수준 있는 인맥네트워크를 구축할 수 있다.

story010
제갈량: 목숨 걸고 평판을 지켜라

미국의 작가 로버트 그린이 쓴《권력의 법칙》에서 들려주는 다섯 번째 법칙 '목숨을 걸고 평판을 지켜라'에서 삼국시대의 제갈량에 관한 스토리를 읽고 크게 웃으며 공감했다. 그 스토리를 여기에 소개한다.

제갈량에 관한 이야기이다. 단 100여 명의 병사로 15만 명에 달하는 사마의의 군대를 물리쳤다는 내용이다. 도대체 어떻게 그것이 가능했을까? 제갈량이 몇 명의 병사들과 함께 작은 마을에서 휴식을 취하고 있었다. 그때 보초들이 황급히 달려오더니 15만여 명에 달하는 사마의(자는 중달)의 적군이 다가오고 있다는 소식을 전했다. 100여 명의 병사들로 적군을 맞는다는 것은 역부족이어서 제갈량이 생포될 게 분명했다.

하지만 제갈량은 운명을 한탄하며 시간을 낭비하지 않았다. 그는 곧바로 병사들에게 깃발을 내리고 성문을 열어젖힌 다음 숨어있으라고 명령했다. 자신은 도복을 입은 채로 성벽 위 가장 눈에 잘 띄는 곳에 올라가 앉았다. 제갈량은 향을 피우고 현악기를 연주하며 노래를 불렀다. 적군이 성문 앞까지 왔는데도 그는 태연했다. 그러자 제갈량의 명성과 평판을 익히 알고 있던 사마의는 뭔가 계략이 숨어있을 거라는 생각에 지레 겁을 먹고 회군을 명령했다. 사태를 좀 더 신중하게 파악하여 공격적인 대처를 할 수도 있었겠지만 제갈량에 대한 두려움이 너무나도 컸기 때문에 감히 모험을 감행할 수 없었던 것이다. 제갈량은 화살 한 번 쏘지 않고 엄청난 규모의 대군을 방어할 수 있었으며 그들을 후퇴시킬 수 있었다는 것이 바로 제갈량이 가진 평판의 힘이었다.

이 책에서 저자는 '평판이 권력의 초석'이라고 했다. 평판 하나만으로도 상대를 위협하고 승리를 거둘 수 있다. 하지만 일단 평판에 흠집이 나면 취약해지고 사방에서 공격을 받게 된다는 것이다. 이처럼 한 가지 두드러진 평판을 구축하게 되면 자신의 존재를 부각시키려고 굳이 많은 에너지를 쏟아붓지 않더라도 자신의 장점을 어필할 수 있다. 이와 같이 오랜 역사에서부터 평판의 중요성은 널리 인식되어 왔다. 오늘날은 이것이 개인 브랜드의 장점으로 더욱 강조되고 있으므로 철저한 자기 관리를 통해 잘 지켜나가야 한다.

06 / 커뮤니케이션 능력을 키워라
- 소통능력

● 대화를 잘하는 방법

인간관계에서 상대방의 관심을 끌려면 무엇보다도 먼저 좋은 경청자가 되어야 한다. 상대방이 자신의 이야기를 하고 싶어 하도록 관심을 가지고 공감하며 들어주는 자세가 중요하다. 기업인들은 이른 아침 호텔 조찬 모임을 거쳐 회사 내 각종 업무 회의와 저녁 비즈니스 술자리에 이르기까지 많은 사람들을 만나 대화를 한다. 하지만 개중에 잘 들어주는 사람은 많지 않다고 토로한다. 기업인들의 말에 의하면 비즈니스적인 일로 만나는 이들의 공통점은 그들 모두 '나홀로 떠들기' 식의 화법을 구사한다는 점이다. 간혹 질문을 해놓고도 상대방 답변이 다 끝나기도 전에 자기 의견을 말하기에 더 바쁜 사람들이라고 한다.

사람들은 일반적으로 누군가의 이야기를 들을 때 집중할 수 있는 시간이 약 3분을 넘기지 못한다. 그러니 스스로 먼저 상대방 이야기를 귀담아듣고 이야기에 맞추어 적절히 맞장구를 쳐주어 보라. 대화 중간중간마다 "예.", "그럼요.", "대단하시군요.", "어떻게 그런 생각을 하셨어요." 하고 그 대화가 무르익을 수 있도록 에스컬레이터식으로 질문을 해주면 기분 좋게 이야기를 하게 된다. 그러면 처음 만나는 관계에서도 오랫동안 교분을 나눈 사이처럼 호감을 갖게 된다. 미국 최고의 TV토크쇼 진행자로 평가받고 있는 오프라 윈프리는 물론 MBC TV 토크쇼《무릎팍도사》를 진행했던 MC 강호동 씨는 '경청의 기술' 덕분에 최고의 MC가 되었다. 그들의 공통점은 게스트의 말을 주의 깊게 듣고 있다는 것을 온몸으로 표현한다는 점이다. 상대방의 말 한마디마다 좀 오버하며 웃기도 하고, 때로는 "맞다, 맞아." 하는 공감의 표현으로 손뼉을 치기도 한다.

이런 반응을 접한 게스트는 어느새 상대방이 자신의 이야기에 호응한다는 걸 느낀다. 기분이 좋아진 게스트는 자신도 모르게 어느새 그의 페이스에 말려들곤 한다. 이처럼 경청이란 상대방의 마음을 움직이는 힘이 있다. 이런 사실을 파악하고 경청의 기술을 적극 활용하여 상대방을 내 편으로 만드는 자들을 보면 감탄하지 않을 수가 없다. 대화를 통해 상대방에게 호감을 얻으려고 할 때 무엇보다 중요한 것은 '제대로 듣는 일'이다.

업무 능력을 발휘함과 동시에 자신의 감정을 조절하고 남을 배려하는 사람, 경청할 줄 아는 사람. 이런 사람이 결국 좋은 관계맺기도 성공한다.

● 말 한마디에도 기술이 필요하다

말을 조리 있게 잘하는 사람은 언제나 부러움의 대상이다. 특정 분야의 전문가로서 그 분야의 지식을 많이 알고 있으면서도 제대로 그 지식을 상대방에게 전달하지 못하는 사람이 있는가 하면 그 반대로 말을 잘하는 사람도 있다. 미국의 레이건 대통령과 오바마 대통령, 토크쇼의 여왕 오프라 윈프리, 유명 MC 김제동의 공통점은 언변이 좋고 말을 잘해 각자의 분야에서 성공한 사람들이라는 점이다.

말을 잘하려면 어떻게 해야 할까.

첫째, 한마디 말을 하는 데에도 표현의 기술이 필요하다. 상대방이 대답하기 쉬운 질문부터 시작해야 한다. 먼저 상대방과의 소통을 위해 긴장의 고삐를 느슨하게 풀고 거리감을 좁혀야 한다. 대화를 즐겁고 유쾌하게 이끌어가는 노하우가 있어야 한다는 말이다.

프랑스 태생의 중국계 첼리스트, 요요마(Yo-Yo Ma). 그는 그래미상을 15회나 수상한 대단한 실력가이다. 지난 1978년, 첫 음반 "동물의 사육제"를 발표한 그는 유머가 넘치는 사람이었다. 그가 한국에 와서 기자회견을 하는 것을 본 적이 있는데, 기자들이 사진용 포즈를 부탁하자 싫어하지 않고 쉴 새 없이 익살스러운 동작과 표정을 보여주며 사람들을 웃겼다. 요요마는 누군가와 대화하는 제스처를 하다가도 갑자기 박장대소하듯 우스꽝스러운 동작을 잘하는데, 그 이유는 다름 아닌 소통을 위해서라는 것이다.

무대 위에서도 관객과의 교감을 가장 중요하게 생각하는 요요마는 새로운 사람을 만나면 우선 거리감부터 좁히기 위해 애를 쓴다. 그러기 위해선 우선 서로 호감이 생겨야 경청하게 되고, 소통하는 가운데 감동을 줄 수 있는 것이다.

둘째, 완곡하게 돌려서 말하는 것이 말 잘하는 비결이라고 생각한다. 사람들로부터 건방지다는 평판을 듣는 사람이 있다. 그 사람이 그런 평판을 듣는 이유는 어떤 대상에 대해 자신만 안다는 식으로 말하기 때문이다. 잘난 척하는 듯한 말투는 자칫 상대방에게 불쾌감을 줄 수 있다. 그런 말투 대신, '상대방도 잘 알고 있듯이'를 전제로 한 뒤 자신의 경험을 이야기하는 듯한 말투가 좋다. 즉 대화 상대를 참여시켜 끌고 들어가는 것. 함께 이야기하는 패밀리 같은 분위기를 유지하는 것이 의사소통에 좋다.

셋째, 상대의 말에 긍정적 맞장구를 쳐주어야 한다. 사람들은 누구나 자기 말을 수용해 주고 인정해 주기를 바란다. 그럴 때 맞장구를 치고 상대를 칭찬하면 대단히 효과적인 대화의 기술을 연마할 수 있다. 이것이 어렵다고 생각되면 상대의 말을 그대로 따라 한다고 생각하면 된다. 예를 들면 "예, 잘 알겠습니다", "정말이세요?", "정말 대단하시네요.", "역시 그렇군요."와 같은 표현은 상대방으로 하여금 인정받는다는 느낌을 주게 되어 호감을 얻을 수 있다.

넷째, 지지하는 피드백을 잘하는 게 좋다.

사람들은 누구나 잘했다는 칭찬을 받으면 마음의 문을 연다. 이러한 지지 피드백을 받을 때 마음의 문이 열리고 상대방의 말도 귀담아듣게 되어 행동의 변화까지 기대할 수 있다. 대인 관계가 좋은 사람들은 공통으로 지지 피드백을 잘한다. 우리 축구를 월드컵 4강에 오르게 했던 히딩크 감독은 선수들의 감정을 상하지 않게 하면서 행동을 고치게 만드는 데 피드백을 잘 사용했던 용인술의 달인이었다. 또한 바람둥이라고 알려진 카사노바 역시 미인에게는 지적인 면을 이야기하는 대신 지적인 여성에게는 미모를 강조하여 여성들의 마음을 움직인 인물이다.

다섯째, 공감의 표시를 효과적으로 한다.

인간관계에서 호감을 느끼게 하는 사람들은 상대방이 하는 말, 상대방의 처지를 이해하는 말을 해서 마음의 문을 열게 한다. 누구를 만나든 효과적으로 공감을 얻으려면 상대의 처지에 동의를 표해주는 것과 함께 상대가 하던 말을 다시금 반복해 주는 것이 좋다. 예를 들면 "아, 그 정도에서 화가 안 날 수 있겠느냐.", "그래, 정말 화가 나겠어.", "나 같아도 화가 나겠다." 하고 그가 한 말을 다시 한번 반복해 주면 되는 것이다. 마지막으로 '상대방의 존재를 인정하여 존중하고 있다.'는 기분을 갖게 하면 더욱 효과가 좋을 것이다. 이것은 상대방을 중요한 사람으로 인정해 주는 일이다. 상대방의 중요성을 인정해 주면 그 자신이 중요하다는 느낌을 받아 자부심을 느끼게 되는 것이다.

사람은 누구나 진심에서 우러나오는 칭찬에는 약하다. 비난하는 사람에게는 화를 내겠지만 칭찬하고 격려해 주는 사람에 대해서는 우호적이기 때문이다. 자신이 인정받았다고 생각하면 상대방 역시 무언가 도움이 되고자 노력할 것이다. 괜히 상대방이 묻지도 않은 말에 자신의 입장을 장황하게 이야기하며 지식을 자랑하기보다는 상대방의 이야기에 꼬리를 잡아내 질문을 하는 것이 더욱 효과적이다. 이렇게 질문과 답변을 들으면서 자신과 전혀 다른 의견이 있을지라도 상대방의 의견을 무시하거나 상대방과 충돌하지 말라. 감정이 개입되어 상대방을 압도하거나 자신의 주의·주장을 강요해서도 안 된다. 끝까지 귀담아들은 다음에 토론을 통하여 설득하는 기회를 얻는 게 낫다.

● 소통 능력을 갖추어라
인간관계에서 제일 중요한 것은 소통 능력이다. 우리의 인생은 관계의 연속이다. 사람과의 관계가 시작되려면 상대방의 마음에 잠긴 빗장을 먼저 풀어야 한다. 어떻게 하면 풀 수 있을까?

우선, 상대방에게 관심을 갖고, 상대방의 장점을 인정하여 칭찬해야 한다. 상대방에게 호감을 가져야 한다. 그렇게 하려면 내가 먼저 열린 마음을 가져야 할 것이다. 즉 편견과 선입견을 버리고 먼저 다가가고, 먼저 배려해야 한다.

상대방이 말을 할 때에도 '예, 그렇군요.', '그러시겠어요.', '그런 어려움이 있었군요.' 등의 공감적 의사소통을 해야 한다. 이런 식으로 상대방의 이야기를 되새기면서 들어보자. 그러면 상대방으로부터 적극적인 공감을 얻게 된다. 효과적인 의사소통을 할 수 있는 셈이다. 사람의 마음을 얻기 위해선 우선 나 자신이 겸손해야 한다. 특히 대화의 현장에서 겸손이란 말의 내용이나 행복보다 더 중요하다. 소통관계를 결정짓는 요소는 바로 말투라는 것을 명심하라. 말투는 인간관계를 구축하는 데 매우 중요한 역할을 한다.

story011
'소통'의 달인 힐러리 클린턴

힐러리 클린턴 전 미국 국무장관이 취임 후 처음으로 한·미 외교부 장관 회담을 위해 방한했을 때의 이야기이다. 2,000여 명이 넘는 이화여대 학생들 앞에서 클린턴의 강연과 대화는 큰 감동을 주었다. 강당에서 연설 후 질문 답변하는 가운데 20대 학생들과 눈높이를 맞추어 "나는 국무장관이 아니라 인생 상담 칼럼니스트가 된 것 같다."면서 자신이 딸 첼시를 낳았을 때 이야기를 소개했다. 아기가 울고 보채는데 초보 엄마인 자신이 한밤중에 일어나서 아기를 달래면서 한 이야기로서 "얘, 너도 이번에 처음 아기가 돼보는 거고, 나도 엄마가 처음 돼보는 거야. 그러니 우리 같이 잘해보자."라고 했다고 말해 힘찬 박수를 끌어냈다. 또한 딱딱하고 멀게만 느껴지는 북핵 관련 연설도 가까운 우리들 주변 이야기처럼 쉽고 진솔하게 풀어나가 청중과의 거리감을 없애고 가까운 사람으로 다가왔다.

학생들은 클린턴에게 일상의 고민에 대해서도 물었다. 그녀는 거창하게 대답하지 않았다. "인생에서 사랑하고 사랑받는 것이 중요할 뿐 나머지는 다 배경 음악에 지나지 않는다."라고 하면서 "나도 여러분과 똑같은 고민한 끝에 오늘 여기까지 온 사람."임을 강조함으로써 청중과 눈높이를 같이하여 학생들을 열광케 했다.

클린턴은 빡빡한 일정 중에서도 만나는 사람마다 꼭 상대방에게 맞는 대화로써 화답했다. "미국에서 여성 대통령이 나오는 걸 보지 못한 것이 무척 애석했다."는 학생의 질문에 클린턴은 "이 강당에서 대선에 도전하는 사람이 나오기를 바란다."라고 대답했다.

클린턴의 커뮤니케이션 방법은 자신이 말하고 싶은 것만 말하는 것이 아니라 상대방이 듣고 싶어 하는 것을 말하는 것에 있었다. 이것이 진정한 소통일 것이다. 그녀는 몇 만 명과의 소통조차도 한 사람과의 소통처럼 느끼게 하는 사람이었다. 그녀는 진정한 소통의 달인이었다. 소통의 달인, 그것이 힐러리 클린턴 장관이 짧은 방한 기간 얻어 간 별명이다. 그를 만난 모든 사람들은 그녀의 현장 적응력과 외교적 화법에 찬사를 아끼지 않았다. 그녀가 찬사를 받는 원인은 단순했다. 청중이 원하는 것을 겨냥해 메시지를 전했기 때문이다. 청중의 마음 깊은 곳을 향해 친밀한 분위기를 이끌어내는 커뮤니케이션 능력은 그녀를 더욱 돋보이게 했다.

story012

커뮤니케이션 능력의 달인 오바마 대통령

오바마 대통령은 대통령이 되기 전에 무명 정치인이었다.

그랬던 그가 어떻게 성공한 CEO 자리에 올랐는지 궁금해하는 사람들이 많다. 그건 바로 그의 마케팅 능력 덕분이다. 선거 캠페인 동안 대중을 사로잡는 데 성공했던 효율적인 정치 마케팅 능력 덕분에 그는 성공할 수 있었다.

오바마는 변화에 대한 미국인의 욕구를 분명하게 인지하고 '변화와 희망'이라는 중심 메시지를 유권자의 마음속 깊이 소통하는 데 탁월한 커뮤니케이션 능력을 발휘했다. 이러한 커뮤니케이션 능력은 그의 세련된 스피치와 네트워킹 전략에 있었다. 특히 페이스북의 창립자인 크리스 휴즈를 영입하여 'My Barack Obama.com'과 같은 사이트를 최대한 활용하여 '24시간 소통 능력'을 확보했다. 그리고 세련된 화법으로 가는 곳마다 유권자들을 열광케 하였다.

오바마의 커뮤니케이션 기법을 4가지로 정리해 본다.

첫째, '나(I)'보다 '우리(We)'를 앞세웠다.

"Yes, We Can!"과 같이 우리를 전면에 내세운 슬로건을 사용했다. 연설 도중에도 "우리가 함께 해냅시다. 우리가 뭉치면 해낼 수 있습니다."와 같은 화법을 사용하여 같은 생각을 하도록 만들었다. 반면에 경쟁자 힐러리 클린턴은 "내가 앞장설 테니 여러분은 나를 믿고 따라오십시오."라고 하는 화법이다. 이런 화법은 유권자들의 마음을 사로잡지 못했다.

둘째, 공감할 수 있는 이야기를 했다.

연설을 하면서 주변 생활의 이야기를 곁들이는 기법으로 공감을 불러일으켰다.

셋째, 이해하기 쉬우면서도 간결하고 흡인력 있는 내용으로 다른 경쟁자들보다 강한 호소력을 보여주었다.

넷째, 유머로 사람들의 마음을 사로잡았다.

깊이 있는 주제나 심각한 이야기를 할 때도 상대를 배려하는 긍정적 유머로써 분위기를 주도해 나갔다.

이처럼 오바마 대통령의 커뮤니케이션 능력은 많은 스피치 전문가를 비롯한 선거전략 전문가와 커뮤니케이션 연구 학자들이 계속 연구 대상으로 삼을 정도로 놀라웠다.

07 / 유머감각을 익혀라

● 좋은 관계의 비결은 유머와 웃음

웃는 얼굴과 유머는 원활한 대화를 위한 테크닉이다.

처음 만난 상대방과의 정서적 거리감을 금세 좁힐 수 있고, 상대방의 마음을 열게 하여 원하는 방향으로 이끌어갈 수 있는 관계의 테크닉이다. 대화에 유머를 섞는다면 언제 봐도 늘 웃음이 넘칠 것이다. 또한 그런 사람 주변에는 늘 사람들이 몰려든다. 재미있고 유쾌하기 때문이다. 이런 사람은 언제나 상대방에게 마음이 열려있다. 그래서 보다 원활한 관계 형성이 가능하다.

오바마 대통령이 취임한 후였다. 미국 경제가 침체기에 빠질 조짐이 보이던 시기가 있었다. 우려스러운 상황이었다. 그런 시기에 경제학자들의 해법을 듣기 위한 모임이 개최되었다. 이 자리에 참석한 오바마 대통령은 경제회복자문위원회 위원들과 민간경제자문단을 소개하면서 "이분들은 경제학자들입니다. 또는 자신이 경제학자라고 생각하는 분들이죠."라고 소개했다. 여기저기서 웃음이 터져 나오자 그는 한마디를 덧붙였다. "요즘은 모두 자기가 경

제학자라고 여기니까요."라고 하여 한바탕 폭소를 자아내게 하고
는 회의 분위기를 부드럽게 이끌어 갔다.

김수환 추기경도 생전에 항상 촌철살인의 유머를 잘하여 만나
는 사람마다 가까운 사람으로 만드는 소통의 대가로 알려져 있다.
김 추기경을 곁에서 보좌했던 최성우 신부가 어느 날 주교관 식당
에서 추기경님께 몇 개 국어를 하시는지 여쭤보니까, 김 추기경은
"2개 국어를 할 줄 아는데, 하나는 '참말'이고, 하나는 '거짓말'일
세."라고 대답해서 모두를 한바탕 웃게 했다. 친근하고 소탈한 인
간미를 보여주는 한 장면이다. 무엇인가 재미있는 이야기를 들으
며 함께 따라 웃을 때 사람과 사람 사이가 돈독해지게 된다. 유머
가 풍부한 사람은 대인 관계도 잘하고
매사에 열정적이며 적극적이다. 유머가
있는 사람은 포용력이 있어서 사람들과
관계맺기를 잘한다는 장점이 있다.

● 유머로 새로운 관계를 창조하자
유머는 단순히 남을 웃기는 재주가 아니다. 분위기를 자신의 편
으로 유도할 수 있는 순간의 재치가 유머이다. 평소에 이러한 유
머가 없다고 해서 미리 걱정할 것은 없다. 유머나 재치는 타고나
는 것이 아니다. 개그맨 수준까진 아니더라도 누구든 노력하면 주
변 사람의 웃음을 끌어낼 수 있다.

최규상 유머전략연구소장은 자신이 사업 실패로 신용 불량의 나락까지 떨어졌다가 웃음전도사로 변신하였듯이 "좋은 일이 있어야 웃는다는 생각을 버리고, 마치 운동하듯 웃어보라."며 크게 웃고, 길게 웃고, 온몸으로 웃으며 "다 잘될 거야."라고 생각하고 웃기를 노력하라고 권한다. 다음은 내가 생각하는 웃음 연습법이다.

　첫째, 웃음이 나오지 않는다면 매일 거울을 보고 웃는 연습을 하면 된다. 매일 거울 앞에서 혼자 웃는 연습을 하다 보면 자신도 모르는 사이에 저절로 웃는 얼굴을 하게 된다.

　둘째, 유머 노트를 준비하는 것이다. 유머를 생활화하겠다는 마음을 먹고 서점에 가서 유머와 관련된 서적은 모조리 수집하여 차례대로 읽어 틈틈이 노트에 적어 업그레이드 시킨다.

　셋째, 저녁 모임이나 회의에 참석할 때 반드시 유머를 준비해 가지고 간다. 유머 감각을 기르기 위해 한국웃음연구소 이요셉 소장은 '수사반장의 원칙'이라고 하여 자신이 정리한 것을 말한다. '수사반장'은 수집하라의 '수', 사용하라의 '사', 반복하라의 '반', 장점을 살려라의 '장'의 앞머리 약자를 모은 것이다. 좋은 유머를 듣게 되면 기록했다가 반복해서 사용하고 장점을 살려 자신만의 버전으로 사용한다는 것이다.

　넷째, 신문·잡지를 읽게 될 때 마음에 드는 유머들을 수집한다.

유머는 순간적인 기지와 순발력이 중요하여 가능한 한 시사적인 소재를 찾아 관심을 가지면 많은 곳에서 수집할 수 있다. 예를 들면 신문·잡지에 있는 '유머란'이나 '시사만평', '시사만화'를 보고 재미있는 소재를 수집해서 그날 만나는 사람들에게 사용한다.

다섯째, 자기 자신을 유머 소재로 삼는다. 처칠과 레이건이 금세기 20세기 최고의 정치가로 존경을 받는 이유는 그들이 자신을 유머 소재로 하여 상황에 맞게 적절하게 사용하는 재치를 가졌기 때문이다. 그들의 재치 있는 유머는 적을 동지로 변화시킴은 물론 그들로부터 존경을 받기까지 한다. 처칠의 유머이다.

처칠이 총선에서 패하자 수상 자리가 노동당 애틀리 당수에게 넘어갔다. 애틀리는 집권하자마자 대기업의 국유화 정책을 적극적으로 추진했다. 의회는 이와 맞서 난상토론을 벌였다. 이때 휴식 시간에 처칠이 화장실에 들렀더니 의원들로 만원이었다. 오직 애틀리의 옆자리 하나만 비어있었다. 처칠은 그 자리에서 소변을 보지 않고 다른 자리가 날 때까지 기다렸다. 애틀리가 처칠에게 말했다. "제 옆에 빈자리가 하나 있는데 왜 가만히 서있죠? 나한테 무슨 감정이라도 있습니까?"라고 얘기하니까 처칠이 웃으며 "당신 옆자리에 가려니까 괜히 겁이 납니다. 당신은 뭐든지 큰 것만 보면 국유화를 하자고 해서 혹시 제 것을 보고 국유화하자고 할까 봐 겁이 났습니다."라고 대답했다. 얼마나 재치 있는 유머인가.

여섯째, 상대방의 유머를 들을 때는 크게 웃는다. 사실 요즘은 유머에 관심 있는 사람들이 많아져서 유머를 듣게 되는 자리가 많아 졌다. 이때 상대방이 하는 유머에 크게 호응하고 박장대소하여 주는 것도 상대방과 마음을 가까이하는 데 효과적이다. 누군가가 유머를 하는데 웃어주는 분위기가 아니라면 유머를 하는 사람이 썰렁해 진다. 별로 웃기지 않더라도 폭소를 크게 터뜨리며 응답하는 것도 그에게 호감을 표시하는 좋은 반응이니까 가볍게 넘기지 말자.

이제 이와 같은 방법으로 유머를 활용하여 따뜻한 관계를 만들 어가 보자. 좋은 관계맺기에 큰 도움이 될 것이다.

story013
유머 감각이 있으면 정치가 달라진다

역사상 후대에까지 이름을 남긴 유명 정치인들은 모두 탁월한 유 머 감각을 지녔던 분들이다. 그들 가운데 특히 미국의 레이건 전 대통령은 스스로를 웃음 도구로 활용할 수 있을 정도로 유머감각 이 아주 뛰어났다. 그와 관련한 많은 유머 일화들은 지금까지도 많은 사람들에게 웃음과 행복을 주고 있다.

레이건 전 대통령이 어느 날 연설을 이렇게 시작했다. "제가 어 떻게 대통령이 될 수 있었는지 그 비밀을 밝히겠습니다. 사실 저 에게는 아홉 가지의 재능이 있습니다. 그 첫 번째 재능은 한 번 들은 것은 절대 잊지 않는 탁월한 기억력입니다. 그리고 두 번째 는…, 에…, 그러니까 그게 뭐였더라?" 하고 큰 제스처를 지으며 말을 더듬었다. 그러자 연설회장은 유쾌한 폭소로 가득 찼다.

레이건의 일화 또 한 가지. 그가 저격을 받고 중상을 입었을 때 국민들을 안심시킨 병상의 유머도 유명하다. 총에 맞은 그가 고통스러워하며 누워있는데, 수술 준비를 마친 외과의사가 "각하, 이제 수술을 시작하겠습니다."라고 말하면서 준비를 끝냈다고 하자 레이건은 의사들을 둘러보면서 이렇게 물었다. "당신들은 물론 공화당원이겠지요?" 이 말을 들은 의사들이 모두 웃음을 터뜨리면서 "각하, 최소한 오늘만은 전부 공화당원입니다."라고 대답했다. 레이건 전 대통령은 이와 같은 재치와 유머로 국민들을 안심시켰음은 물론 더 많은 지지자를 확보했다.

한 가지 더. 이것도 유머라면 유머라고 할 수 있을 것이다. 현직은 아니지만 민주당 K의원은 친노 의원으로 불리는데도, 노무현 전 대통령이 잘한 게 없다고 워낙 많은 욕을 많이 먹으니까, "노 전 대통령이 다른 것은 다 못한다고 비난받고 있지만 '국민통합'은 잘 되도록 만들지 않았느냐. 온 국민이 한마음으로 자신을 욕하도록 만들지 않았느냐."라고 말해 사람들을 웃게 한 적도 있다. 그러나 유머라고 해서 상대를 깎아내리는 말은 하지 말아야 한다. 또 지금처럼 여야 대립이 오래갈 때 정치인들에게 특히 필요한 것은 유머 감각이라고 생각한다. 상대를 설득하는 대화 중간중간마다 부드러운 유머를 섞어 한바탕 폭소를 자아내게 할 수 있다면 폭력과 욕설은 저절로 해소될 것이다.

08 / Storyteller가 되라

● 공감할 수 있는 스토리텔링으로 말하기

직장에는 어디나 점심시간 같은 때 휴게실에서 삼삼오오 모여 이야기꽃을 피우는 사람들이 있다. 누군가 신나게 이야기를 하면 주위 사람들은 웃음을 터트린다. 항상 이야기를 잘하는 사람에게 는 자연히 사람들이 모여들고 잘 따른다.

미국의 링컨 대통령이 의회에 참석했을 때 한 야당의원이 이런 비난을 퍼부어 댔다. "당신은 부도덕한 데다가 두 얼굴을 가진 이 중인격자요." 이 말을 들은 링컨은 "만일 나한테 얼굴이 두 개라면 이런 중요한 자리에 하필 이 못생긴 얼굴을 갖고 나왔겠습니까?" 이처럼 유머 속에 스토리가 있다면 흥미가 높아진다. 이 방법은 청중의 긴장을 풀어주고 공감을 얻는 데도 안성맞춤이다. 그래서 연설할 때나 대화할 때는 단순한 사실의 전달보다는 스토리로 전 달하면 듣는 사람은 매우 재미있어하며 오래 기억할 수 있다. 마 치 어렸을 적 할머니에게서 들은 구수한 옛날이야기는 어른이 되 어도 또렷이 기억에 남아있는 것과 같다. 이것이 바로 최근 자주 듣게 되는 용어인 '스토리텔링'인 것이다. '이야기(Story)'와 '말하기(Telling)'의 합성어인 '스토리텔링(Storytelling)'은 말 그대로 상대방을 설득하기 위해 자신의 의견을 재미있는 이야기로 전달하는 기술이다. 요즘은 많은 스피치 전문가들이 "미래 사회의 경쟁력은 스토리텔링이다."라고 외치고 있는 스피치 기법이기도 하다. 마케팅 측면으로도 '이야기'가 '상품' 자체를 광고하는 것보다 중요하다는 사실을 이해하는 기업이 늘고 있고 이야기에 뛰어난 기업이 성공할 것이라는 게 홍보의 대세이다.

최근 LG생활건강 차석용 사장이 이화여대 포스코관 강의실에서 '감성 마케팅'을 주제로 특강을 했다. 여기서 그는 "사육되기 위해 태어나 평생을 '닭공장'에서 지낸 닭은 마음에 커다란 화를 품고 있다.", "이런 행복하지 못한 닭이 낳은 달걀은 행복하지 못한 달걀이다."라는 스토리에 착안해서, 그 반대로 자유롭게 놓아서 키운 행복한 닭이 낳은 건강한 달걀을 판매하는 업체라고 스토리를 덧입혀 마케팅을 하게 되면 어마어마한 돈을 벌게 될 것."이라고 했다. 이게 바로 '스토리의 힘'인 것이다. 인간관계에서도 상대를 감동하게 할 수 있는 이러한 스토리 형식으로 대화를 하게 되면 확실한 공감을 얻을 수 있다. 스토리텔링은 관계맺기에 좋은 기법이다.

성공한 사람들의 특징 중 하나는 그들이 모두 천부적인 '이야기꾼'이라는 사실이다. 미국의 레이건 전 대통령은 자신이 말하고자 하는 주제에 현실감을 불어넣기 위해 이야기를 할 때면 스토리를 자주 인용하곤 했다. 그는 주제를 설명하기 위한 수단으로 자신의 경험이나 어느 할아버지, 어느 노동자 등에 관한 간단한 이야기를 항상 몇 가지씩 준비하곤 했다. 그가 사람들의 마음을 움직일 수 있었던 것은 바로 그 특유의 스토리텔링 유머 덕분이었다.

미국 오바마 대통령 역시 마찬가지다. 머리가 아닌 가슴에 감동을 주는 화법으로, 청중들의 공감을 이끌어내는 데 탁월했다. 당선이 확정된 후 시카고에서 행한 첫 대중연설에서도 자신의 고난과 성취에 대해서는 언급하지 않고 그 대신 애틀랜타에 사는 106세 흑인할머니 앤 닉스쿠퍼의 삶을 빌려 그녀의 스토리를 예로 들어가며 흑인들이 살아왔던 고난의 세월을 이야기했다. 이를 듣는 많은 청중들은 자신들의 이야기나 주변의 이야기를 한다고 공감하며 감동의 눈물을 흘렸다. 그는 자신의 경험과 다른 사람의 스토리가 그 어떤 이야기보다 사람의 마음을 움직인다는 것을 잘 알고 있었다.

● 좋은 스토리텔러가 되기 위한 기술

클린턴 전 미국 대통령이 방한했을 때 청와대 환영 만찬에서 있었던 이야기다. 우리나라 대통령과 국내 정치인들의 인사말은 "친애하는"으로 시작해서 "환영하는 바입니다."로 끝나는 식으로 거의 똑같은 패턴이었다. 이런 판에 박은 듯한 인사말에 관심을 가지고 귀 기울이는 사람은 거의 없다. 그러나 클린턴의 인사말은 재미있는 이야기로 시작했다. 처음부터 웃음이 터져 나왔고 모든 내빈들이 귀를 기울여 관심어린 표정으로 듣게 되었다. 클린턴은 '자신의 젊은 시절 힐러리와 주고받던 연애편지'에 관한 이야기로 시작해 내빈들을 웃기며 분위기를 휘어잡았다.

이처럼 인사말이든 연설이든 다른 사람에게 자신의 이야기를 전달하려면 '스토리'로 말하는 것이 훨씬 효과적이다. 사람은 기계가 아니기에 이야기에 울고 웃고, 그 감동을 행동으로 표현하는 것이다. 《스토리텔링으로 성공하라》의 저자인 스토리텔링 전문가 스티븐 데닝은 사람들이 왜 스토리에 열광하는지 그 이유를 이렇게 설명한다.

첫째. 스토리의 재미와 감동은 호소력이 강해 사람들을 몰입하게 만들고 쉽게 이해할 수 있다.

둘째. 개념 설명이나 사실 전달은 지루하고 재미가 없지만 스토리는 살아있는 생생한 모습을 연상시켜 기억에 쏙 남게 된다.

셋째. 스토리는 늘 감성에 호소하여 기억하지만 추상적 개념이나 사실 전달은 아무런 감동을 주지 않는다.

이와 같이 말하고자 하는 내용을 스토리로 만들어 전달하면 듣는 상대방은 스토리를 흥미롭게 듣는다. 그리고 스토리를 이해하기 위해 자신도 모르게 스토리에 집중하게 된다. 이와 같이 이야기로 하는 것, 즉 스토리텔링은 누구나 할 수가 있다. 그러나 좋은 이야기꾼인 스토리텔러가 되기 위해서는 꾸준한 노력을 해야 한다. 그래야만 기술을 얻을 수 있다. 쉽게 말해 한때 유행했던 '달인'이 되어야 한다는 소리다.

리더십의 대가인 존 맥스웰과 그의 친구 심리학자 래스 패로트가 공동 집필한 《작은 시작》에서 스토리텔링의 몇 가지 방법을 소개한다.

첫째, 자신이 경험한 것을 이야기하라. 다른 사람들이 들으면 재미있어할 만한 경험은 누구나 가지고 있다. 그리고 누구나 자기가 직접 경험한 것은 가장 잘 이야기할 수 있다. 이런 적절한 사례를 소재로 이야기하면 원하는 대로 얼마든지 재미있게 꾸밀 수 있다.

둘째, 듣는 상대방에게 초점을 맞추어 이야기하라. 억지로 뭔가 감동을 주려고 하면 이야기할 때 어려움을 겪게 된다. 듣는 사람들과의 소통을 목적으로 이야기하면 기술이 크게 향상될 것이다.

셋째, 평소 관심을 가지고 노력을 해라. 자신의 경험 외에도 소문·잡지를 통해 주변의 사람이나 사물에 주의 깊게 관심을 가지면 이야깃거리를 얻을 수 있다. 또 인터넷에 들어가면 많은 자료를 공개적으로 접할 수 있고 이야기 소재를 만들어낼 수 있다.

넷째, 이야기를 어떻게 풀어나가느냐를 적절히 고려해야 한다. 스토리텔링을 잘하기 위해서는 무엇을 이야기하느냐보다 어떻게 이야기하느냐가 중요하다. 즉 주제에 맞는 적절한 사례를 제시하는 이야기 구조의 유형을 생각해 두어야 한다.

대부분의 사람들은 이야기의 첫 부분과 끝을 더 잘 기억한다. 그러므로 연설을 잘하는 사람들은 서론과 결론을 중요시하는 2단 구성을 많이 사용한다.

최근에는 '스토리텔링 세일즈'를 위해 교육하는 곳도 많이 생겼으니 관심 있는 사람들은 이 기회를 이용하는 게 좋겠다. 국내 스토리텔링의 전문가인 김영한 교수의 저서 《스토리로 승부하라》를 참고하거나 강의를 들으면 스토리텔링과 스토리 화법·스토리텔링 마케팅 등에 관한 이해에 크게 도움이 된다.

● 21세기는 이야기 혁명 시대

경주에 수학여행을 온 학생들에게 질문을 던졌다.

"천년의 고도 경주에는 신라 시대의 성덕대왕신종과 에밀레종이 유명해요. 여러분들은 어느 종을 먼저 보고 싶은가요?"

그랬더니 대부분의 학생들은 에밀레종을 먼저 보고 싶다고 대답하더라는 것이다. 성덕대왕신종과 에밀레종은 국보29호로 같은 종을 가리킨다. 그런데 성덕대왕신종은 정식 명칭으로 불릴 뿐이지만 에밀레종은 오랜 전설 속에 애처롭게 죽어간 아이의 이야기가 또렷하게 기억되고 있기 때문에 위와 같은 대답이 나온 것이다.

독일의 로렐라이 언덕을 보고 온 사람들은 하나같이 "정말 썰렁하더라."고 말한다. 로렐라이 전설이 아니라면 찾아가 볼 까닭이 도무지 없는 곳이다. 로렐라이 언덕이라고 해서 다른 언덕보다

경치가 더 아름답지도 않다. 그곳에 얽힌 이야기 때문에 관광객의 발길을 끌고 있는 것이다.

말로만 듣던 몽마르트르 언덕에 올랐을 때는 어떤가. 많은 사람들은 "여기가 진짜 그 몽마르트르 언덕이 맞냐."며 허탈해한다.

이처럼 스토리는 보이지 않는 지하자원과 같다. 미래상상연구소 홍사종 대표는《이야기가 세상을 바꾼다》는 제목의 문화예술 경영서를 펴낸 문화 이야기꾼이자 스토리텔러이다. 그는 저서에서 "21세기는 이야기 혁명 시대이고 이야기가 세계 경제의 패러다임을 바꾼다"라고 썼다. 이야기를 생산하는 상상력과 아이디어만 있으면 그것이 바로 돈이고 권력이라는 것이다. "난타", "효도 폰", "남이섬"은 단순한 상품 또는 관광지에 불과했던 것들에 그럴듯한 이야기를 덧입혀 엄청난 부가 가치를 창출한 성공 사례이다.

특별한 이야기는 평범한 제품을 한순간에 특별한 것으로 바꾼다. 우리들도 자신만의 특별한 이야기를 갖는다면 관계맺기에 성공할 것이다. 또한 취업난으로 경쟁이 심한 지금, 취업 지원자도 스토리텔링을 활용해야 한다. '이력서', '자기소개서'를 작성할 땐 밋밋한 사실만을 나열하기보다는 스토리텔링 기법을 활용해서 작성하는 것이 유리하다. 자신이 취업을 원하는 기업에 대한 관심도와 그 기업에서 남다른 성과를 낼 수 있는 장점들을 재미있고 생생한 이야기로 전달하여 자신의 이미지를 분명하게, 그리고 차별적으로 담아야 유리하게 작용할 수 있다. 스토리텔링 기법을 자기소개서나 이력서 작성에 접목하면 자신의 이미지를 인사담당자에게 흥미롭게 전달할 수 있을 것이다.

이야기는 사람 사이의 관계맺기도 변화시킨다. 이제 폭넓은 관계맺기를 구축해 나가는 기술면에서도 '이야기 효과'를 활용하여 남보다 뛰어난 친화력을 갖게 되길 바란다.

story014
스토리텔러가 된 KT 여직원의 인생 스토리

KT광화문지사 근무 40대 여직원의 가슴 찡한 감동 스토리이다. 주인공인 L씨는 2년 연속 판매왕에 뽑혀 현재 KT 사내 연수원에서 '영업 성공사례 강의'를 하고 있는 성공한 인생스토리 강사이다.

L씨는 홀어머니가 생계를 꾸려가는 수원에서 초등학교를 마쳤다. 엄마는 "학교 갈 생각하지 말고 공장에나 들어가서 엄마 좀 도와 달라."고 하면서도 단추 세 개가 다 짝짝이인 교복을 얻어와 L씨를 중학교에 보내주었다.

L씨는 겨울방학 동안에는 시장 골목 한 처마 밑에다 사과 궤짝을 놓고 '떡볶이' 장사를 했다. 이때 너무 추워 빨간 내복을 입어보는 게 소원이었다. 그렇게 중학교를 마치고 고등학교에 입학하여 1학년 겨울방학 때는 서울로 올라와 오빠가 근무하는 직장에서 식모살이를 하며 옥상 물탱크 한구석에 석유난로를 놓고 밥해 먹고 새벽일 하러 다니며 등록금을 마련했다. 설 명절에는 방앗간 앞에서 가래떡 뽑으러 오는 손님들에게 후추를 갈아서 팔아

번 돈으로 엄마와 동생들 내복과 운동화를 사서 명절을 보내기도 했다. 대학에 들어가는 대신 속기사 학원에 등록하여 죽기 살기로 1년 동안 공부해 전국 1등으로 1급 속기사 시험에 합격해 서울시 공무원이 되었다. 10년 뒤에 갑작스럽게도 남편의 사업이 망하게 되었다. 집은 경매로 넘어가고 자신의 월급은 압류당하는 등 인생 밑바닥에 떨어지고 말았다. 이런 최악의 위기에도 그녀는 결코 포기하지 않았다. 늘 그래왔듯이 "어떻게 살아온 인생인데…." 하고 마음을 굳게 다졌다. 작심하고 영업사원을 자원했다. 어려움이 자랑은 아니지만, 굳이 숨길 일도 아니기에 구질구질한 자신의 인생 스토리를 재미나게 풀어놓으니 듣는 사람들이 너나없이 모두 귀를 기울였다. 영업 현장에서 그녀의 진솔한 인생 스토리가 통한 것이다. 손을 잡아주며 함께 슬퍼하고 기뻐하는 사람들이 늘어났다. 그 결과 2년 연속 판매왕에 선발되었다. 통화선불카드를 425억 원어치나 판매하는 기록을 세웠다. 그녀는 마침내 가난과 한숨을 언제나 희망으로 딛고 일어서는 오뚝이 인생스토리의 주인공이 되었다. "빨간 내복을 입어보는 게 소원이었다."는 소녀 시절의 이야기는 지금 또다시 IMF보다도 더 어려워졌다는 서민들에게 희망을 주는 '스토리'가 되었던 것이다. 그녀에게 따라다녔던 가난과 불행은 지금은 오히려 자신의 인생 밑천이요, 희망이 된 것이다. 좋은 스토리는 듣는 이들을 감동시킨다. 듣는 이들로 하여금 자신도 모르게 마음을 움직이는 것이다.

스토리텔링은 마케팅뿐만 아니라 관계맺기에서도 위력을 발휘한다. 다른 사람들과 관계를 맺기 위한 수단으로 이야기를 사용하는 사람들이 호감을 더 얻고 있다. 앞으로 사람을 만나 대화를 하게 될 경우 스스로 스토리텔러가 되어보면 어떨까. 어떤 사실만 전달할 것이 아니라 이야기를 통해 자신의 생각을 더 분명하게 전달한다면 이야기를 듣는 사람도 기분 좋게 만들 수 있지 않을까.

09 / 감성(공감) 능력을 키워라

● 감성 능력이란

요즘은 고도정보화 사회이다. 하지만 이제 정보화 사회는 가고 감성의 시대가 왔다고 말하고 싶다. 오늘날 사회가 바라는 인재상, 혹은 성공하는 사람들의 공통점은 모두 사람의 마음을 움직이는 능력을 가진 사람이라는 점이다. 감성 능력이란 결국 자신의 감정에 대한 이해 능력, 즉 스스로의 감정을 조절할 수 있는 능력이다. 또 감성 능력은 상대방의 입장에서 그 사람을 이해하고 타인과 좋은 관계를 유지할 수 있는 능력이라고도 할 수 있다. 즉 감정을 조절하는 능력과 감성 능력을 두루 갖추면 상대의 감정을 상하지 않게 하면서 나 자신의 마음을 전달할 수 있다. 또한 상대방을 존중하면서 갈등을 해결할 수 있다.

미국의 심리학자들이 성공한 인물 50명에 대한 15가지 공통 자질을 분석하여 발표한 일이 있었다. 이 자질 중에서 80%는 감성 지능을 기반으로 한 능력이었고, 나머지 20%는 지적 또는 기술적 능력과 관련이 있다고 했다. 이러한 분석을 보지 않더라도 감성과

이성이 부딪히면 대체로 감성의 승리로 끝나는 것을 볼 수 있다.

한 가지 예를 소개하겠다. 지난 2008
년 여름 중국 쓰촨성 대지진 사건 현장
에서였다. 원자바오 중국 총리가 대지
진 사고 수습 현장에서 보인 모습은 현
장 보고를 받고 지원과 지시를 하는 관료적 지도자의 모습이 아니
었다. 원자바오는 위험한 사고 현장까지 찾아와 죽은 여인의 사체
옆에 살아남은 아이를 껴안고 눈물을 글썽이고 피해 난민들의 손
을 잡고 아픔을 위로했다. 이 모습이 중국 전역에 TV로 방영되었
다. 이것을 본 모든 중국 인민들은 감동했다. 중국의 언론들은 그
를 "인민의 아버지, 인민의 총리"라고 일제히 보도하면서 감동의
열기에 불을 붙였다.

원자바오 총리는 피해 난민들의 절박한 고뇌와 역경을 몸소 자
신의 일처럼 절실히 느낄 수 있는 능력을 지녔던 것이다. 이것을
감성적 능력이라고 한다. 현장에서는 논리나 이성은 감성과 정서
보다 중요하지 않다. 감성이 풍부하고 남의 이야기를 내 이야기처
럼 받아들이고 공감할 수 있는 사람이야말로 누구나 호감을 갖는
다. 타인과 좋은 관계를 유지하는 사람은 타인을 감동시킬 수 있는
능력을 지닌 있는 사람이다. 그래서 타인을 감동하게 할 수 있는 사
람은 좋은 관계맺기에 타고난 능력을 가진 사람이라고 할 수 있다.

● 감성 능력을 향상시키는 요령

이와 같이 감성 능력을 키우기 위해서는 타인에게 감정 이입을 할 줄 알아야 하고, 공감적 이해의 능력이 있어야 한다. 즉 자기 자신의 감정을 조절하고 관리하는 능력을 넘어 타인에 대한 배려와 애정이 있을 때 효과적이다. 이를 위해 머릿속을 지식으로 가득 채우는 일보다 타인의 감정과 자신의 감정을 느끼고 이해하고, 서로의 느낌과 감정을 공감하는 능력을 기르는 일이 중요하다. 서비스매너 전문가 장영주 씨는 자신의 저서 《서비스기법》에서 감성 능력을 높이려면 세 가지 능력이 선행되어야 한다고 말한다.

첫째, 타인의 감정·정서·기분을 이해하고 해석할 줄 아는 능력.

둘째, 자신의 감정·정서·기분을 인식하고 자신의 감정을 조절할 줄 아는 능력.

셋째, 타인의 입장에서 그 사람의 감정 상태와 같이 느낄 줄 아는 능력, 즉 공감적 이해 능력이 필요하다는 것이다.

현재 중국에서 분리·독립하기 위해 정치적 망명생활을 하고 있는 티베트의 최고 종교 지도자 달라이 라마에게 기자들이 감성적 리더십의 비결을 물었다. 달라이 라마는 사람들을 만날 때는 두 가지만 본다고 답변했다.

첫째, 그 사람의 장점과 그것에서 배울 점을 찾는다.

둘째, 어떻게 하면 그를 도와줄 수 있을까를 생각한다.

즉, 깊은 대화에 이르렀을 때만이 비로소 상호 간의 친분이 두터워지는 단계에 이른다는 것이다. 미국의 유명한 자기계발 전문가인 스티브 챈들러는 《리치웨이》라는 저서에서 '감동을 주는 사람만이 전설이 된다.'는 명제를 이야기하면서 "사람들에게 놀라움을 줄 수 있는 요소를 찾으라."라고 한다. 그는 상대방에게 감동을 주기 위한 한 방법으로 다음과 같이 얘기한다. 누가 당신에게 무엇인가를 요청하면 그 사람이 요청한 것보다 그저 조금만 더 해주고, 그 사람이 예상하는 시간보다 조금 더 빨리 끝내준다든지 하라고 말이다. 그러면 상대는 사소한 것, 작은 것에서부터 놀라운 반응을 보이며 점점 감동하게 될 것이라고 그는 말한다.

이와 관련이 있는 사례 한 가지를 더 들겠다.

100년 전통을 자랑하는 미국 최고의 백화점 중 하나인 '노드스트롬'에서 실제 있었던 이야기다. 한 여성이 미국 동부에서 열리는 큰 파티에 입고 갈 새 드레스의 수선을 늦게 주문하는 바람에 제때 입지 못할까 하고 걱정을 하게 되었다. 바로 다음 날 비행기를 타고 가야 했기 때문이었다. 그 여성은 수선한 드레스가 오기를 기다리다가 그대로 비행기를 탔다. 그런데 동부에 도착해 호텔 방에 들어가 보니 깜짝 놀랄 일이 기다리고 있었다. 그녀의 눈앞에는 초콜릿 한 상자와 "노드스트롬을 이용해 주셔서 감사합니다."라고 쓰인 카드가 리본으로 감싼 자신의 드레스 옆에 놓여 있었다. 그녀는 "어머 말도 안 돼."하고 너무 놀라 감동하고 말았다.

이 일이 입에서 입으로 전해져서 많은 사람들이 알게 되었다. 실제 그 여성의 드레스 이야기는 사람들이 모이는 곳마다 노드스트롬 백화점이 대단하다는 설명과 함께 화제가 되었다. 몇 백만 달러의 광고를 낸 것 이상의 효과가 있었다.

'입소문 마케팅'이 감동을 받은 고객들의 입에서 나오는 것처럼 인간관계도 마찬가지이다. 그래서 입소문은 자신의 평판을 높여 자기의 브랜드를 높여주는 인적네트워크를 구축하는 데 활용할 수 있는 좋은 기법이라 할 수 있다. 비즈니스는 물론이지만 인간관계에서도 상대방의 기대를 넘어 놀라운 기쁨을 주는 일은 효과적이다.

story015
'깜짝 놀라움'의 감동으로 성공한 여직원

K씨는 어느 날부터인가 가정주부로 사는 일이 무료하게 여겨졌다. 자신의 일을 하고 싶었다. 이런저런 노력 끝에 그녀는 톨게이트의 요금 징수 비정규직 사원이 되었다.

그녀는 입사 후 업무에 관한 기초 교육을 받자마자 하루 3교대 8시간 근무를 시작하게 되었다. 잠시도 쉴 틈이 없이, 하루 1,000대 가까운 차량의 요금을 받기 위해 좁은 공간에서 정신없이 영수증과 잔돈을 즉석 처리해야 했다. 그래서인지 눈도 침침해지고 다리와 어깨가 굳어지는 것처럼 고통스러웠다. 야간 근무까지 하는 날은 더 심했다.

K씨는 직장생활이 정말 쉬운 일이 아니구나 하는 생각이 들어 그

만두고 싶은 생각이 많았다. 하지만 가족들에게 직장생활 하겠다며 큰소리친 것이 고민이었다. 그래서 마음을 고쳐먹을 때마다 무엇이 나를 이렇게 힘들게 하는가를 곰곰이 따져보았다. 그래서 하루 8시간 일하는 동안 아무런 대화도 없이 기계처럼 일한다는 것을 알게 되어 "이왕 일을 하게 되었으니 즐겁게 하자."라며 그 방법을 연구해 보기로 했다. 우선 톨게이트를 통과하는 운전자들에게 밝은 표정을 짓고 낭랑한 목소리로 먼저 인사를 건네기 시작했다. 거스름돈과 영수증을 건네주면서 운전자의 손을 살짝 잡고 깜짝 인사를 하기도 했다.

운전자들의 반응은 의외로 좋았다. "운전하느라 힘드셨죠?" 하고 인사를 건네면 짧은 순간임에도 대화가 이루어지고 손을 살짝 잡아준다. 다른 톨게이트 근무자들은 대부분 기계처럼 말없이 요금만 주고받는데, 그녀의 이런 행동은 많은 사람들을 깜짝 놀라게 하기에 충분했다. 시간이 지날수록 톨게이트를 통과하는 사람들과 친해지다보니 종종 사람들로부터 선물을 받는 일도 생겼다. 어떤 사람은 자신이 싣고 가던 농산물을 그녀에게 던져주기도 하고, 어떤 낚시꾼은 잡은 물고기를 선물로 주기도 했다.

이것이 소리 없이 소문이 나 대전 지역 지방신문에도 실리게 되었고 팬클럽까지 생겼다. 팬클럽 회원들은 그녀를 모범사원으로 표창해 달라는 청원과 함께 정식 직원으로 채용될 수 있도록 추천해 주었다. 도로공사는 K씨가 회사를 친절하고 좋은 공기업으로 널리 홍보한 공로를 인정해 표창함은 물론 정규직으로 채용했다. 그 후 K씨는 전국 톨게이트 요금 징수원들을 교육시키는 전담 강사로 선임되었다.

생생한 현장 스토리를 바탕으로 한 강연은 큰 반향을 불러일으켰다. 마침내 KBS 9시 뉴스에 10분간 소개되기도 했다. 그녀의 놀라운 감동 스토리는 입소문을 통해 주변 사람들까지 변화시켰다. 공감 능력이 어떤 결과를 가져오는지를 보여주는 훌륭한 성공 사례라고 할 수 있다.

story016
'친구를 가까이, 적은 더 가까이' 하는 만델라의 리더십

 "남의 말을 경청하고 라이벌(경쟁자)은 더 가까이하라."

이것은 넬슨 만델라의 말이다. 넬슨 만델라는 극심했던 인종차별 정책의 상처로 얼룩진 남아프리카공화국을 통합의 길로 이끈 인권운동가이다. 미국 시사주간지 《타임》은 만델라의 90세 생일을 기념해서 '만델라에게서 배우는 8가지 리더십'을 소개했다.

첫째, 타인이 공포를 느끼지 않게 두려움을 숨기는 것이다.

그는 자신이 선거운동 때 타고 있던 비행기의 엔진 중 하나가 고장 났다는 사실을 알아차렸다. 하지만 그 순간에도 만델라는 태연하게 신문을 읽고 있었다. 그 일화를 두고 먼 훗날 만델라는 이렇게 말했다. "나를 따르는 이들에게 두려움을 내비쳐선 안 되겠기에 숨겼다."라고 말이다.

둘째, 앞에서 이끌되 자신의 기반을 벗어나지 않는다.

1985년 그는 아프리카 민족회의(ANC)와 별도로 정부와 협상을 추진하면서 내부로부터 '배신행위'라는 비난을 받고 있었다. 그러나 만델라는 '원칙은 변함없다. 시기상 지금이 협상의 적기일 뿐'이라며 그들을 설득하여 협상을 성공으로 이끌어냈다.

셋째, 다른 사람들이 나서도록 뒤에서 밀어주고 경청한다.

그는 항상 다른 사람들의 의견을 모두 들은 후 마지막에 능숙한 설득을 통해 그의 의견이 마치 자신들의 의견인 것처럼 느끼게 하는 방향을 제시했다.

넷째, 적에 대해 공부한다.

호랑이를 잡기 위해서는 호랑이굴에 들어가야 한다고 강조했다. 만델라는 적을 알기 위해 백인들의 운동인 럭비와 백인들의 언어와 역사를 열심히 배웠다. 이는 이로 맞서는 전술을 세울 수 있어 상대방에게는 매력적인 협상 파트너로 어필할 수 있었다.

다섯째, 친구를 가까이. 경쟁자는 더 가까이한다.

그는 라이벌과도 친하게 지냈다. 대통령이 된 후 자신을 투옥시켰던 인물들까지 내각에 기용했다.

여섯째, 항상 웃는 모습으로 이미지를 가꾼다.

ANC의 지하무장조직을 이끌 때도 항상 정장을 갖춰 입었고 미소를 잃지 않았다. 대통령 선거 당시 국민들은 그의 미소를 통해 고통스런 과거의 청산과 새로운 미래의 상징을 읽었다.

일곱째, 흑백 논리는 없다.

흑백 논리보다는 모순과 맞서는 것에 익숙해져야 한다고 말했다.

여덟째, 포기할 줄도 안다.

1994년 대통령에 당선됐을 때, 그동안의 희생을 보상받아야 한다며 측근 둘이 '종신 대통령'을 제안해 왔지만 아프리카의 민주주의는 선거를 통해 이뤄져야 한다는 원칙을 지키기 위해 이를 단호하게 거절했다. 그는 떠나야 할 때를 아는 지도자였다. 이것이 역경으로 점철된 90년 인생을 살아온 그의 지혜에서 나오는 핵심적 철학이다.

만델라는 백인 정권의 핍박을 받아 1962년 정부 전복 음모죄로 종신형을 선고받고 27년간 '로벤섬 감옥'에서 생활했다. 그는 석방 이후 대통령에 당선됐는데, 그가 대통령이 되자마자 외친 메시지는 보복이 아닌 화해였다. 미움과 원한이 사무칠 만한 시간과 환경 속에 살아왔지만 가는 곳마다 밝은 미소를 띠면서 용서와 화해를 선포하고 다녔다. 그리고 대통령 임기가 끝나자 미련 없이 종신 대통령직을 거절하고 임기를 마쳤다.

그린 만델라에게 세계는 '노벨평화상'을 안겨주었다. 마치 성경 속의 요셉 같은 인물이 바로 넬슨 만델라이다. 피해자로서의 특권인 화해와 용서를 실천한 만델라의 감동적 인생 역전은 이 시대 정치인들에게 많은 교훈이 되고 있다.

10 / 공존 능력을 키워라

● 더불어 살아가는 공존 능력을 키운다

인간관계는 서로 관심을 보이면 보일수록 신뢰가 쌓인다. 신뢰가 쌓이면 배려의 마음도 저절로 커지는 법이다. 더불어 살아가는 공존 능력의 내용을 쌓기 위해 가까운 이웃과 주변 사람들부터 가까이 함께하는 시간을 만들어보라. 스포츠·취미활동 등 다양한 활동과 자원봉사·지역사회와 관련한 일을 함께 하다 보면 서로가 인간미 넘치는 소중한 인재라는 것을 알게 될 것이다.

《NQ로 살아라》의 저자 김무곤 씨는 현대사회에서 성공하는 삶의 척도는 IQ(지능지수)나 EQ(감성지수)보다 NQ(Network Quotient: 공존지수)의 비중이 더 높다고 말한다. NQ는 새로운 네트워크 사회에서 더불어 살아가는 공존의 능력이다. 그는 '예수가 NQ의 원조'라고 이야기한다. 성경에 나타난 예수 그리스도는 잔치를 베풀어 사람들을 대접했다. 이때 예수는 가장 좋은 것을 내놓았다. 사람에 대한 진정한 관심을 보였다. 다른 사람을 위해 기도했다. 차별하지 않았다. 칭찬했다. 어디 그뿐인가. 자신의 목숨까지 내놓았다. 한마디로 '통 큰 사람'이라고 강조하면서 김무곤 씨는 예수를 NQ의 대표적인 인물로 소개했다. 그리고 지금 이 시대의 생존 법칙은 "너 죽고 나 살자"가 아니라 "네가 잘살아야 나도 잘사는 법"이 되어야 한다고 말한다.

현대모비스는 신입사원을 뽑을 때, 학력 등 외형적 조건을 말하는 '스펙'보다는 위기를 극복할 수 있는 적극성과 잠재력·인성을 기준으로 뽑는다. 즉 이 기준에 맞는 인재를 '3H 인재'라고 하는데, 3H는 ①조화(Harmony), ②투지(Hustle), ③인간미(Humanity)를 들고 있다. 그런 기준으로 신입사원을 뽑은 결과 지난해 150대 1의 경쟁을 뚫고 입사한 신입사원 53명 가운데 명문대 출신은 단 8명에 불과했다. 과거 같았으면 명문대 출신의 성적 우수자가 우대를 받았을 것이다. 하지만 현대모비스의 신입사원은 대다수가 지방대나 서울의 중위권 대학 출신이다. 그러니 내로라할 만한 스펙은 없다고 볼 수 있다. 그 대신 도전정신과 조직에 대한 친화력, 동료 간의 조화, 주변을 포용할 수 있는 인간미 등을 갖춘 사람이 뽑힌 것이다. 미래의 기업들이 바라는 인재는 이런 사람들이라는 시사를 해주는 좋은 사례이다. 한편 기업 경영자들의 생각도 같은 변화를 보이고 있다. 일벌레보다는 "제대로 놀 줄 아는 사람이 일도 잘한다."는 생각을 가진 경영자가 많아졌다.

삼성경제연구소는 기업 최고경영자는 잘 노는 사람을 직원으로 뽑고 싶어 하는 것으로 경영인 사이트 '세리CEO(www.sericeo.org)'에서 밝혔다. 이는 CEO회원 417명을 설문조사한 결과이다. 전체 응답자의 81.1%가 인재를 채용할 때 잘 노는 사람을 선호한다고 답했고, 잘 노는 것이 경영에 도움이 된다는 응답도 절대다수인 95.2%였다. CEO들이 놀아본 경험을 중요하게 생각하는 이유로 다양하고 색다른 경험을 통해 형성된 창의성이 47.2%, 스트레스 해소와 삶의 활력이 27.8%, 일을 놀이하듯 즐길 때 샘솟는 아이디어가 10.3%, 놀이를 통한 발상의 전환 7.0%, 무엇인가 몰입할 수 있는 능력 6.7% 등을 꼽았다.

경영자들에게도 질문했다. "당신은 잘 노는 사람인가."라는 질문에 그렇다고 답한 CEO는 절반 정도인 53.3%에 이르렀다. 이러한 변화는 과거와 달리 책상에서 일만 열심히 하는 모범생 스타일보다는 남들이 해보지 못한 다양한 경험을 토대로 참신한 아이디어와 창의력이 있는 인재가 주목받게 되었다는 것을 말해준다. 따라서 이러한 인재가 되기 위해서는 먼저 가까운 이웃 공동체 활동을 체험하는 것이 좋다. 요즘 같은 바쁜 세상에 이웃에 누가 사는지, 이웃에 대해 안다는 것 자체를 관심 밖의 일로 살아가는 사람들이 많다. 이것은 분명 달라져야 할 악습이다. 옆집 사람을 믿을 수 없다고 말하지 말라. 자신이 먼저 좋은 이웃이 된다면 그들 또한 이웃의 애정과 도움을 필요로 할 것이다.

●공동체 활동을 위한 방법

세계적인 심리학자이며 리더십의 대가인 존 맥스웰과 레스패로트가 함께 지은 《작은 시작》에서 이웃공동체를 만들기 위해 좋은 이웃이 되는 방법을 이야기했다. 몇 가지 소개를 한다.

첫째, 이웃 간에 인사는 필수적이다.

　길을 걷다가 마주치면 잠시 멈춰서 안부를 묻고 잡담을 나눠라.

둘째, 이웃들을 모아 간단한 티파티를 마련하라.

　특히 새 이웃이 이사를 오면 집으로 초대하고 다른 이웃들과도 서로 만날 수 있는 자리를 마련해 준다. 좀 더 가까워지면 이웃들과 함께 저녁을 먹거나 TV프로그램을 함께 시청한다.

셋째, 이웃에 도움이 되는 정보를 서로 교류한다.

　갑자기 한파나 폭우가 예상될 경우에 대비할 거리를 이야기해 주거나 이웃에 독거노인이나 한부모 가정에게 도움이 되는 이야기와 염려를 하면서 가까이 지내는 경우이다. 또 자녀들의 취업이나 학생들의 교육에 관한 정보나 아이디어를 서로 공유할 수도 있다. 경제적으로 부유하지 않더라도 이웃공동체에서부터 성실하게 인간관계를 잘 맺어가면 돈을 들이지 않고도 자신이 원하는 분야의 사람들을 찾아 만날 수 있는 기회가 열리게 된다.

인적 자원은 어디에나 늘 있다는 생각을 가져야 한다. 사람이 가장 중요한 자산이라는 기본적 마인드를 잊지 말아야 한다. 더불어 살아가는 공존의 시대에는 관계맺기에 성공하면 원하는 목적을 쉽게 이룰 수 있을 뿐만 아니라 능력 있는 인재로 인정받게 되는 것이다.

story017
세계은행 총재를 역임한 김용 박사의 공동체 활동

전(前) 미국 대통령 오바마는 하버드 로스쿨을 마친 고학력자다. 그는 높은 연봉 받기를 마다하고 시카고에서 빈민 운동을 시작했다. 힐러리 역시 중산층에서 자랐지만 어려서부터 빈민과 인권에 관심이 많았다. 그녀는 14세 때 이주민 농장 근로자의 육아를 돕는 운동에 참여했다. 웨슬리대 졸업논문 주제는 '빈민 지역 사회 활동에 관한 비교 연구'였다. 예일대 로스쿨을 졸업한 그녀는 고액 연봉이 보장되는 뉴욕 변호사의 길이 아닌 공익 업무에 종사하기로 하고, 시골인 아칸소 주에서 공익변호사 활동을 했다. 가난한 사람을 위한 공립병원 설립을 목적으로 일을 지원했고 어린이와 입양아동의 학대 문제를 위해 일했다. 그녀는 젊었을 때부터 공동체에 관심을 갖고 일관되게 자신의 길을 걸어왔다.

한국계 미국인으로서 세계은행 총재가 된 김용 박사 역시 하버드대 의과대학 재학 시절부터 동료인 폴 파머와 함께 'Partners In Health'라는 빈민의료 구호단체를 만들어 중남미 등 빈민 지역에서 결핵 퇴치를 위한 의료 구호의 봉사활동을 벌여왔다. 한국 부모들의 정서로 봐서는 학교에서 우등생이었으므로 사회에서도 의사나 변호사가 돼서 잘 먹고 잘살기만을 바라는 게 대부분일 테지만 성공한 이들의 부모는 다들 그러지 않았다. 오히려 큰 뜻을 품고 사회를 위해 봉사하라고 가르쳤다. 그들의 공통점은 바

로 화려한 졸업장은 잠시 창고에 넣어두고 일단 공익활동에 뛰어

들었다는 데에 있다.

이처럼 성공한 사람들의 공통점은 나 자신 개인의 이익을 위하기

보다는 공익을 위한 일을 실천했다는 점에 있다.

11 / 외국어가 무기이다

● 영어는 성공의 필수적 도구

지금 우리는 비행기로 1~2시간이면 중국이나 일본에 갈 수 있다. 태평양을 건너 미국이나 시베리아 대륙을 가로질러 가는 유럽도 불과 10~13시간이면 도착하여 그곳의 사람들을 만날 수 있다.

또한 인터넷과 네트워크의 발달로 지구 어느 곳이든 전 세계인들과 실시간으로 소통하고 소식을 나누고 정보를 교환한다. 이러한 국제적 환경에서 세계인들과 소통하고 정보를 교환할 수 있는 글로벌 인재가 되려면 의사소통의 수단인 언어의 장벽을 넘어야한다.

언어에서 소통이 막히면 아무리 능력이 있어도 좋은 인간관계를 맺어 목적하는 꿈을 이루기는 불가능하다. 이처럼 공간의 경계를 넘어서기 위해서는 효과적인 의사소통이 필수적이며 성공의 시작은 국제 공통어인 영어에 달려있다.

중국 최대 인터넷 상거래 업체인 알리바바 그룹의 마윈 회장의 도전적인 성공신화에 관한 이야기를 소개한다.

  마윈은 가난한 경극배우의 아들로 태어난 평범한 소년이었다. 그런 그가 어떻게 미국 이베이와 아마존을 합친 것보다 더 많은 매출을 올리는 알리바바 그룹의 회장이 되었을까? 어린 시절 마윈은 영어를 배우고 싶은 열망이 가득찬 소년이었다. 그는 9년 동안 매일 아침마다 자전거를 타고 집에서 한 시간 거리에 있는 항저우 호텔로 갔다. 그곳엔 외국인들이 많았다. 그는 그들과 영어로 대화하는 기회를 좋아했다. 외국인을 만나면 스스로 자청하여 통역과 관광 가이드를 해주었다. 그는 그런 시간을 즐거워했다. 그는 삼수를 한 끝에 항저우 사범대학교에 입학하게 되었다. 항저우 사범대학을 졸업한 마윈은 곧장 항저우 전자기술대학교에 영어강사로 일을 시작하게 되었다. 그 당시 항저우엔 번역 회사가 없었다. 번역회사의 필요성을 감지하고 그는 잘나가던 대학영어강사를 그만두었다. 이후로 그는 영어번역회사 '하이보'를 설립했다. 그때 사업과 연결되는 미국 출장을 갔을 때, 마침 미국에서 인터넷 사업을 하는 어느 지인의 사위를 만나면서 인터넷 사업의 위력을 느끼고 곧장 중국으로 돌아와서 인터넷 사업을 시작했다.

  그가 오늘날의 자리에 설 수 있었던 데에는 영어의 힘이 컸다. 어린 시절부터 준비해 온 영어실력이 능통하게 준비되었기 때문에 그가 성공의 자리에 올라설 수 있었던 것이다. 영어실력은 성공의 필수 요소이다.

● 영어를 익히면서 취업에 대비한다

우리나라 경제가 비약적으로 성장할 수 있었던 원동력은 외국 시장의 개척이었다. 앞으로도 기민하게 외국의 경제 동향을 파악하고 대처해 나가기 위해 젊을 때부터 일찍 해외여행과 해외 인턴십 국제기구 취업과 해외 봉사 활동에 적극적으로 참여해야 한다. 이를 통해 직접 다양한 함께 체험과 함께 영어도 배우고 국제적 감각을 익혀 폭넓은 국내외 관계맺기를 가진 귀한 인재로 살아갈 수 있다. 그러기 위한 방안을 몇 가지 소개한다.

첫째, 청소년을 위한 워킹 홀리데이 프로그램을 잘 이용하는 일이다. 이 프로그램은 18~30세 청소년이 체결 국가를 1년간 방문하여 제한적 형태로 취업을 하면서 그 나라 문화와 생활을 경험하는 제도다. 적은 비용으로 비교적 장기간 선진 외국문화를 체험하는 좋은 기회이다.

외교통상부는 이 제도가 글로벌 리더를 양성하는 데 효과가 높다고 보고 이를 확대 추진해 나가고 있다. 이미 체결 중에 있는 5개국 가운데 인원 제한이 있는 호주를 제외한 일본, 캐나다, 뉴질랜드 등과는 배정 인원을 대폭 확대했다. 또 영국, 독일, 덴마크, 아일랜드 등 7개국도 체결을 추진하고 있다. 이에 따라 이용 인원도 2004년 13,000명에 불과하였으나 2008년에는 4만 명으로 빠르게 증가해 2009년은 5만 명을 예상하고 있다. 그중에 특히 미국과는 '워킹홀리데이' 프로그램보다 한 걸음 나아간 'WEST 프로그램'을 지난 3월부터 시행하고 있다. 이는 1년 6개월간 어학연수·인턴·여행을 결합해서 보다 밀도 있는 미국 경험이 가능한 프로그램이다. 또 미국 국무부가 추천한 업체에서 어학연수와 인턴 구직을 도와주므로 기존 어학연수보다 공신력이 있다.

둘째, 각 대학이 추진하는 해외 인턴십(직업연수) 프로그램을 활용하는 일이다. 국내 취업난이 심각해지니까 각 대학들이 단순한 어학연수보다 실무 현장에서 땀을 흘리며 국제 감각을 기르게 하는 직업 연수 프로그램에 주력한다. 아직은 해외 인턴십이 실제 취업으로 이어지는 사례가 많지는 않지만 실무를 통해 외국어를 배울 수 있다는 점에서 외국어를 실전에서 배울 기회가 적은 청소년들에게는 도전해 볼 만한 기회이다.

셋째, 국제기구·다국적 기업 등의 취업에 도전하는 일이다.
국내의 취업이 더 어려워진 만큼 해외로 눈을 돌려 국제기구·다국적 기업에 취업 도전을 하는 것도 바람직한 일이다. 국제기구 취업은 해외 견문을 쌓을 수 있을 뿐만 아니라 보수도 국내 기업에 비해 높은 편이다. 하지만 채용 인원이 적고 대부분 대학원 졸업 석사 이상의 영어 실력을 보유해야 하기에 쉽지는 않다. 단지 국제기구 근무를 희망하는 경우라면 방학 기간이나 기회가 닿는 대로 인턴이나 국제기구 행사에 참여해서 실제 국제기구의 업무를 체험해 보는 게 좋다. 실제로 국제기구 근무자들이 인턴이나 계약직, 또는 단기 컨설턴트 등의 과정을 거쳐서 정규 직원으로 취업하는 경우가 많다. 외국계 기업은 수시 채용이 많고 자기 회사의 기업 문화에 맞는 인재를 채용하기 위해 인턴십 제도를 실시하는 기업이 늘고 있다. 그리고 '사내 추천제'라는 제도도 있다. 그러므로 주변 사람 중에 외국계 기업에 다니는 사람이 있다면 그 인맥을 잘 활용해야 한다.

넷째, 영어 학습 동아리 활동에 참여한다.

영어 학습을 주도하는 모임에 가입하면 효과적인 영어 학습법과 선·후배 간의 끈끈한 연대를 가질 수 있다. 국내 최장수 동아리로 이름난 '파인트리 클럽'은 창립 50주년이 지났지만 영어회화 공부와 친목 도모를 위해 대구, 부산, 광주 등 지방에 각 지부를 두고 있다. 이 클럽은 현재 1만 명 이상의 회원이 가입되어 있고, 고교생부터 대학생, 직장인에 이르기까지 다양한 연령대의 각계각층의 회원들이 있어 관계맺기 형성에도 도움이 되고 있다.

다섯째, 미국·캐나다 교환학생의 기회를 적극적으로 이용한다.

미래의 리더십을 갖춘 적극적이고 활동적인 학생을 선발하여 미국과 캐나다에 교환학생으로 일정 기간을 경험하게 하는 것이다. 이는 초·중·고등학교 재학생을 대상으로 하고 있다.

여섯째, 해외 봉사와 배낭여행의 경험을 가진다.

젊은이들에게 "세계는 넓고 할 일은 많다."는 말을 몸으로 느껴볼 소중한 기회로 장기간 해외여행을 해보는 일을 권한다. 특히 아프리카서부터 남아시아·중남미 국가들을 대상으로 해외 봉사활동을 가거나 배낭여행을 하는 것도 생생한 체험을 쌓고 국제적인 안목을 기르는 데 많은 도움이 된다.

story018
영풍문고 최영일 대표: '어학연수'로 인생을 바꿨다

영풍문고 최영일 대표는 영어 잘하고 마케팅 기술을 갖춘, 젊고 실행력이 뛰어난 인재라고 입소문 난 사람이다. 특히 그의 인생 절반을 여러 콘탠츠 기업을 경영하며 보냈다.

30년 가까이 줄곧 월트디즈니코리아와 워너브라더스코리아, 오로라월드 최고경영자로 대표직만 맡아온 그의 남다른 인생 스토리로 살게 된 계기가 흥미롭다.

최 대표는 첫 직장에서 보내준 미국어학연수가 내 인생을 완전히 바꿔버렸다라고 했다. 그는 D대학 무역학과를 졸업한 뒤 효성그룹에 입사를 했다.

해외영업 부서에서 영어 때문에 스트레스를 받았다. 그래서 미국 어학연수를 가고 싶었지만 차장, 부장도 아닌 평사원에겐 쉽지 않은 일이었다. 이때 마침 기회는 우연히 찾아왔다. 화장실에서 만난 사장이 "너 화장실에서도 깍듯이 인사하는 놈 아니냐."며 웃으면서 그를 알아봤다.

최 대표는 이때 기회라고 생각해 그의 무릎을 부여잡고, 돈은 내가 낼 테니 제발 여권만 내달라고 하소연했는데 진짜 여권을 내주더라고 털어놨다.

당시만 해도 여권을 발급받는 것 자체가 쉽지 않았고 서류 발급 등에 회사의 지원이 필요했다. 그렇게 6개월간 미국 어학연수를 다녀왔지만 고민은 더 깊어졌다.

직원들은 그에게 "영어가 늘었을 테니 진급용 토플 시험을 도와달라."고 했다.

최 대표는 겉으론 자신만만했지만 사실은 스트레스였다며 주변 시선 때문에 귀국 후 남몰래 밤마다 어학원에서 토플에 매달렸다. 결국 회사에서 두 번째로 높은 토플 점수를 얻었고 미국 대학원 입학에 필요한 GMAT 점수까지 받았다.

이왕 점수를 받은 김에 더 깊이 공부하고 싶었다. 그래서 회사를 그만두고 83년 미국 이스턴 미시간대 대학원 유학길에 올라 국제경제학 석사학위를 땄다.

그 후 90년대 초 한국에 진출하려는 외국계 회사들은 영어를 잘하고 마케팅 기술을 갖춘, 젊고 실행력이 뛰어난 인재를 찾았다. 유학 후 홍콩의 무역회사 리&풍, 미국 기념품 제작사 플랭클린민트에서도 경력을 쌓은 최 대표가 여기에 적합한 인물이었다. 그래서 37세이던 1992년 월트디즈니코리아 사장으로 발탁이 되었고, 계속하여 외국계 회사인 워너 브라더스코리아 대표, 오로라월드 대표를 맡아 일해오면서, 2015년 영풍문고 대표로 영입되어 또다시 새로운 분야에서 '콘텐츠 도전'의 열정을 이어가고 있다.

story019

Y대 대학원생: 세계대학 찾아 '지구촌 인맥'을 쌓는다

요즘의 젊은이들이 외국어를 공부하는 것은 외국과의 소통을 통해 좀 더 넓은 세상을 경험해 보고 싶어 하는 열망이 있기 때문이다. 이를 체험해 보고 싶어 하던 젊은 대학생들의 해외 대학 순례 여행을 다녀온 이야기 한 가지를 소개한다.

Y대 대학원 P씨와 대학원 후배 B씨와 K씨가 서로 모여 '세계 일주 계획'을 세웠다. 취지는 한국에는 별로 알려지지 않은 세계의 대학들을 찾아가 보자는 제안이 첫 번째 취지였고, 두 번째로 그동안 익혀 온 영어 실력을 불편하더라도 세계시민답게 해외에 나가 부딪히며 체험해 보자는 취지였다.

먼저 별로 알려지지 않은 대학들을 방문하여 한국에 관한 정보를 노래하고 한국 서적들을 제공하는 한편 국내에 이들 대학을 소개하는 것으로 첫 번째 취지를 살려 나가기로 했다.

이들은 세계 여행을 준비하면서 많은 경험을 했다. 여행 후원 제안서를 작성하여 국내 유명 기업체 50여 곳에 보내 여행의 취지를 제안하며 협조를 요청했다. 대부분의 기업들은 대학생들이 놀러 가는 데 돈을 지원해달라고 하는 것으로 인식하고 이해를 못하겠다는 반응을 보였다. 결국 학교 교수의 지원으로 몇몇 기업의 협찬을 얻어 10개월 동안 준비를 마쳤다.

이들은 6개월 동안 16개 국가 18개 대학을 방문하기로 했다. 대학이 있는 도시에서는 일주일 정도 머물면서 대부분의 시간을 대학에서 보낸다. 한 도시에서 머물면서 지역 문화를 이해하는 배낭여행으로 하자는 것이다. 여행 출발은 봄과 여름 사이를 선택해 여행비 부담을 줄이기로 했다.

첫 도착지는 중국 상하이 '푸단 대학'이었다. 이들은 대학에 도착하면 제일 먼저 학교의 국제 관계 부서를 찾아가 간단한 상견례를 하고 학교 도서관에 들러 한국 소개 서적과 국내 기업 홍보 자료를 기증한다. 그리고 도서관 담당자의 안내를 받아 학교 구내식당에서 식사를 한다. 학교 구내식당에서 만나는 학생들과 식사를 같이하면 금세 친해져서 많은 대화를 할 수 있게 되고 친구를 사귈 수 있다.

이들은 굳이 이름난 관광 명소를 찾아다니며 사진만 찍고 떠나는, 어디를 다녀왔다는 증거를 위한 여행이 아닌 길 없는 길을 따라 세계 대학을 순례하는 여행을 했다. 여행 중에 들렀던 '세계 대학 순례' 체험은 각국의 캠퍼스 방문을 하면서 만난 사람들과 앞으로 형성할 네트워크 준비·캠퍼스 문화·대학 동아리 소개 등으로 기록해서 "세계대학 답사기"를 펴내기로 했다.

학생들은 모두들 지금은 바쁜 일상으로 돌아왔다. 하지만 학생들은 많은 후배들이 취업 준비에 몰두하고 있는 현실에서 벗어나 '길 없는 길 따라 여행'을 다니는 동안 생각의 폭을 넓힐 수 있었다. 이를 통해 큰 뜻을 세우기 위한 미래 계획의 준비 과정을 세울 수 있었고 소중한 관계맺기도 넓힐 수 있었다.

그래서 학생들은 여행 중에 만났던 세계 18개 대학의 친구들을 하나의 지도에 담아 별도의 각국 관계맺기로 관리하기로 했다. 또한 그들을 한국으로 초청해 한국의 문화와 명소를 소개할 계획도 세웠다. 학생들은 배낭 세계여행을 통해 학연·지연 못지않은 새로운 인맥을 쌓은 것이다.

story020
70만 달러 수출 상담 계약에 성공한 인하대 학생들

인하대 학생들이 2008년 여름 홍콩에서 열린 해외의 박람회에서 전문가들도 달성하기 어려운 실적인 70만 달러 수출 '대박'을 터뜨려 화제가 되었다. 인하대는 글로벌 무역 전문가를 양성하기 위해서 2007년 7월에 글로벌 무역 전문가 양성사업단을 발족시켰는데, 국제 통상·영문학·행정학과 2~3학년생을 중심으로 하여 영어와 중국어를 자유롭게 구사하는 학생 열 명으로 구성했다. 이들은 그동안 산학협력 기업과 함께 국내·외 박람회에 참가해 상품의 특성과 해외 마케팅 기술을 익혀왔다.

그 결과 '2008 홍콩 하계 선물용품·가정용품·완구 박람회'에서 한국 중소기업의 제품을 갖고 독자적인 마케팅 활동을 벌여 70만 달러의 수출 계약과 상담 실적을 올린 것이다. 이 박람회 참가를 총괄 지도한 P교수는 "학생들은 이 박람회에 참가한 2,600여 개 기업의 어느 누구보다도 전문적으로 바이어들을 친절히 상담하고 마케팅 활동을 벌였다."라고 말했다. 그는 앞으로도 학생들을 지속적인 교육과 활동을 통해 무역 1조 달러 시대의 주역으로 성장시켜 나갈 것이라고 말했다. 박람회에 참가한 사회과학부 3학년 K양은 "그동안 협력업체와 해외 박람회에 참가한 경험이 있어 영어로 직접 상품을 소개하고 바이어와 상담을 하는 것이 어렵지는 않았다."라고 이야기했다.

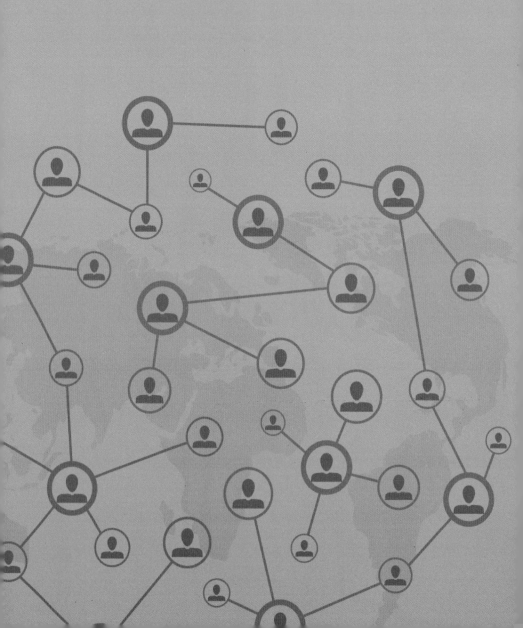

3부

TECHNIC

관계맺기를 위한
효율적 테크닉

01
편지를 써라

● 먼저 감동의 메시지를 전하라

새로운 사람을 직접 만나지 않고도 인간관계를 맺을 수 있는 방법으로 편지와 이메일이 좋다. 정성을 다해 쓴 편지 한 통으로 상대방을 내 편으로 만드는 지혜를 가져보자. 편지는 평소 자주 만나지 못했던 가까운 사람들에게도 소중한 인간관계의 네트워크를 단단하게 할 수 있는 수단이다.

사업자·성공한 기업인·언론인·공직자의 위치에 있는 사람들은 내게 필요한 사람들이다. 이들과 인연이 맺어질 수 있었던 데에는 편지와 엽서가 한몫했다. 내가 먼저 상대방에게 편지와 엽서를 보냄으로써 관계가 맺어진 것이다. 언론 인터뷰와 칼럼을 읽고 공감했을 때 그 글을 쓴 분들과 만나 인적네트워크를 만들었다. 관계맺기와 비즈니스를 하고 싶을 때는 상대방에게 먼저 편지를 보냈다.

나의 평소 삶의 철학은 '무엇이든 하지 않고 때 지난 후에 후회하기보다는 하고 나서 후회하는 게 낫다.'이다. 일단 시도한 후에 원하는 만큼 만족하지 못하는 결과가 나오더라도 그 일을 통해 무엇인가를 느끼고 배웠다는 점에 만족해하는 편이다. 편지로 인해 맺어진 인연들과는 결국 좋은 관계로 발전했다. 기대 이상의 성과였다. 편지를 보내면 대개의 경우 답례 전화를 걸어온다. 전화를 받을 때는 먼저 존경하는 마음으로 "접대의 기회를 갖고 싶으니 시간을 함께할 수 있는 기회를 달라"고 요청하여 만남의 관계를 갖게 된 경우가 많다. 왠지 만나지 못할 것 같은 상황에 있는, 만나기 어려운 상대방에게도 무모한 용기를 부려보는 것도 비즈니스와 관계맺기에 도움이 된다.

첫 만남 이후의 연락은 관계맺기 형성에 대단히 중요한 기회이다. 만났던 상대방과 관계를 계속하고자 할 때는 그 사람의 기억에서 좋은 이미지로 남아 잊히지 않도록 후속 조치를 해두어야 한다. 특히 대화로 나누었던 전문 분야의 정보와 조언에 감사하다는 진심 어린 편지와 이메일, 엽서, 전화로 연락을 해두는 것은 매우 효과적이다.

● 편지는 관계맺기의 시작이다

나카지마 다카시의 성공학 저서 《위너스 매뉴얼52》에는 일본 후나이 종합연구소 창업자 후나이 유기오 씨의 실천 사례 이야기가 나와있는데, 이것을 간략하게 소개한다.

그는 이렇게 말한다. 만약 하루에 만나는 사람이 20여 명 정도라면 그들에게 편지를 쓰라고 말이다. 될 수 있으면 그날 하루에 편지를 다 쓰는 편이 좋다. 편지를 쓸 때는 '편지를 받으면 기뻐하겠지.', '나를 기억해 주겠지.' 하는 믿음을 가지고 쓰라고 그는 말한다. 나카지마 다카시 씨도 거래처에서 사람들을 만나고 돌아오는 길에 전철 안에서 엽서를 꺼내 그 회사 담당자에게 인사 엽서를 쓴 경험이 많다고 했다. 엽서는 공간이 작으므로 글을 많이 쓰지 않아도 되고 쓰는 시간도 약 3분이면 충분하다는 이점을 강조했다. 겨우 그 정도 수고로 상대방에게 좋은 인상을 줄 수 있다면 하지 않을 이유가 없다. 문제는 '실천'이다. 이처럼 편지 쓰기는 누구나 노력만 하면 얼마든지 최소 비용으로 인적 자산을 확보할 수 있는 것이다.

누구든지 성공하고 싶으면 인맥을 넓히는 관계맺기에 힘써야 한다. "인맥 관계맺기를 잘하려면 먼저 편지를 쓰면 된다."라는 단순하고 쉬운 일을 생활화하여 실천해야 한다. 최소한 하루에 한 통이라도, 하루 세 끼 식사를 하듯 실천해 나가자. 자기의 이름을 인쇄한 편지지 서식을 만들거나 인터넷에서 폼(양식)을 뽑아 편지지와 엽서를 늘 갖고 다니면서 자투리 남는 시간에 쓰면 멋진 편지 한 통이 완성될 것이다. 이 한 가지만 실천해도 관계맺기를 탄탄하게 구축하는 돈독한 관계를 만드는 자신만의 노하우가 될 것이다.

다음에 소개하는 성공 스토리는 생면부지의 상대방에게 단지 편

176

지 한 통으로 인생을 활짝 꽃피운 사람들의 이야기이다. 이 사례들을 독자 여러분도 직접 적용해 보기를 권한다.

story021

편지 한 통으로 가난을 면하게 된 소녀 이야기

인천 남동구 구월동의 한 지하 연립주택에 사는 초등학생 3학년 김 모 양은 당시 이명박 대통령에게 편지를 보냈다. 김 양은 관절염을 앓고 있는 엄마와 단둘이 어렵고 힘들게 살고 있는데도 맑고 깊은 순수함을 잃지 않은 소녀였다.

김 양은 "대통령 할아버지께"로 시작하는 4장의 편지에서 이렇게 적었다. 엄마의 승합차가 낡았는데 정부의 기초생활수급자 지원 대상에서 탈락해 매일 철야 기도를 드리며 일자리와 집 문제로 우는 엄마 모습이 너무 마음 아파 대통령 할아버지께 편지를 쓰게 됐다고 말이다. 이어서 "운전을 잘하는 엄마에게 일자리가 생겨더는 엄마가 눈물을 흘리지 않는 것이 소원"이라는 말을 적었다.

이 편지를 받은 이명박 대통령은 비상경제대책회의를 주재하는 자리에서 김 양의 편지 사연을 소개하면서 이처럼 어려워진 경제난 속에 신(新) 빈곤 사각지대가 늘어날 테니 이들을 찾아내 지원하라는 방안을 지시하게 되었다.

이 소녀의 이야기는 당시 모든 언론이 대대적으로 보도했다. 이명박 대통령은 곧 김 양의 어머니와도 전화 통화를 하면서 "똑똑한 따님을 두셨다. 생활 지원도 하고 조만간 일자리도 찾을 수 있도록 하겠다."라고 약속했다. 그 후 구청에서 김 양의 어머니가 기초수급자 지원 대상에 적용될 수 있도록 조치를 취했다. 그러는 한편 LH공사 인천지역본부에서도 긴급 주거 지원용 다세대 임대주택을 제공해 주었고, 임대 보증금은 LH공사 직원들의 성금으로 해결해 주었다.

김 양에게는 뜻하지 않게 대궐 같은 집이 생기게 되었고 수많은 이웃으로부터 성금도 받았다. 너무나도 행복한 해피엔딩이었다. 물론 소녀는 소원을 들어준 대통령 할아버지께 감사 편지를 썼을 것이다.

한 통의 편지가 절망에 빠져 있던 이들 모녀의 삶을 행복하게 바꾸어줄 만큼 큰 힘을 발휘한 것이다.

story022
KAIST 여학생: 편지 한 통으로 후원자를 찾다

노무현 대통령 시절 이야기이다. 한국과학기술원(KAIST) 2학년생 최 양은 자신을 도와 줄 후원자를 찾고 있었다. 최 양은 노무현 대통령과 당시의 이명박 서울시장 등 언론에 비친 각계 인사들에게 '과학 꿈나무의 미래에 투자해 달라'는 내용으로 당돌한 후원자 모집 편지를 보냈다.

편지를 받은 사람 중에는 양념치킨 체인점을 운영하는 Y회장도 있었다. 당시 Y회장은 대전사랑시민협의회 회장을 맡아 지역 발전에 도움이 되는 사회사업들을 전개하고 있었는데, 편지 내용만으로도 최 양이 똑똑한 학생이라는 느낌을 받았다. 그런 이유에서 지원하기로 결정했다. 최 양이 지역과 국가에 공헌할 수 있도록 도와주기로 한 것이다. 하지만 그냥 도와주는 것은 별 의미가 없을 것 같았다. 그래서 앞으로 사회봉사 활동 참여 등을 약속하는 계획서를 제시해 달라고 최 양에게 부탁했다.

우리는 최 양의 스토리에서, 어려움 속에서도 용기와 의지만 있다면 관계맺기로 자신의 인생을 얼마든지 반전시킬 수 있다는 교훈을 얻을 수 있다.

story023

천호식품 김영식 회장: 부시 대통령에게서 답장 받다

"이거 정말 남자에게 좋은데… 이걸 뭐라고 표현할 수도 없고…

정말 남자한테 좋은데…." 하는 광고가 한동안 세간의 유행이었다. 이 광고의 주인공은 천호식품의 김영식 회장이다. 그는 파산이나 다름없는 인생 최악의 상태에서 건강식품을 개발하여 1년 11개월 만에 20억 상당의 빚을 모두 갚는 등 재기에 성공한 성공 스토리의 주인공이다. 그가 미국 부시 대통령 내외에게 편지를 보내 답장을 받은 일화를 소개한다.

김 회장은 많은 종류의 건강식품들을 개발하여 판매에 성공했다. 그중에서 '산수유환'을 개발한 후 시제품의 반응이 너무 좋아 성공을 예상하고 서둘러 출시함과 동시에 대대적인 광고를 한 결과 산수유환은 대박 상품이 되었다. 이때가 2000년 12월, 미국 대통령 선거가 막 끝나고 부시가 제43대 미국 대통령 취임을 앞두고 있던 때였다. 김 회장이 부시 당선자에게 편지를 보낸 것은 이때였다.

"미국의 대통령은 세계 대통령이나 다름없다. 세계를 잘 이끌어 가려면 정력이 좋아야 한다. 정력 증강에는 한국의 산수유가 그만이다. 산수유로 만든 제품을 선물로 보내니 한번 드셔보시라." 라는 내용이었다. 그런데 2개월 뒤 부시 대통령 내외의 친필 사인이 담긴 답장이 왔다. 카드로 된 답장을 받아 본 순간 김 회장은 '아! 이걸 광고로 활용하면 대박 나겠다.'라는 생각이 퍼뜩 떠올라 곧바로 신문에 광고를 냈다. 그것이 바로 불에 기름 부은 격이 되어 공전의 대히트를 친 것이다.

신상품을 미국 대통령에게 선물로 보낸다는 것은 어쩌면 엉뚱한 일일 것이다. 이것은 단순한 아이디어에 불과한 일이고, 이런 생각은 누구나 할 수 있기도 하다. 하지만 김 회장에게서 배울 점은 아이디어를 곧장 실천했다는 점이다. 관계맺기의 실천 의지가 있는 사람이 성공한다는 것을 김 회장이 실제로 보여준 것이다.

story024
판매왕 벤츠의 모든 판매 전략은 편지로 시작했다

벤츠를 판매하는 한성모터스의 S차장은 올해까지 6년째 벤츠 승용차만 팔고 있는데, 연속 4년간 '판매왕' 자리를 지키고 있다. S차장은 토목공학과를 졸업한 후 토목 전문업에 종사하다가 차를 좋아해 자동차 판매 영업을 시작했다. 하지만 영업 경력 하나 없는 30대의 그를 받아 주는 영업소가 없었다. 그래서 6개월간 거절을 당하다가 겨우 한성모터스에 입사한 것이다.

입사 후 S차장은 자신이 하고 싶어 선택한 일이므로 힘이 들어도 고생이라고 생각하지 않고 즐기면서 영업에 나섰다. 그 결과 2년 만에 54대를 팔아 처음으로 판매왕에 오른 후, 4년 차에는 100대를 팔아 4년 연속 판매왕 자리를 지키는 독보적인 존재가 되었다. 그는 6년 차 영업맨으로서 현재 계속 연락하고 관리하는 고객이 2,500명 정도이다. 벤츠를 구입한 사람이든 하지 않은 사람이든 상관하지 않았다.

그가 영업하면서 가장 기억에 남는 이야기를 하나 털어놓았다. 지방 도시에 시승 차를 가지고 고객을 만나러 갔는데 연락이 되지 않았다. 할 수 없이 고객을 기다리며 식사를 하게 되었다. 식사를 하면서 보니 관심이 있는 표정으로 차를 구경하는 사람이 몇 명 눈에 띄었다. S차장은 식사 후 그분들에게 평소 하던 대로 명함을 드리면서 차에 대해 친절하게 설명을 하고 헤어졌다. 그 후 그분들에게 4년 동안 편지와 연하장으로 꾸준히 연락을 했다. 그러던 어느 날 그중에 한 분이 오셔서 단번에 벤츠 3대를 계약하고 갔다. 지금도 S차장은 계약을 성사시키지 못한 고객들에게 오히려 자기 쪽에서 미안하다는 사과 편지를 쓰는 영업맨으로 널리 알려져 있다. 계약을 성사시키지 못하면 "감동을 드리지 못해 죄송하다."라는 인사말 편지를 꼭 보낸다. 자동차 제품의 문제가 아니라 영업맨인 자신의 잘못이라고 생각하는 것이다.

영업을 목적으로 만났던 사람이든 일상적인 모임에서 만났던 사람이든 모두 다 소중한 비즈니스 대상이다. 그들을 직접 방문하기 전에 먼저 편지나 이메일로 인사를 드리면 상대방이 마음을 열어주는 경우가 많다. 이것을 S차장은 관계맺기를 형성하는 데 소중한 수단으로 여겨 실천했다고 볼 수 있다. S차장의 남다른 성공 비결은 이렇게 가까운 데 있었다.

story025
마거릿 대처 영국 총리의 편지와 눈물

'철의 여인'이라고 불리는 영국의 마거릿 대처 총리는 침체된 영국병을 치유한 강인한 정치가라고만 알려져 있다. 하지만 강하기는커녕, 오히려 국민의 눈물을 닦아준 '어머니요 아내 같은 총리'로 기억하는 영국인들이 많다.

그녀는 1982년 아르헨티나와 포클랜드 전쟁을 치르면서 전사한 250여 명 군인들의 유가족들에게 일일이 편지를 썼다. 흔히 비서실에서 인쇄물로 만들어 보내는 의례적인 편지가 아니라 직접 총리가 전사자 개개인의 기록을 읽었으며 아들을 잃은 어머니의 아픈 심정으로 또 남편을 잃은 절망적인 아내의 심정으로 눈물의 편지를 썼다. 어느 정치인이 그러한 위치에서 그녀와 같은 행위를 할 수 있었을까.

나는 새삼 감동하면서 대처 총리가 진정 위대한 정치가였다는 것을 가슴에 새기게 되었다.

영국 정부는 대처 전 총리가 사망했을 때 그녀의 장례를 국장(國葬)으로 치를 것을 공식 결의했다. 국민의 눈물을 닦아준 지도자에게 국가적 존경심을 표시하기 위해 내린 결정이었다.

지난 총선 때, 경기도에서 국회의원에 당선된 H의원의 경우도 그렇다. 만날 수 없는 사람들에게 이메일로 때우지 않고 일일이 직접 쓴 편지를 보내 자기의 마음을 전하고 호소한 것이 당선하는 데 큰 효과를 보았다고 했다. 그는 편지로 표를 얻으려고 편지 쓰기를 계획했지만 한 사람 한 사람에게 직접 편지를 쓰는 데는 많은 시간이 걸리는 고된 작업이라서 포기하려고도 했다. 하지만 상대방에게 나를 제대로 알리는 건 이 방법이 가장 좋겠다는 확신이 생겨 편지 쓰기를 끝까지 밀고 나간 게 결정적인 도움이 된 것 같다고 했다.

● 항상 엽서나 카드를 휴대하라

필자가 존경하는 K선배는 식사 약속 장소에서 처음 만나 사귀게 된 사람에게도 사무실로 돌아오는 차내에서 꼭 엽서를 써서 보낸다. 엽서엔 받는 사람이 읽으면 기뻐할 수 있고 오래 기억할 수 있을만한 칭찬의 메시지를 담는다. 엽서는 공간이 작으므로 글을 많이 쓰지 않아도 되는 것이 장점이다. 한 장을 쓰는 데 3~5분이면 상대의 마음에 어필할 수 있는 안성맞춤 감성 메시지를 쓸 수 있어 좋다.

새해를 맞이할 땐 누구든 연하장을 보내거나, 여행지·출장지에서 엽서를 보내기도 한다. 내가 얼마나 그 사람을 생각하는지 알 수 있도록 관심을 갖는 것이다. 선물로는 예쁜 소품이나 여행지의 작은 선물을 보내는 것도 좋은 방법이다. 특히 그림엽서는 다양한 이야기가 담겨있는 그림이 있어서 좋다. 직사각형이 대부분이지만 다양한 크기와 모양의 카드도 꽤 있다. 카드는 여행하면서 만난 사람들과 서로 헤어질 때 메시지를 전하는 데 좋다. 엽서를 수집하는 사람들에게 어떤 엽서는 귀한 대접을 받기도 한다. 카드에는 추억과 이야기가 담겨있어서 관계맺기를 형성하는 데 좋은 매개가 된다.

요즘 대부분의 사람들은 이메일의 영향으로 예전처럼 편지를 잘 쓰지 않는다. 컴퓨터 사용으로 글씨를 잘 못 쓰는 사람들이 많아진 탓도 있다. 그러나 손으로 직접 쓴 글씨에는 인간미가 느껴진다. 평소 그 사람의 이미지가 아닌 의외의 분위기를 느낄 수도 있다. 엽서 카드도 받는 사람의 마음속에는 오래 남기 때문이다.

백악관 출입 기자 중에 부시 대통령에게 비판적 기사를 보도한 기자가 있었다. 그 기자는 공화당 지지자가 아니었는데도 불구하고 어느 날 부시 대통령으로부터 짧은 카드 한 장을 받았다. 카드에는 기자의 글을 칭찬하는 한편 일부 기사 내용을 반박하는 글이 적혀있었다. 카드를 받은 기자는 그날 이후부터 부시 대통령의 열렬한 팬이 되었다. 부시 대통령은 자기의 소중한 시간을 할애해 잘 알지도 못하는 젊은 기자에게 메모 카드를 보냄으로써 사심 없는 친절한 호의를 보여주었고, 이를 통해 적이 될 뻔한 기자를 자신의 지지자로 만든 셈이었다.

부시 대통령처럼 이런 메모 카드 쓰는 습관을 갖도록 해보자. 이런 습관을 활용하면 관계맺기 형성에 좋은 결과가 있을 것이다.

story026
'일본전산' 나가모리 회장의 편지 경영

일본전산(日本電産)은 세계적인 주목을 받고 있는 회사이다. 이 회사의 나가모리 시게노부 사장은 창업 직후 '오일쇼크'와 경기 불황 속에서 살아남기 위해 '즉시!' '반드시!' '될 때까지 한다!'는 기업 모토를 회사 곳곳 벽면에 게시하여 거래 기업들을 감탄하게 만들었다. 특히 신입사원 채용 때는 '밥 빨리 먹기', '큰 소리로 말하기', '화장실 청소하기' 등 괴상하면서도 독특한 방법으로 시험을 보게 함으로써 강한 기업을 만든 사람이었다.

나가모리 사장은 직원들에게 기록으로 남기는 칭찬을 오래전부터 해왔다. 직원이 천 명 정도가 될 때까지 신년과 여름휴가·추석 등 매년 세 번 정도는 직접 손으로 엽서를 써서 보냈다. 직원 천 명에게 손으로 편지를 쓰자면 적어도 두 달 전부터 미리 계속 써야 했다. 펜으로 직접 쓰기 때문에 신칸센 고속 전철이나 비행기를 타고 가면서도 틈틈이 썼다.

지금은 계열사 140개, 직원 3만 명이 넘는 큰 회사가 되어 일일이 모든 직원들에게 손으로 칭찬 편지를 쓰는 일은 하지 못한다. 그 대신 간부들에게는 아직도 직접 쓴 편지를 보내고 있다. 그는 신년 연하장을 몇 천 통을 받는데 연하장을 보내 준 사람 전원에게 답장을 보낸다. 답장은 대부분 칭찬하는 내용으로 채운다. 편지를 쓰기 위해서 평소 직원들의 구체적인 사항까지 메모해 두었다가 그런 이야기를 칭찬 엽서에 세심하고 꼼꼼하게 적는다. 구체적으로 칭찬을 해야 효과가 있는 것이다. 그래서 평소 직원들의 이름을 외우는 것은 물론 헤어스타일·표정·복장 스타일 등에 이르기까지 세심하게 관심을 가져야 한다.

나가모리 사장의 편지를 통한 열정과 감성 경영은 경영 전문지에 특집으로 다루어질 정도로 큰 화제가 되고 있다. 지금은 전 직원에게 편지를 쓰지는 못하지만 직원 교육이나 워크숍 같은 크고 작은 회사 행사에 반드시 참석해서 참가자들에게 각별한 관심을 갖는다. 이런 사원 행사에 참석해서 보고 듣고 느끼는 점들을 일일이 메모해 두었다가 편지를 쓰거나 칭찬하는 데 활용하는 것이다. 특히 퇴사한 여직원들이 결혼 후 거주지를 옮길 때, 출산과 내조를 위해 부득이 회사를 그만두게 될 때, 해당 직원들에게 빠짐없이 격려와 칭찬을 담은 편지를 보낸다.

나가모리 사장은 이 편지를 '러브레터'라고 부른다. 그러면서 편지를 통해 직원들에 대한 깊은 관심과 사랑의 마음을 전하는 것이다.

이와 같은 감성 경영으로 나가모리 사장은 《월스트리트 저널》에 의해 '존경하는 CEO 30인'의 한 사람으로 선정되어 세계 재계의 총수들이 한 수 배우기 위해 머리를 조아리는 몇 안 되는 경영자가 될 수 있었다.

02 / 전화를 걸어라

● 이메일과 문자 메시지는 보낸 만큼 돌아온다

언제부터인가 직장인들은 아침에 출근해서 먼저 이메일을 확인한다. 이제 이메일은 사람들의 보편적인 소통 수단으로 자리 잡았다. 활용이 편리하고 비밀이 보장되며 시간과 장소에 구애를 받지 않는 장점이 있기 때문이다. 편지와 달리 이메일은 전달하는데 전혀 시간이 걸리지 않는다. 그래서 길거리에서 흔히 보던 빨간 우체통이 점점 사라져가고 있다. 이용자가 그만큼 줄었다는 이야기다. 비즈니스 관계맺기에서 판촉용 이메일을 활용한 고객 방문은 다른 방법보다 효과적이다. 사람을 만나 명함을 교환해 보면 알겠지만, 명함엔 이메일 주소가 다 기재되어 있다. 특히 동창회·동기회 지역공동체 모임 등 각종 모임과 단체의 주소록에는 대부분 이메일 주소가 있다. 인맥을 넓혀가고자 하는 사람들에게는 활용하기 좋은 자료이다.

문자메시지는 받아보는 사람이 읽기 쉽도록 짧게 보내는 것이 효과가 높다. 문자메시지는 상대방의 마음을 단번에 사로잡아 내

편으로 만드는 최고의 감성 소통 수단이다. 이것을 잘 활용하면 자주 만나지 못해도 정겨운 마음을 자주 주고받을 수 있어서 한층 더 신뢰감과 즐거움을 더해준다. 문자메시지의 효과는 상대의 마음을 내 편으로 만들 수 있다는 데에 있다. 상대의 마음을 내 편으로 만들기에 문자메시지는 더할 나위 없이 손쉬운 도구다. 문자메시지는 보낸 만큼 들어온다.

● 먼저 웃음을 터뜨려라

편지·이메일·전화 등은 새로운 관계맺기를 형성하는 데 가장 효과적인 방법이다. 그중에서 특히 전화와 휴대전화는 가장 직접적인 효과가 높은 수단이다. 시간과 비용을 생각하면 전화만큼 편리한 기구도 없을 것이다. 그래서 전화는 인간관계의 폭을 넓혀 나가는 데 제일 중요한 방법이라고 할 수 있다. 전화는 때와 장소에 크게 구애받지 않는 수단이다. 상대가 어디에 있든지 간에 마음만 먹으면 바로 전화를 걸어 상대방과 대화를 나눌 수 있다. 내가 필요로 하는 이야기를 직접 대화로 의견을 나누면서 필요에 따라 설득할 기회가 생길 수 있으니 좋은 것이다.

어느 한 사람과 인연을 맺기 위해 기울이는 노력은 새로운 사람과의 만남을 위한 도전이자 기회라고 생각한다. 다만, 먼저 전화를 걸 때는 통화할 용건에 대해 충분한 사전준비를 하고 전화를 걸어야 한다. 전화할 때의 목소리는 밝고 따뜻해야 하고 상대방이 잘 알아들을 수 있도록 편안하고 호감을 주는 대화를 이어가야 한다. 또한 상대방을 존중하면서 매너 있음을 느끼게 하는 전화 예절을 갖추어야 하고 여기에 유머가 있는 대화라면 더욱 좋을 것이다. 얼굴 한 번 본 적 없는 사람과 첫 통화를 함에도 매너를 지키면서 유머와 위트를 곁들여 한바탕 웃음을 터뜨릴 수 있는 통화를 한다면 상대방의 마음의 문은 쉽게 열릴 것이다. 그런 전화 통화를 한다면 추후에 만나는 자리에서도 어색하지 않을 것이다. 만남은 처음이지만 마치 오랜 친구 사이처럼 어울릴 수 있을 것이다. 이처럼 전화는 관계맺기를 이루는 데 대단히 직접적이고 효과가 높은 방법이다.

● 성공한 사람들은 전화를 많이 이용한다

지금은 변화의 속도가 빠른 시대에 살고 있다. 그런데도 옛날 유교식 양반 사상을 버리지 않고, 또 통신보안을 우려해서 전화 한 통화면 해결할 수 있는 일도 꼭 만나서 대화를 하겠다는 고집으로 시간과 비용을 허비하는 사람이 있다. 그런 이들을 위해 준비한 이야기가 있다. 직접 전화 걸기가 얼마나 좋은지, 전화 걸기 좋아하는 사람의 이야기를 소개한다.

일본의 오부치 게이조 전 총리는 틈만 나면 비서를 통하지 않고 직접 전화를 잘하는 정치가였다. 상대방이 누구든, 유명 인사는 물론 일반인들에게도 나이와 계층, 여당과 야당을 가리지 않고 전화를 걸었던 것으로 유명했다. 자신에게 쓴소리를 하는 기자에게는 "나를 알려줘서 고맙다."는 말과 함께 조언을 구했고, 야당 의원에게는 "오늘 질의에 제대로 답변을 하지 못해 미안하다."라며 전화로 보충 설명을 한다는 것이다. 그렇게 전화 정치를 하는 사이에 그의 지지율은 취임 초 20%대에서 50%대로 수직 상승했다. 어느 날 미국의 《뉴욕타임스》가 그에 대하여 "작은 피자도 데우면 맛있게 먹을 수 있다."라며 그때까지의 혹평을 철회하고 긍정적으로 보도하기도 했다. 오부치 총리가 재임 중 갑작스럽게 사망하자 많은 일본 국민이 안타까워 애도했다. 미국의 클린턴 대통령은 장례식에 참석하여 이런 추도 성명을 냈다. "고인은 잘 모르는 사람에게 하루 50통씩 전화를 하여 심금을 울리는 전설을 남겼다."

미국의 오바마 대통령도 언제, 어디서나, 누구하고 기다리는 동안 궁금한 점이 생기면 바로 전화를 거는 것으로 소문난 사람이다. 대선 선거 유세를 다닐 때도 다른 후보들과 달리 유세차 안에서 전화를 많이 건 것으로 알려졌다. 직접 정치자금을 모금하기 위해 일주일에 서른 시간을 기부금 요청을 위한 통화를 했는데, 한 번도 만난 적이 없는 사람에게도 마치 오래된 친구인 듯한 기분이 들도록 전화를 했다는 것이다. 이처럼 사람의 마음을 얻는 방법 중에서 전화만큼 효과적인 것이 없다. 이처럼 전화 통화로 상대방과 중요한 일을 얘기할 때에는 먼저 상대방을 이해하고 존중해야 한다. 공감하고 있다는 생각을 상대방이 느낄 수 있도록 하는 것이 좋다.

story027

자동차 '판매왕'의 영업 전략은 전화 한 통

지난해 국내 크라이슬러코리아 '판매왕'이 된 S영업팀장의 영업 전략은 바로 전화 한 통이다. 그는 판매가 어렵다는 미국산 수입 자동차를 일주일에 한 대 이상 판매한 사람이다. 지난해에는 크라이슬러 자동차를 101대나 판매해서 '판매왕'으로 선정되어 본사로부터 한 해 동안 타고 다닐 수 있는 크라이슬러 승용차를 부상으로 받기도 했다. S팀장의 영업 전략은 한마디로 "처음 만난 사람에게 24시간 안에 나의 존재를 다시 한번 각인시킨다."라는 게 원칙이다. "처음 만났더라도 나를 기억하도록 마음을 다해 신경을 쓴다. 그래서 오전에 만난 사람에게는 반드시 저녁에 전화를 한다. 그분이 나중에 수입차를 사고 싶어 할 때는 꼭 나를 떠올릴 수 있게 하자. 한번 도전해 차를 팔지 못하더라도 3년 동안은 명단을 지우지 않는다. 계속 연락하며 다음 기회에는 반드시 나를 찾게 만든다."라고 말했다.

자동차 영업직에 대한 그의 직업관은 확고하다. 발로 뛰는 만큼 성과가 돌아온다는 점에서 그는 자동차 영업직이 정직한 직업이라고 생각하고 자동차 산업이 없어지지 않는 한 필요한 직업이라고 굳게 믿고 있다. '사람들은 현재 잘나가는 브랜드만 좋아한다. 하지만 내가 신뢰하는 브랜드는 내가 몸담은 회사다. 이 브랜드는 고객에게 기쁨을 줄 수 있다는 확신과 믿음을 한 번도 잊지 않았다.' 그런 자신감이 경력으로 쌓이면서 판매도 자연히 늘어난 것이다.

story028
그레이저처럼 파워커넥터(Power connector)가 되라

미국 헐리우드를 대표하는 영화 제작자인 '브라이언 그레이저 (Brian Grazer)'는 "아폴로13", "라이어라이어", "뷰티풀마인드" 등 다수의 블록버스터 영화, TV프로그램을 제작하여 아카데미상 등 등으로 《타임》의 '세계에서 가장 영향력 있는 인물 100'에 선정되었다. 그는 좋은 인맥과 배경을 갖고 태어난 것은 아니다. 대신 호기심이 많은 아이로 태어났다. 법률 사무원에서 서류 배달원 일을 하던 그가 헐리우드 최고의 제작자가 되기까지 삶에 결정적 영향을 미친 것은 바로 호기심과 인맥관계 형성이다. 그 두 가지가 그를 최고의 자리로 이끈 것이다.

어느 여름날, 그는 커피숍에서 옆자리의 손님인 어떤 두 남자가 나누는 얘기를 우연히 엿듣게 되었다. 그 대화가 그의 인생을 통째로 바꾸어버렸다. 호기심 많은 그레이저는 귀를 잔뜩 기울였고, 얘기를 듣던 중 그는 한 남자가 영화제작사의 일을 이제 막 그만두었다는 사실을 알게 되었다. 심지어 그 남자의 직전 상사의 이름까지도 알게 되었다. 호기심 많고 당찼던 그는 '워너 브라더스(Warner Brothers)'의 전화번호를 찾은 다음, 그 남자의 전 상사에게 전화를 걸어 면담을 요청했다. 그레이저는 전 상사에게 다음과 같이 말했다. 자신은 로스쿨 학생이고, 여름철 아르바이트 자리를 찾고 있다고 말이다. 상사는 그레이저에게 다음 날 오후 세 시에 만날 것을 약속했다. 둘의 만남은 성사되었고, 만남을 계기로 그레이저는 워너 브라더스에서 일을 시작할 수 있게 되었다. 그는 워너 브라더스에서 문서수발원의 일을 맡게 되었다. 어느 날 그레이저는 자신이 전달하는 문서들이 아주 유명한 사람들에게 간다는 사실을 깨달았다. 그는 유명 인사들 주변에서 일할 기회를 얻기 위해 무언가를 생각했다. 문서를 전달하러 수신처에 도착하면 비서나 수위가 맞이한다. 그때마다 그는 비서나 수위에게 다음과 같이 요청했다. 문서를 확실히 배달하기 위해 해당 문서를 수령인에게 직접 건네야 한다고 말이다. 놀랍게도 작전은 성공적이었다. 그는 유명 인사들을 직접 만날 수 있었다. 그 후 영향력 있는 임원들과 배우들을 직접 만나게 되는 행운을 거머쥘 수 있었다. 그 후 그는 로스쿨 입학을 뒤로 미루었다. 결국은 로스쿨에 입학하지 않았다. 대신 그는 유명 영화감독이나 배우들과의 대화를 통해 많은 것을 배우는 데 몰두했고, 마침내 헐리우드에서 커리어를 쌓을 수 있었다.

그가 이런 깨달음을 얻었을 무렵, 때마침 워너 브라더스의 고위 임원 한 사람이 해고되어 그의 사무실이 비게 되었다. 그가 떠난 사무실은 회장, 부회장, 사장이 일하는 임원실 바로 옆에 있었던 사무실이었다. 모험심이 발동한 그는 비어있는 사무실에서 일해도 되느냐고 상사에게 물어보았다. 상사는 "물론이지!"라며 흔쾌히 승낙했다. 옆 사무실의 부회장인 존 칼리(J.cally)가 수시로 그레이저를 불렀다. 둘은 대화를 자주 나누었다. 그는 단기간에 많은 것을 알게 되었다. 그레이저는 인맥을 넓히기 위해 훨씬 더 좋은 아이디어를 생각했다. 그레이저는 어느 날 생각했다. 워너브라더스 말고도 적절한 형식을 갖추어 면담을 요청한다면 아마도 업계에 속한 유명 인사들을 거의 다 만날 수 있으리라고 말이다. 그래서 만나고자 하는 이유를 간단하게 정리한 다음 전화를 걸기 시작했다. 그는 영향력 있는 임원들의 보좌관에게 전화를 걸어 사전에 준비하고 연습했다. 연습한 내용을 바탕으로 면담 요청을 했다. 그레이저가 문서를 배달할 때 그랬던 것처럼 놀랍게도 그의 요청이 대부분 효과를 보았다. 그래서 그는 다른 영화사 제작자와 감독들을 만났으며 그때마다 유익한 정보를 얻을 수 있었다. 자리를 뜨기 전에는 면담을 하는 상대방에게 앞으로 어떤 사람들을 더 만나면 좋을지 꼭 추천을 받았다.

그는 그가 필요로 하는 사람들과 관계를 맺고자 전략을 취했던 것이다. 그는 새로운 인맥 개발을 멈추지 않았다. 호기심 어린 대화를 나누기 위해 새로운 사람들을 끊임없이 찾았다. 35년이 넘는 세월 동안 그는 흥미로운 사람들과의 대화를 일상의 한 부분으로 만들었다. 그레이저에게는 관계맺기로 얻은 크기가 곧 성공의 크기였다고 말할 수 있다.

03 / 선물을 보내라

● 사소한 소품이라도 주면 싫어할 사람 없다

누구든 선물을 받으면 기뻐한다. 그리스 철학자 에우리피데스
는 "선물은 신(神)도 설득할 수 있다."고 말했다. 선물에 마음을 담
았을 경우에는 특히 그렇다. 평소 무심하게 대했던 누군가에게 '마
음의 징표'라며 선물을 건네보자. 상대방은 나의 선물을 고맙게 여
기며 내게 마음의 문을 조금 더 열 것이다. 요즘 잘나가는 기업체
사장님들, 성공한 사람들이나 관계맺기에 능한 사람은 모임에 참
석할 때 작은 선물을 준비해 오곤 한다. 그런 경우가 늘어나는 추
세이다. 선물의 예를 들자면 추천할 만한 책이나 작은 생활용품,
선물용 과자 등이 있다. 사람이라면 누구나 자신의 마음에 잔잔한
파동을 일으키는 사람과 다시 만나고 싶어지는 법이다.

선물에는 정성이 깃들어 있어야 한다. 모처럼 하는 선물이라면
정말로 기뻐할 만한 것을 줘야 한다. 내가 좋아하는 것이 아닌, 선
물을 받는 상대방이 기쁘게 받을 만한 것을 해줘야 한다. 상대가
좋아하지 않는 걸 미처 헤아리지 못했다거나 흔하고 많은 물품이

라서 처리가 부담이 되는 선물은 제외해야 한다. 그래서 상대방에게 맞는 선물을 고르기란 쉽지 않다. 하지만 상대방과의 평소 대화를 통해 머리에 떠오르는 선물 아이디어가 있다면 그것으로 하면 된다. 선물은 처음이 어렵지 한두 번 선물을 하고 편지를 쓰다 보면 상대방의 마음을 알 수 있어 저절로 노하우가 생긴다.

선물을 결정하는 데 가장 중요한 영향을 미치는 요소는 바로 상대방의 취향이다. 평소 상대방이 어떤 것을 좋아하는지, 취미나 관심사가 무엇인지 파악해 두면 좋다. 사회적으로 지위가 있는 기업인들이나 고위 공직자들에게는 색다른 체험을 할 수 있는 각종 문화공연 티켓이나 헬스클럽 이용권 등이 좋을 것이다. 누구든지 자신만의 무기가 필요하다. 그것이 무엇이든 인생의 성공을 위해서라면 남과 다른 무기 하나쯤은 반드시 갖기를 권한다. 꼭 돈으로 사는 물건이 아니어도 되는 '선물'이거나 '물건'이 아닌 선물도 좋겠다.

● 상사는 상품권 선물을 좋아한다

최근 《한국경제신문》과 온라인 리서치 전문 업체 '엠브레인'에서 직장인을 상대로 '직장 내 선물'에 관해 설문 조사한 내용을 발표한 바 있다. 그 결과가 흥미롭다. 이 조사에서 대부분의 직장인들이 선물을 주고받고 있다는 사실이 드러났다. "직장 내 상사에게 선물을 해본 적이 있다."라고 대답한 사람이 77%였고, 5명 중의 4명은 어떤 식으로든 상사에게 '존중과 관심' 혹은 '무언의 부탁' 등을 물질적으로 표시하고 있다고 했다. 그중에서 "선물이 효과를 발휘했다."가 68.2%로 나타나, 의도했든 의도하지 않았든 결과만으로 볼 때 선물이 효력을 발휘한다고 믿는 사람이 상당한 비율이었다. 실제 "효과가 있었다."라고 응답한 이들이 가장 많이 꼽은 선물의 효과는 "상사가 대하는 태도가 훨씬 부드러워졌다."가 54%로 최고였다. 그다음 2위는 간접 칭찬 효과인, "상사가 다른 사람을 만났을 때 나에 대해 좋게 말해준다."가 22.4%로서 선물이 당사자 간 관계 강화나 개선 등에 효과가 있고, 조직 내에서 자신의 이미지 관리에 유용하다는 인식이 지배적이었다. 이어 "업무 분담 때 좀 편한 업무를 할당받았다."가 13.9%로 집계됐다. "인사고과에서 기대보다 높은 점수를 받았다."가 3.3%, 인사이동 때 원하는 부서로 이동 0.9% 등은 상대적으로 미미했다.

또 "상사가 좋아하는 선물은 무엇이었느냐."라는 질문에는 상품권이 40.2%, 넥타이·스카프 등 액세서리가 32.2%, 커피 등 기호품이 24.7%, 현금을 좋아한다는 대답이 6.4%로 나타났다.

청탁금지법은 선물을 받는 사람이 공직자일 때만 적용된다. 받는 사람이 공직자가 아니라면 어떤 선물을 주고받아도 청탁금지법 제한을 받지 않는다. 만약 직무 관련성이 없는 선물을 전할 경우 선물 가격은 100만 원 미만인 것이 좋다. 그러나 직무와 관련성이 있는 선물을 전할 경우, 선물 가격은 5만 원 선에서 그치는 것이 좋다. 농축수산물은 10만 원까지 가능하다. 그러나 현재의 물가에 비추어보면 작은 선물 하나를 사는 데도 5만~20만 원 정도는 되어야 하기에 부담이 되기도 한다.

story029
'깻잎 장아찌' 한 봉지의 감동

어느 부부는 여행사에서 주관하는 해외 단체여행에 따라갔다가 한 팀으로 만난 것을 계기로 의형제 가족 관계의 연을 맺게 된다. 두 사람은 서로에게 작은 선물을 주고받은 것을 계기로 잔잔한 감동을 일으키며 관계맺기에 좋았던 이야기를 소개한다.

여행지에서 만난 인연이란 여행을 끝내고 돌아오면 흐지부지 잊히고 마는 게 대부분이다. 그런데 대구 근교 시골 마을에 산다는 운수업 아저씨 부부는 그때 만난 인연을 끊지 않고 그 후로도 계속 깻잎장아찌며 무말랭이 고추 조림, 갓김치 같은 토속 반찬을 계속 보내와 서울에 사는 어느 작가 부부를 감동시킨다. 그 작가 부부도 답례를 하기 위해 결국 시중에서 파는 상품을 사서 보내게 되었는데, 손수 농사지어 보내오는 시골 토속 음식에 비해 마땅한 선물 거리가 없어 곤혹을 느끼고 있음을 적은 이야기가 있다.

선물이 선물답기 위해서는 그 속에 보낸 사람의 정성이 깃들어 있어야 한다. 그러나 언제부터인지 세상인심은 그 정성을 돈의 가치로 환산하는 버릇에 길들여졌고, 선물을 받으면 그것이 얼마짜리 물건인지 헤아려보고 보낸 사람의 정성을 그 액수의 경중을 통해서만 평가하려는 경향이 있다.

작가 부부는, 시골에서 직접 재배해 이를 뜯어 가지고 양념을 섞어 조리한 뒤 스티로폼 상자에 넣어 보낸 그분들의 노고와 정성을 헤아리면 그 선물은 돈으로 따지기 어려운 큰 무엇이 들어 있다고 느끼는 것이다. 이에 고맙다는 답례 전화라도 할라치면 시골 아주머니는 투박한 사투리로 "서울 아저씨지예 잘 받았능교? 그게 다 무공해 국산으로 만든 거라예. 맛있게 잡숫고 건강하시소." 하고 반가워하는 인정이 정말 고맙고 온갖 계산으로 찌들어 가는 머리를 맑게 세탁해 주는 듯하다는 것이다.

이처럼 선물은 굳이 비쌀 필요가 없다. 인간관계에서 마음을 끊어지지 않게 끈끈하게 연결해 주는 선물이야말로 인간관계를 지속적으로 유지하게 하는 좋은 수단이 되는 것이다.

04 / 신문을 읽어라

● 성공하려면 신문을 읽어라

"왜 신문을 봐? 인터넷을 보면 되는 거지."

이런 말을 하는 사람은 아직 세상을 모르는 사람이라고 볼 수 있다. 사회적으로 중요한 위치에 있는 사람들을 찾아낼 수 있었던 데에는 신문의 역할이 컸다. 또한 신문을 읽다 보면 반짝이는 아이디어를 얻을 수도 있다. 현대를 사는 사람들이야 다들 바쁜 시간을 보내지만 그렇더라도 짬을 내어 신문의 헤드라인만은 꼭 읽어야 한다. 워런 버핏, 앨빈 토플러, 빌 게이츠, 마윈, 존 나이로빗 등 세계적 1, 2위 부호로 성공한 사람들이 입을 모아 청소년들에게 한 말이 있다. "성공하려면 신문을 읽어라."

요즘 사람들은 신문을 읽지 않는데 매일 신문을 가까이해야 한다. 앨빈 토플러는 "책과 신문을 읽고 다양한 경험을 해라. 나는 아침마다 신문을 읽느라 손끝이 까매진다."라고 말했다.

바쁜 기업인들 중에 현대산업개발 이방주 고문은 "매일 아침 배달되는 신문을 받아 보는 것은 최고의 셰프(요리사)가 차려주는 최고의 밥상을 받는 것과 같죠"라고 말했다. 그는 정보가 '밥'인 세상에서 신문은 아침마다 좋은 밥상을 차려주는 구실을 해야 한다며 "최고로 유능한 요리사가 각종 정보를 잘 요리해 정성스럽게 차린 밥상과, 그냥 굴러다니는 재료로 그저 그렇게 차려진 밥상은 엄연히 다르다."라고 했다.

실제 인터넷에서 많은 정보를 검색하는 데 시간을 보내는 사람들에게 조언을 하고 싶다. 한 사람이 하루에 수용할 수 있는 정보량은 한계가 있는데, 그 자리를 온통 쓰레기 같은 정보가 차지한다면 괜한 머리만 혼란스럽게 하여 사업에 집중하는 데 몰입하기 어렵다. 정보의 양보다는 선택과 활용이 중요한 시대이기 때문이다. 특히 경제신문은 국내 시장의 전반적인 흐름을 짚어볼 수 있어 기업인에게는 기본 중의 기본이다.

● 신문에서 '사람'을 찾아라

"나는 항상 배가 고프다."라고 말한 히딩크 감독이나 스티브 잡스처럼 필자는 사람을 만나는 일도 헝그리 정신으로 임한다. 늘 새로운 사람을 찾고 있는 것이다. 현재 내가 만나고 있는 사람은 물론이지만 그래도 나보다 더 나은 사람, 재미있는 사람, 나에게 도움이 될 사람, 나의 업무와 직접적 관련이 없더라도 관심이 끌리는 사람, 그리고 남다른 면에서 성공한 사람과 관계맺기를 하고 싶어 한다. 그래서 만나고 싶은 사람을 주로 신문과 잡지 등에서 찾는다. 이러한 사람들은 주로 잘나가는 기업가, 신제품 개발과 마케팅 전문가, 사회 자원봉사자, 칼럼 기고 전문가, 문화예술가, 평소 사회적 높은 평가를 받는 사람들의 인터뷰 기사에서 찾을 수 있다. 그리고 신문에서 인사, 부음, 행사 모임란을 항상 챙기고 있다.

신문의 인물 면을 잘 챙기면 사회 자본을 얻는 데 유익하다. 즉 승진이나 지위, 명성, 이미지, 정서적 지지 등 인적 네트워크를 위한 좋은 정보가 신문에 있다. 방법은 먼저 축전이나 공감하는 격려의 편지 또는 이메일을 보내는 것이다. 상대방으로부터 답신이 오면 전화나 이메일로 소통하여 만나거나 식사할 수 있는 약속이 이루어지도록 요청한다. 그렇게 되면 일단 인맥네트워킹에도 성공했다고 볼 수 있다.

그 후 지속적인 관계맺기는 평소의 인간관계로 해결하면 된다. 그리고 잘 아는 사람의 인터뷰나 사고 소식, 또는 부음 관련 기사를 보게 되면 바로 전화하여 위로의 마음을 전하며 조문을 한다. 상대방의 경조사 때 도움을 주면 다음에 내가 어려울 때 도움을 청하기가 쉽다. 이러한 관계맺기의 결과가 사회 자본이 되어 경제적 이득이라든지 승진 등의 혜택까지 볼 수 있게 되는 것이다.

언제든 마음을 열고 사람을 찾아라. 누구든 만나지 못할 사람이란 없다. 누구를 만나든지 그를 자신의 스승으로 여기고 의견을 구하는 습관을 갖는다면 상대방도 오히려 부담 없이 지도와 협조를 해준다는 마음을 갖게 된다. 이로써 인간관계는 더 끈끈하게 맺어질 것이다.

● 신문에서 얻은 지식으로 화제를 주도하라

흔히들 21세기는 '지식경제' 시대라고 한다. 즉 콘텐츠가 강해야 한다. 이는 당연히 깊은 지식과 많은 정보를 갖고 있는 사람들이 앞서게 된다는 말이다. 그래서 신문을 읽는 것이 급속히 변하는 지식과 정보를 얻는 방법으로는 가장 유리할 것이다.

올해에도 어려운 취업 관문을 뚫은 대학생들의 이야기를 소개하겠다.

고려대 경영학과 K학생은 "요즘 취업을 앞둔 학생들에게 경제신문 읽기는 선택이 아닌 필수가 됐다."라고 말했다. 또 이화여대 영문과 L학생은 "인터넷 뉴스가 넘치지만 신문은 지면을 직접 넘기면서 읽는 만큼 관심이 적은 분야에 대해서도 큰 제목 위주의 전반적인 정보를 취득할 수 있어 세상 흐름에 뒤처지지 않는다."라고 했다. 또 다른 L학생은 취업 면접 경험을 이야기하면서 토론 면접이 진행되는 가운데 경제 이슈가 주제로 주어졌는데, 첫 발언자가 그날 경제 신문에 나온 기사 내용을 토대로 주장을 펼치니까 나머지 사람들은 할 말이 없어 매우 당황해하더라는 이야기였다.

연예계 인기 MC로 활약하고 있는 박경림 씨는 자신의 입담과 통찰력이 사실은 신문에 있음을 이야기하면서 수많은 매체가 있지만 정보 전달의 정확성과 중요도에서 신문이 먼저이고 그다음이 TV, 인터넷은 가장 후순위라고 했다. 인터넷은 기사 내용과는 다른 자극적인 제목들이 많은 것 같다고 덧붙이기도 했다.

최근에 KBS의《퀴즈 대한민국》이란 프로그램에서 우승하여 '퀴즈영웅'이 된 충북 청주에 사는 40대 주부 박 모 씨는 "어려운 형편 때문에 대학에는 들어가지 못했지만, 평소 책과 신문 읽는 것을 좋아했다."라고 소감을 이야기했다.

이와 같이 신문과 잡지는 변화의 속도가 빠른 현대 사회에서 산업과 기업의 트렌드를 익힐 수 있을 뿐만 아니라, 퀴즈영웅의 말처럼 지식 충전을 할 수 있는 보물창고인 것이다. 또 MC 박경림 씨처럼 누구를 만나더라도 즐거운 대화를 이끌어내 상대를 즐겁게 하고 공감 있는 대화의 소재를 가질 수 있는 능력은 따뜻한 소식이 있는 신문일 수밖에 없다. 신문을 통해 사람을 만나기도 하고 풍부한 지식 충전도 할 수 있다.

story030
에디슨의 인맥 관리의 지혜는 신문에서 나왔다

미국의 발명가 에디슨은 발명을 상업화하는 신규 회사를 150개 이상 설립하여 사업에도 뛰어난 능력을 가졌었다. 그는 조직 내부 사람들은 물론 연구소 바깥의 사람들의 아이디어를 활용하는 데 뛰어난 평가를 받았다. 게다가 저널리스트·학자·정치인·금융인들과 관계를 맺으면서 영향력 있는 사람들과의 친분 관계도 중요시했다.

에디슨은 평소 지칠 줄 모르는 신문 읽기와 독서 습관으로 앞서가는 시장 트렌드를 파악하여 자신과 교류하는 미래의 핵심 실력자들과 친분을 쌓는 대화의 콘텐츠로 사용했다. 그중에서 에디슨이 관심 갖고 만나는 사람들 중에는 영향력 있는 신문사의 미래의 편집장이 될 만한 신참 기자들이 있었고 이들과 친분을 쌓는 데 노력했다. 이들 기자들은 에디슨이 새로운 발명품을 기사화하는 일에 적극 도움을 주었고 에디슨은 기자들에게 재미난 얘기를 제공하기 위해 노력했다. 그 결과 신문·잡지 등 언론에서 호평을 받으면 에디슨은 매우 즐거워했다. 신문·잡지 등 언론은 그의 명성을 쌓는 데 소중한 협력자들이 된 것이다.

이와 같이 에디슨은 사업 성공을 위해 신문·잡지 등 언론과의 관계맺기를 적극적으로 활용하는 지혜가 탁월한 사업가였다.

05 독서를 해라

● 독서는 사람을 만나는 일이다

독서는 좋은 아이디어가 떠오르지 않아서 고민할 때는 좋은 전략과 지혜를 주고, 기업을 경영하고 리더십을 발휘해야 할 때는 이정표가 되어준다. 좋은 인간관계 형성에도 효과적이다. 관계맺기에서도 사회 저명인사, 또는 성공한 기업인들을 만나기 위해서 책을 접하기도 한다. 독서는 나 자신의 관계맺기를 업그레이드할 수 있는 방법의 하나다. 책을 읽는다는 것은 곧 사람을 만나는 것이다. 특히 자서전이 그렇다. 자서전에 담긴 저자의 성공 비결과 인생관이나 기업이념을 만나는 것도 즐거운 일이다.

작가가 책을 한 권 완성한다는 것은 그의 정신과 지식, 사상과 경험 등 삶 자체를 담아낸 것이기에 독자는 어떤 책을 읽느냐가 어떤 사람을 만날 수 있느냐의 기회가 될 수 있다. 요즘은 책을 쓴 저자들과 만남의 기회가 많아졌다. '독서 MBA' 클럽에서 실시하는 '저자 초청 강의'를 통하기도 하고 책표지 이면에는 저자의 프로필과 연락처가 공개되어 있으므로 책을 보고 공감한 내용과 관런 의견들을 이메일 또는 편지 형식으로 보내 만남의 관계를 만들 수도 있다.

이처럼 책을 쓴 저자와 독자의 만남도 책을 매개로 하는 소통이다. 그렇기에 대화는 더욱 친숙한 인간관계로 이어질 수 있다. 저자는 책을 통하여 독자로부터 능력을 인정받은 전문가다. 그런 저자는 책을 통해 관계맺기를 이어갈 수 있어서 좋다.

● 책을 통해 아이디어와 인생을 읽는다

성공한 사람들은 책 읽기를 무척 좋아한다. 책을 한 번 읽고 이해하고 다시 읽는 동안 지식을 자신의 것으로 만들 수 있다. 성공한 사람들은 책 읽기의 중요성을 알고 있다. 책은 도저히 풀리지 않는 문제를 해결해 주는 훌륭한 해결사이다. 책을 읽으면 무한한 정보와 반짝이는 아이디어를 제공받을 수 있고, 나아가 미래의 트렌드를 설계할 수 있어 좋다. 예를 들면, 외국인들과의 까다로운 수출 상담도 상대방의 문화를 알아야 소통하기 쉽듯이, 음악, 오페라, 소설, 역사, 유적, 문화 등을 화제로 이야기해 보면 의외로 상담이 쉽게 풀리는 걸 경험할 수 있다.

K문고 G대표는 변화를 꿈꾸는 사람이라면 더 나은 자신을 만들 수 있는 역량을 먼저 가져야 하는데, 책이야말로 역량을 키울 수 있는 가장 빠르고 쉬운 길이라고 이야기한다. ING생명 영업마케팅 김종원 사장은 숙명여대에서 열린 특강에서 '성공적인 CEO

의 조건과 리더의 조건'에 대해서 이야기하는 가운데, 본인 스스로도 사람 만나는 것을 좋아한다고 소개하면서 "고객은 물론 자기 회사 직원까지 만나는 사람을 즐겁게 해주는 사람이야말로 진짜 CEO."라고 강조했다. 그러면서 21세기는 흔히 Female(여성성), Feeling(감성), Fiction(상상력)이 지배하는 시대라고 하는데, 본인은 여기에 Fun(재미)을 하나 더 추가하고 싶다고 했다. 이것들을 두고 'F4'라고 했다. 성공적인 리더가 되려면 자신을 갈고닦는 노력을 해야 한다고, 즉 책 읽기를 열심히 해야 한다고 그는 말했다. 따라서 21세기의 리더는 "Leader가 아닌 Reader"로서 "밥 먹듯이 독서하라!"라는 결론을 내렸다.

● 책 선물이 가장 반갑다

현대공영의 K사장은 해외 출장비 중에 남는 돈은 모두 책을 사는 습관을 가지고 있다. 그래서 주위 사람들에게 책 선물을 많이 한다. 책을 선물하는 것은 인격을 전하는 것이다. 존경하는 사람이나 친히 마음을 나눌 수 있는 가까운 지인들에게 하는 선물이다. 책값은 그리 큰 부담이 되지 않아 좋다. 사실 단돈 1만 원 정도의 선물은 아마도 책 외에는 선물다운 선물이 별로 없을 것이다. 책은 두고두고 볼 수 있고, 특히 누군가에게서 선물 받은 책을 펼쳤을 때 그 사람이 나를 위해 직접 써서 보내온 손글씨를 보면 책이 왜 마음의 선물인지 느끼게 된다.

정두언 전(前) 국회의원이 설 연휴 중에 지인들에게 중국 당 태종 이세민(李世民)의 치적을 담은 《정관의 治(치)》라는 책을 한 권씩 돌려 관심을 모았다는 이야기를 들었다. 정 의원은 평소 자주 만나지 못하던 사람들에게 마음을 대신하는 선물로 책을 보낸 것이라 했다. 그래서 그런지 정 의원에 대해서는 많은 사람들이 자기와 친하다고 한다.

필자는 책 선물을 할 때 원칙이 있다. 직접 읽어보지 않은 책은 선물하지 않는다. 읽고 감동을 받은 책 중에, 아마 상대방이 바쁜 나머지 그 책을 읽지 못했거나 상대방에게 크게 도움이 될 수 있는 책을 골라서 선물한다. 때로는 상대방의 가족에게도 그에 맞는 책을 선물한다. 그의 부인이나 자녀, 그리고 부모님에게 책을 선물하면 상대방에게도 커다란 기쁨이 될 것이다.

한국 독서 경영 연구원장인 다이애나 홍의 《책 읽기의 즐거움》에서 저자는 자기 분야의 전문가가 되려면 적어도 책 1,000권을 읽어야 하는데, 한 분야의 책 100권 이상을 읽으면 책 제목과 목차만 봐도 내용이 눈에 들어오며, 200권을 읽으면 이제 좀 알겠다는 경지에 이른다고 했다. 또 이 책에는 기업 CEO들이 회원인 경영자 독서모임에 대해서 잘 소개를 해놓았기에 가까운 기업인들에게 이 책을 칭찬하면서 수시로 구입하여 선물하고 있다. 독서와 책 선물은 관계맺기 형성을 크게 향상시킬 수 있는 아주 훌륭한 기회이자 수단이다.

● 방대한 독서량은 그 사람의 품격을 대변한다

링컨 대통령은 정규 교육을 1년도 채 받지 못했지만 틈만 나면 책을 읽은 덕분에 대통령의 자리에 올랐다. 또한 나폴레옹은 전쟁 터에서도 말 위에 앉아 책을 읽었다. 특히 나폴레옹이 국민에게 전쟁광이 아닌 영웅으로 남을 수 있었던 것은 괴테와 베토벤까지 감동시킬 정도로 뛰어난 학식과 교양을 지녔기 때문이다. 이는 모두 방대한 독서량에서 나왔다.

앨빈 토플러가 위대한 미래학자가 될 수 있었던 것도 책 읽기 습관 덕이었다. 토플러는 혼자 있을 때 가장 즐기는 것이 책 읽기였다. 책벌레라고 할 정도로 항상 책을 읽었다. 토플러는 책을 좋아하는 이유에 대해 "다른 사람이 자신의 모든 것을 다 바쳐 연구한 것을 짧은 시간 안에 내 것으로 만들 수 있기 때문"이라고 말했다. 청소년들을 대상으로 한 강연에서 그는 "미래는 예측(Predict)하는 것이 아니라 상상(Imagine)하는 것"이라고 말했다. 미래를 상상하기 위해서는 독서가 가장 중요하다.

세계적 투자의 귀재라고 불리는 워런 버핏의 능력은 보통 사람보다 5배나 많은 책을 읽는다고 한다. 그는 "닥치는 대로 읽으세요. 열 살 때 나는 오마하 공공 도서관에서 투자 관련 서적을 모두 읽었습니다. 그래서 내가 원하는 투자 대상이 무엇인지 대략 감을 잡을 수 있었습니다"라고 했다. 버핏의 '특별한 친구'이자 양아들인 마이크로소프트의 빌 게이츠 또한 공식 석상에서 "오늘의 나를 있게 한 것은 우리 마을의 작은 도서관이었다. 하버드 졸업장보다 소중한 것은 독서하는 습관이다"라고 했다. 또 게리 해멀은 《꿀벌과 게릴라》라는 저서에서 "책 읽지 않는 사람은 평생을 똑같은 수준으로 부지런히 꿀벌처럼 일할 수 있지만, 게릴라처럼 갑자기 출세하거나 사업에 성공하지는 못한다."라고 했다. 또 "평소에 꾸준히 책 읽기를 해서 놀라운 지식과 능력, 그리고 자신감을 가진 자만이 혁명적인 두각을 나타낼 수 있다. 앞으로는 개선 정도로는 안 된다. 그 누구도 상상하지 못한 혁명적인 발상으로 새로운 일을 시작해야 한다."라고 하면서 게릴라처럼 21세기의 변화에 앞서가는 리더가 되기 위해서는 독서를 통해 새로운 정보와 문화적 소양과 지식으로 리모델링하라고 주장하였다. 더불어 사고를 깊게 해주는 질적 수준의 관계맺기 확대를 위해서도 본인 스스로 지적 몸값을 올려야 한다고 말했다.

story031
한국박물관협회 K회장: 독서 덕분에 '축사의 달인' 되다

한국박물관협회 명예회장 K회장은 우리나라 문화예술계를 대표하는 마당발 중에 한 분이다. 칠순의 연세임에도 삼성출판사 회장이자 삼성출판박물관 관장, 국립중앙박물관 문화재단 이사장으로 바쁜 활동을 계속하고 있어 '문화계의 대부'라는 명성을 가지고 있다.

K회장은 각종 문화 예술 행사에 초청되

어 자리를 빛나게 하는 단골 초대 손님이기도 하지만 '축사의 달인'으로 이름이 나있다. 국립·공립·사립 박물관에서 많은 전시회가 열리는 봄·가을 계절에는 하루에 서울·경기 지역 일곱 군데를 다니며 축사를 한 적이 있을 정도로 바쁜 일정을 보내는 분이다. 그는 각종 모임에 초청을 받아 축사나 특강을 할 때마다 평소 틈틈이 읽은 책의 내용을 활용한다고 했다. 그리고 특강을 할 때는 반드시 주제에 맞는 책을 추천해 주면서 더욱 풍부한 지식과 관심을 갖도록 하고 있다.

물론 김 회장 자신이 삼성출판박물관 관장을 맡고 있기 때문이기도 하지만 지금도 일주일에 책 한 권은 반드시 보는 편이라고 했다. 결국 인생이란 것은 만남인데, 제일 좋은 만남은 좋은 책과의 만남으로, 즉 책을 통하여 실제로 귀한 만남을 이룰 수 있다는 것을 보여주는 사례이다.

story032
경영 위기 때마다 책에서 답을 구했다

성공한 기업인들 중에 손욱 농심 전(前) 회장은 일찍이 삼성 경영전략실에서 근무했다. 삼성SDI 사장을 거쳐 현직에까지 이르는

동안 스스로 연구한 경영철학을 모아 《십이지 경영학》이란 책을 냈다. 이 책을 내게 된 계기는 삼성종합기술원 원장으로 있을 때 마쓰시타(松下) 관련 서적만 200권 이상을 읽으면서 연구한 것과 가까운

지인들과 토론하며 모은 자료를 정리한 것이라고 했다. 손 회장의 《십이지 경영학》은 평소 생존을 위한 냉혹한 기업 경영 전략을 재미있는 이야기를 예로 들어 소개한 것이다. 손 회장은 경영의 어려운 순간마다 답을 책에서 찾았다고 하면서, 지난 20년 전의 삼성전자의 성장 이야기를 소개했다.

당시 상대적으로 후발주자였던 삼성전자는 냉장고 등 가전제품의 매출 확대를 위해 방문 판매대를 구성해 마침내 국내 판매 1위로 오를 수 있었는데, 이것은 일본 샤프전자의 '아톰대' 사례를 읽은 게 주효했다는 것이다. 또 삼성에서 6시그마 운동을 확산시킨 주역도 독서의 덕분이라고 하면서 요즘도 한 달에 15권 정도를 읽는다는 다독하는 독서광으로 소개되기도 했다.

이 책을 읽고 있는 기업인들이라면 경영위기 때마다 책에서 답을 구했다는 손 회장의 사례를 응용해 보시라. 책 읽기는 많은 사람과 많은 이야기를 가장 짧게 나눌 수 있는 대화와 같은 것이다.

06 / 명함 한 장의 기적

● 관계맺기의 첫 단추는 명함

비즈니스맨의 재산은 인적네트워크이다. 이는 사업을 성공으로 이끄는 기반 시설이 되기도 하고 새로운 분야를 개척할 수 있는 기회를 주기도 한다. 인적네트워크를 구축하는 첫걸음은 사람을 만나는 일이고 이 좋은 관계에서 빼놓을 수 없는 것이 명함이다. 첫 만남에서 밝은 인사말을 하면서 건네는 명함은 제2의 얼굴이며 첫인상을 좌우한다. 호감 가는 첫인상을 주려면 상대의 명함을 정성스레 받은 다음 상대방의 이름을 불러주며 "처음 뵙겠습니다.", "네, 반갑습니다." 하는 짧은 인사말로 눈을 마주치면서 인사를 나누고 명함을 건네주는 것이 좋다. 상대방은 이런 작은 행동 하나에서 내가 매너가 좋은 사람이라는 첫 이미지를 갖게 되는 것이다. 모든 관계맺기는 이런 첫 만남에서 나눈 명함 한 장으로 시작되어 계속 발전하고 확대되는 것이다.

● 명함을 주는 것은 마음을 주는 것

명함을 주고받는 것은 그냥 종이 한 장만 주고받는 것이 아니다. 명함 교환은 마음을 주고받는 것과 같다. 즉 소속 회사의 이름과 업종·부서·직책·회사 위치 등 상대방의 회사에 관해 알고 있는 것이 있으면 이를 소재로 하여 반가워하는 마음을 표현하는 표정으로 대화를 한다. 그리하면 비록 짧은 시간이라 할지라도 첫 만남이 주는 서먹서먹한 거리감을 좁힐 수 있다.

명함에는 상대방과 친밀해질 수 있는 대화의 자료들이 얼마든지 있다. 회사명이나 주소에 관해 아는 정보가 명함에 다 있다. 회사명에 관해 질문을 한다든가 회사와 관련한 홍보 같은 좋은 이야기, 생산 제품 등 회사 내 돌아가는 이야기, 주소 지역에 대한 분위기, 최근 일어난 사건사고에 관련한 지역 이야기 등 자세히 살펴보면 대화 소재는 무궁무진한 것이다. 마당발로 소문난 사람들이 처음 만나는 사람과도 금방 친해지는 뛰어난 재주는 명함 교환을 잘하는 데 있다. 명함 주고받기를 잘하는 것이야 그리 어려운 일도 아니다.

● 명함 받은 후 감사의 문자 보내는 센스

관계맺기 형성을 위해서는 명함을 주고받은 후에 상대방에게 더 나은 인상을 심어주는 약간의 노력이 뒤따라야 한다. 이럴 때는 만남을 감사하는 문자 메시지, 이메일 등을 보내 감사의 뜻을 전하는 것이 좋다. 첫 만남에서 베풀어준 호의에 진심으로 감사하는 한편 만남에서 오고 간 대화 내용을 기억시켜 주는 내용이면 좋겠다. 만나는 순간 상대방으로부터 느꼈던 인상과 분위기, 꿈과 취미에 대해서 관심 있게 나눈 이야기, 고향이나 학교 등 무엇이든 연결의 끈을 만들 수 있는 소재를 거론하여 한 번 더 자신을 강하게 기억할 수 있게 하는 센스가 중요하다. 자주 명함을 주고받는 비즈니스 일상에서 명함을 많이 받게 되면 일일이 기억하기가 쉽지 않다. 그럴 때를 대비하는 노력이 있어야 한다.

● 관계맺기 네트워크 확대 요령
정치·기업인과의 네트워크 확대 요령

비즈니스맨들은 정치인이나 주요 기업인들과 친분을 맺으면 거물들과 관계맺기 범위가 크게 확대된다. 거물급 인사들을 만나기는 현실적으로 접근이 어렵다. 그러므로 상대방에 맞는 치밀한 계획을 세워야 한다. 우선 스케줄을 파악하기 위해 비서 팀과 홍보 담당자를 접촉하여 유대관계를 맺는다. 자주 방문하거나 전화를 이용하여 그들이 선호하는 선물이나 정보를 수집하고 가까운 인물로 인정받을 수 있는 우호적 인간관계를 유지한다. 그리고는 대상 인물과 자주 마주치는 기회를 만들고, 대상 인물이 관심을 보일 때 기회를 잡아 명함을 교환하여 적극적으로 자기소개를 한다.

한국계 일본 기업인이자 일본 최고의 부자로 유명한 소프트뱅크 손정의 회장은 16세 때 일본 맥도날드 경영자 후지타 텐을 만나기 위해 일주일을 매일같이 회사 경비실로 찾아갔다고 한다. 자기가 접근하기 어려운 상대라고 해도 미리부터 겁먹지 말고 담대한 용기를 가지고 먼저 찾아가 보자. 태도가 공손하다면 누구라도 만날 수 있다. 그리고 명함을 건네면 대화의 기회는 열리게 된다. 상대방도 알고 보면 똑같은 외로운 사람이라고 생각하면 된다.

지식인·저명인사와의 네트워크 확대 요령

만나려는 사람이 이름 있는 지식인이거나 사회 유명 인사라면 별도의 연결관계 없이 만나기는 현실적으로 어렵다. 그래서 그들을 만나기 위해서는 먼저 그가 저술한 책과 언론에 기고한 칼럼과 담론을 읽은 다음 풍부한 느낌의 감동과 감명받은 이야기를 전할 수 있을 때 쉽게 가까워질 수 있다. 그런 준비가 됐으면 신문과 인터넷으로 출판기념회·강연회·포럼 행사 등의 정보를 체크하고 행사에 참석한다. 강연회 같은 행사 때는 분위기를 잘 활용해 질문 기회를 얻을 수 있다. 행사 중의 휴식 시간, 또는 행사나 강연이 끝난 뒤 마지막까지 남았다가 인사하면서 명함을 교환할 수 있다. 지금 만나고 있는 상대방 저명인사에게는, 저서나 강연에서 감명을 받고 평소 존경하는 귀한 분을 만나게 되어 진심으로 감사하다는 마음을 표현하면 상대방도 반가워할 것이다. 그 저명인사에게도 자신의 열성팬이나 독자를 만나는 순간이란 내심 뿌듯한 일일 테니까.

모임·포럼·파티장소에서의 네트워크 확대 요령

평소 관계를 맺고 싶은 사람들이 있다면 그가 자주 참석하는 모임이나 파티에 참석하여 자연스럽게 그들과 어울리면 된다. 마음에 두고 있는 상대가 다른 사람과 대화 중이라면 대화가 끝나기를 기다렸다가 타이밍을 맞추어 "OOO 님, 반갑습니다."라고 말을 건네며 자연스럽게 자기소개를 한 다음 명함을 교환하는 것이다. 첫인상을 나누는 자리에서 간단한 대화로 상대의 마음을 끌어야 한다. 이때 평소 상대방이 충분히 어필할 수 있는 표현을 미리 생각해 두는 것이 중요하다. 모임에서 만나는 사람들에게는 무엇인가 이익이 될 수 있는 정보나 화제를 제시한다면 존재감을 높이고 비중 있는 인물이라는 관심을 이끌어낼 수 있다. 이처럼 각종 모임과 파티는 직장 동료 외의 많은 사람을 만날 수 있는 장소이므로 관계맺기를 형성하는 데 아주 좋은 기회이다.

● 명함을 받으면 이름과 얼굴을 기억하라

비즈니스 관계맺기를 확장하는 데 첫 단추는 명함이다. 하지만 명함을 교환하면서 예의 있게 받은 후에는 이름을 외우고 호칭(직책)을 불러 주어 기억하는 것이 상대의 호감을 사는 데 효과적이다. 상대방의 이름을 잘 기억하기 위한 노하우를 소개한다. 명함을 교환할 때는 상대방에게 받은 명함을 읽으면서 이름과 직책, 주소에 그의 얼굴, 복장 스타일을 기억하고 그 부분의 특징과 전체적으로 풍기는 인상을 이름과 연결하는 연상 결합법을 이용한다. 어떤 장소에서든 우연히 누군가를 만났을 때 상대방의 이름을 불러 준다면 한층 더 가까운 사이로 발전할 수 있을 것이다.

● 톡톡 튀는 명함으로 나를 각인시켜라

인맥네트워크 확장을 하는 데는 톡톡 튀는 명함을 개인 브랜드로 사용하면 우호적인 이미지로 자신을 각인시키는 데 효과적이다. 다만 회사명·부서·직책 등은 기본적인 정보에 불과하므로 달랑 기본 정보만 담긴 명함으로는 자신을 대신하는 제2의 얼굴로 사용할 수 없다. 요즘처럼 취업이 힘들고 경쟁이 치열한 시대의 젊은이들은 명함이 단순히 이름·직업 등을 적은 표가 아니다. 무한 경쟁 시대에서 살아남았다는 증명서인 만큼 '명함 디자인'에 정성을 다해야 한다.

회사에서 자신이 어떤 일을 하는지, 또는 회사 내 어떤 역할을 담당하는지와 같은, 자신의 프로필을 기입해 두는 것이 효과적이다. 명함에 취미나 특기를 기재하는 것도 좋은 아이디어다. 회사 이름만 적힌 명함보다는 톡톡 튀는 명함 한 장으로 비즈니스를 해 보자. 인간관계에서 명함이 미치는 영향은 생각하는 것 이상으로 큰 것이다. 명함을 받는 상대방에게 강력하고 호의적이며 자신만의 독특한 이미지를 전달할 수 있는 기발한 아이디어로 명함을 만들어 사용해 보자.

● 명함에서 얻은 정보의 관리

새롭게 만난 사람들과 관계맺기를 구축하기 위해서는 명함을 받을 때 확보한 상대방에 대한 정보를 별도의 '인물 정보 노트'로 준비하여 DB 관리해야 한다. 첫 만남에서 교환한 명함으로 그 사람에 대한 크고 작은 정보들을 관리하면 대상 인물에 대해 족보처럼 일목요연하게 파악할 수 있다.

명함에서 얻은 정보를 정리할 때는 다음과 같은 사항을 기록하는 것이 좋다.

- 만난 날짜와 누구와 함께 만났는지
- 그 사람의 특징적 인상(첫인상)·말씨·고향·학교(대화 내용)
- 대화 중에 누구와 친하다(친구 관계), 잘 알고 있다, 누구와 인척이다(인맥), 자주 거론되는 사람의 이름(신분·직책) 등

이런 정보를 명함 뒷면과 여백에 기록해 두었다가 인물 노트에 직업별·사업별·지역별 등으로 분류한 후 다시 개인별로 정리한다. 그리고 신문의 '인물'란에서 그 사람이 승진하거나 전보되는 기사를 보면 곧바로 축하 전화·축전·선물 등을 보내고, 새로운 정보 관리의 자료를 업데이트한다. 간혹 상대방이 승진하거나 인사이동의 신분 변동이 있었는데도 정보 관리를 제때 하지 못해 연하장, 인사장 등을 예전 직장의 전 직책대로 발송했다가 그를 만났을 때 쩔쩔매며 사과를 하는 일도 생긴다. 최근에는 인맥 관리 프로그램들의 종류가 많아졌다. 하지만 명함을 스마트폰이나 스캐너로 읽어 자동으로 분류하고 저장하는 개인용 인맥 관리 솔루션이 있어 편리하다.

저장된 명함의 DB가 많아지면 관계맺기의 중요도와 활용도에 따라 그룹별로 분류하여 관리를 한다. 예를 들자면 다음과 같은 식으로 말이다.

- 1급 그룹: 자주 만나거나 관계를 계속하고 있는 사람(최고의 측근 핵심들)
- 2급 그룹: 가끔 연락하면서 각종 모임과 단체에서 친하게 지내는 사람
- 3급 그룹: 자주 만나지는 못해도 필요 시 대화와 자문을 받을 수 있는 오래된 지인.
- 4급 그룹: 업무적 만남이나 각종 모임과 단체에서 인사하고 지내는 초면이 아니면서 우호적 지지 관계의 사람.
(만난 지 오래되지 않은 지인들)

이렇게 '중요도'에 따라 인간관계의 등급을 분류하고, 시간 날 때마다 들춰보자. 시간 날 때마다 이것을 재분류하여 관계맺기를 유지하면 보다 나은 인간관계로 발전할 수 있을 것이다.

story033
납품 성공은 명함 잘 돌린 덕분

재미교포로 성공한 사업가의 반열에 오른 이수동 회장은 고려대와 R.O.T.C 출신으로 삼성그룹에서 잘나가던 비즈니스맨이었다. 그런 그가 갑자기 미국으로 건너가서 레스토랑을 경영하게 되었다. 하지만 1979년에는 경영의 실패로 미국 생활을 포기하고 고국으로 되돌아오기 위해 비행기 표를 예매했다가 취소하기도 했다. 그 후 우여곡절을 겪으면서 재기에 나선 이 회장이 1986년에 창업한 STG는 지난해 9월부터 4개월 동안 미국 연방정부와 총 2억 500만 달러 규모의 계약을 체결하는 기록을 세워 언론의 주목

을 받기도 했다.

STG는 미국 연방정부의 100대 IT 주계
약 기업 중의 하나이고 《워싱턴 비즈니
스 저널》이 선정한 25대 IT기업에 포함된
기업이다. 이 기업의 오너인 이수동 회장
은 창업 초창기에 워싱턴 DC의 미국 연방
정부로부터 일감을 얻기 위해 구두가 다 닳도록 돌아다녀야 했다.
이 회장은 꼬박 1년 동안 연방정부를 모두 돌며 납품 담당자를
직접 만나 명함을 건네며 설득하러 다녔다. 그런데도 큰 일감을
얻지 못해 힘든 생활이 계속되었다. 하지만 그는 좌절하지 않았
다. 연방정부를 다시 한 바퀴 돌면서 만나는 모든 사람들과 얼굴
을 익혀가며 명함을 뿌리고 또 뿌렸다. 그리하여 1993년 국무부
에서 인사관리 프로그램을 300만 달러에 수주하면서 숨통이 트
이기 시작했다. 이어 백악관에서 컴퓨터 관련 업무를 담당했던
인사를 적극 영입하고 소수 계층이라는 점을 적극 활용하여 사업
을 확장하기 시작했다. 현재는 미 국방부에 IT 시스템 납품을 주
사업으로 하여 직원 1,700명을 고용하는 기업으로 성장했다.
미국 사회에서도 명함의 힘은 대단하다. 명함은 생면부지의 사람
에게 접근할 수 있는 아주 좋은 수단이다. 수주가 없던 시절 계속
연방정부를 돌면서 매일같이 담당자를 만나 설득하고, 사무실로
찾아가 일일이 얼굴을 익히며 끈질기게 대화하여 관계맺기 한 것
이 오늘의 이수동 회장을 있게 한 원동력이 되어준 것이다. 그는
배우 이필립 씨의 아버지이기도 하다.

07 멘토 · 멘티

● 멘토를 인맥의 중심에 두라

크게 성공한 사람들은 모두 멘토(mentor)를 가진 사람들이다. 그들은 자신에게 조언을 해주고 후원하며 성공하기까지의 방향을 잡아주거나 결정을 내려야 할 때 좋은 지침을 주는 누군가가 있었다. 그것이 바로 성공한 이들의 공통점이다.

당신도 그러한 멘토를 가졌는가?

요즘 20대 청년들 중에는 형제 · 자매가 없는 사람이 많다. 그래서 자신의 계획과 꿈을 털어놓고 조언을 구할 만한 사람이 없는 경우가 적지 않다. 주변에 감탄하고 존경할 만한 멘토가 있다면 멘토에게 삶의 조언을 구할 수 있다. 만약 아직도 멘토가 없다면 지금부터라도 당신의 삶의 멘토가 되어줄 사람을 찾아야 한다. 멘토는 '경험 있고 믿을 수 있는 조언자'로서 그 분야의 전문가이다. 어떤 문제에 직면했을 때 감당하고 헤쳐 나갈 수 있는 방법을 알려주는 전문가이다. 그런 사람을 주변에 두고 수시로 조언을 받을 수 있다면 그것만큼 좋은 게 또 없다. 그런 훌륭한 인맥을 두고 황금 인맥이라고 한다.

나의 멘토가 될 만한 사람을 찾아라. 그러니 내가 무엇인가를 배울 수 있는 사람, 따라 하고 싶은 역할 모델을 찾아보자. 꼭 연세가 많은 사회 원로이거나 학교 선배, 직장 상사가 아니어도 된다. 동료든 후배든 각 분야에서 배울 게 있는 사람, 예를 들면 사업을 잘하는 선배, 재테크를 잘하는 친구, 인맥 관리를 잘하는 직장 상사 등 분야별로 벤치마킹 대상으로 삼을 만한 한두 명을 두는 게 좋다. 아니면 누구를 마음속의 멘토로 삼고 싶다면 그의 장점을 내 것으로 받아들이고 모방이라도 하여 더 좋은 방향으로 나아가겠다는 강한 의지를 가지면 된다. 이제 자신에게 적절한 멘토를 정했다면 그에게 멘토가 되어줄 것을 청하고 허락을 받는 과정이 필요하다.

더욱 확실하고 효과적인 멘토링이 이루어지려면 상대에게 멘토가 되어줄 것을 부탁해야 한다. 좀 더 적극적이라면 멘토와 함께 협약서를 만들거나 결연의 의지를 오래 간직하기 위해 조촐한 의식을 가지는 것도 좋겠다. 식사라도 대접하면서 존경을 표시하는 결속된 인연을 확인하는 것이다. 멘토 못지않게 중요하고 보람 있는 것은 좋은 멘티를 만드는 일이다. 좋은 제자나 후배를 찾아서 직접 만나 멘티로 삼는 것도 관계맺기에 활력을 가질 수 있다. 요즘은 다행히도 개인이나 학교, 기업에서 멘토링 맺기 행사를 하는 곳이 늘고 있어 언론에 화제가 되고 있다.

멘토링은 자신의 역할 모델이냐 정신적 지주가 되는 어느 분야의 성공인, 존경을 받는 분을 찾아 거울로 삼아 발전해 가는 것이다. 상대가 귀찮아하거나 배척하지만 않는다면 여러모로 자기 발전에 힘이 되는 관계맺기의 중심인물로 삼을 수 있는 것이다.

대부분의 사람들은 무엇인가를 배우기 위해 진지하게 물어보는 사람에게 오히려 호감을 가진다. 그리고 상대가 자신을 흠모하고 믿어주었다는 사실 때문에 멘토로서의 역할을 사양하지 않는다. 이제 멘토의 도움으로 직면한 문제에 대해 충고를 구하고 인간관계의 처세를 배워 불필요한 일에 시간을 낭비하지 말고 공연히 방황하지 않기를 바란다. 하루빨리 주위에 멘토를 많이 만들어라. 멘토의 관계맺기를 통해 대인 관계의 폭도 한층 더 확장되기를 바란다.

● 인생에서 멘토를 만나는 일

대학 동기생 중에 기업연수원에 강의를 전담하는 친구가 있었다. 먼저 기업에서 담당자들과 친분이 있는 K는 강사 생활을 한지 꽤 오래되었을 뿐만 아니라 강의 내용도 좋은 평을 듣고 있었다. 그러던 어느 날 집에서 놀고 있는 동창생 H를 추천하여 함께 기업연수원 강사로 활동하게 되었다. 강사 활동을 늦게 시작한 H는 연수원에서 강의를 하는 도중 휴식 시간이 되면 휴게실로 가지 않고 연수생들과 인사를 나누고 명함도 교환하면서 관계맺기를 잘 해왔다. 강의를 마친 후에도 질문할 것이 있으면 언제든지 연락하라고 얘기를 먼저 건넬 만큼 격의 없이 연수생들과도 잘 어울리는 성품이었다. 고참 강사인 K는 강의 평가가 우수해 다른 연수원에서도 강의를 맡을 만큼 인기가 있는 강사였다. 그런데 K는 고참 행세를 하며 연수원의 강의를 청탁을 전담하는 연수원 교육 담당자들 위주로만 친하게 지내왔다.

한편 H는 친분을 쌓은 연수생들이 많아져 수료한 연수생들이 근무하는 여러 기업체와 협회·단체 및 평생 학습기관 등에까지 강사로 나가게 되면서 강의 시간이 많아져서 강사 선배인 K와 서로 만날 수 있는 기회가 점점 어려워졌다. 그 후 20년이 지난 지금 두 사람의 위치는 사뭇 달라졌다. K는 사회교육의 확대와 질적인 발전으로 연수원 강의 내용이 변경되어 강의 기회를 잃게 되자 신분이 불안정한 학원 강사로 전락해 경제적으로 점점 어려워졌다. 그러나 H는 열린 성격 덕분에 많은 연수생들을 사귀어온 인맥을 바탕으로 멘토를 맺고, 멘토의 추천으로 기업체의 연수원 원장으로 발전해왔다. 그는 관리자가 되어 안정적이고 품위 있는 생활을 하게 된 것이다.

두 친구의 이야기를 예로 들면서 전하고 싶은 말은 이것이다. 요즘처럼 급변하는 21세기의 환경은 삶의 방식에 따라 서로 간에 확연히 격차를 보이는 인생길을 걷게 된다. 이런 시대일수록 '친구가 많다 = 기회가 많다 = 성공이 많다' 라는 공식을 꼭 기억해두길 바란다. 주변에 친구들이나 멘토가 많을수록 앞으로 더 많은 기회를 얻게 될 것이다. 그러면 지금보다 조금 더 빨리, 그리고 쉽게 성공의 길로 올라갈 수 있다.

성공한 사람들을 잘 살펴보면 그들에 관한 공통된 사실 한 가지를 알 수 있다. 그것은 바로 그들이 항상 자신을 보살펴 줄 수 있는 멘토를 만날 기회를 엿보고 있다는 점이다. 또한 그들은 인생의 어려운 순간에 부딪혔을 때 늘 평소 관리해오던 관계맺기를 통해 위기를 극복하고자 한다. 우리가 살아가면서 일어나는 모든 일들은 사람과의 관계에서 시작되고 끝이 난다. 지금부터 나를 이끌어주는 사람, 천군만마가 되어줄 사람을 찾아라. 이것이 바로 인생에서 멘토를 만나는 일이다.

● 각계에서 불고 있는 '멘토 맺기' 운동

멘토는 학교 선후배와 동료 사이뿐만 아니라 우리 사회의 다양한 분야에서 연결되고 있는데, 최근에는 기업에서도 활발히 이용되기 시작했다. 먼저 농촌진흥청과 한국농업대학은 농업 CEO와 재학생과의 '멘토 맺기' 운동을 전개하고 있다. 이는 농업으로 성공한 CEO와 재학생의 만남을 통해 미래에 대한 불안을 없애고 성공한 농업 CEO와 멘토 관계를 맺어 성공에 대한 자신감을 불어넣어 주자는 의미가 있다.

또 서울대는 미래국제재단과 함께 학업 성적이 우수한 학생을 선정해 장학금을 지원하면서 이들이 다시 경제적 어려움을 겪고 있는 중·고생들의 멘토가 되어 후배들을 이끌 수 있도록 하는 프로그램을 시작했다. 이 프로그램은 대학생들이 지역사회 청소년들의 도우미가 되고, 학교는 학생들에게 장학금을 지원하는 멘토링 사업이다. 서울대에서 처음으로 시도하는 것이라서 장차 지방 곳곳에서도 이런 프로그램이 늘어난다면 '빈곤의 대물림'이 해소될 수 있는 좋은 반응을 얻게 될 것이다.

연세대는 경영대 출신 유명 기업 인사들이 모여 직접 대학 후배들의 학교생활과 장래 진로 상담을 해주는 멘토 관계맺기를 하고 있다고 했다. 이번 '멘토링제'가 형식적인 멘토가 아니라 인턴 지원, 고민 상담 등 학생들이 졸업할 때까지 책임을 지는 실질적인 멘토 역할을 할 것이라고 믿고 있다. 한편 서울고 총동창회에서도 졸업생들이 재학생들을 1대 1로 후원하는 멘토 결연식을 가졌다. 총동창회에서는 2006년부터 졸업생들이 자신과 같은 길을 걷고자 하는 후배를 맡아 장학금을 지급해 주고 후원을 하는 멘토링 사업을 주관하고 있다. 판·검사를 꿈꾸는 재학생은 법조인 선배와 기자를 꿈꾸는 후배는 언론인 선배와 결연을 하고 평소 꿈꿔온 직업에 대한 정보를 제공하는 한편 형편이 어려운 학생들에게 학비를 도와주기도 한다. 선배는 결연식을 한 후배를 2~3개월에 한 번씩 만나서 학습 지도와 학교생활에 대해 조언을 해주기로 한 것이다. 이 얼마나 좋은 인맥관계 형성과 네트워크의 자산이 될 것인가?

뿐만 아니라 GS건설에서도 협력업체 멘토링 제도를 도입했다.

이는 협력사에 대한 의존도가 높은 건설업의 특성에 맞추어 GS건설 임직원과 협력업체 임직원 간의 의사소통을 원활히 할 뿐만 아니라 상호 동반자 관계를 강화하자는 취지이다. 멘토링 제도가 자리를 잡으면 건설업계의 대기업과 중소기업 간 공정한 하도급 협약과 충실한 계약 이행, 협력업체 등록 문제 등의 투명성이 보장될 것이다. 관련업계에서는 긍정적인 기대를 하고 있다.

story034

마크 빅터 한센의 '멘토'론

우리나라에서도 잘 알려진 《영혼을 위한 닭고기 수프》,《마음을 열어주는 101가지 이야기》등 성공학 분야 베스트셀러 작가인 마크 빅터 한센이 한국 리더십센터의 초청으로 서울에 왔었다. 그는 성균관 대강당에서 직장인과 대학생, 자기계발에 관심 있는 사람들을 상대로 강연하면서 성공의 비결을 이렇게 이야기했다. 그가 이야기하는 성공의 비결은 '멘토'라고 이야기하면서 멘토 없이 성공을 거두는 경우는 거의 없다고 했다. 그 자신의 경우도 44명의 멘토가 있는데, 그리스 역사 속에 나오는 플라톤부터 소크라테스·아리스토텔레스·알렉산더 대왕으로 이어지는 멘토의 서열이 있다는 것이다. 그의 멘토 중 한 사람은 대학원생 시절의 스승이었다. 아인슈타인에게 영감을 받은 그의 스승은 2,000여 건의 발명을 해냈고 책을 40권 이상 저술했는데, 왕성한 창작욕과 끊임없이 도전하는 열정을 본받고 싶어서 그분을 멘토로 삼았다고 말했다. 빅터 한센 씨는 한때 경제적으로, 정신적으로 아주 어려운 상황까지 갔던 경험이 있었지만 베스트셀러 책을 내고 출판계에서 다시 일어서게 된 것은 기적 같은 일이라고 고백했다. 그가 재기에 성공한 것은, 훌륭한 스승을 멘토로 관계맺기한 덕분이다. 더 나은 미래를 위해 관계맺기의 중요성을 다시 강조하게 된다. 그가 쓴《영혼을 위한 닭고기 수프》시리즈는 세계 41개국에서 1억 부 이상 팔린 초 베스트셀러가 되었다. 우리나라에서도 오랫동안 베스트셀러로 독자의 사랑을 받은 책이다.

story035

삼국지에서 보는 유비의 멘토와 '적벽대전'

삼국지의 인물들 중에 '유비'는 한나라 왕족으로 태어났지만 어려서 아버지를 여의고 신발과 돗자리 장사로 생계를 잇는 어려운 유년 시절을 보내다가 열다섯 살이 되어 '노식'에게 사사를 받고 동문 '공손찬'과 교의를 맺어 여러 젊은이들과 교류하게 되었다. 반면 조조는 일찍부터 좋은 환경에서 자라 용맹하고 지략이 뛰어나 출세 가도를 달렸다. 조조는 천하를 위협하는 황건적의 난을 진압하면서 장군으로서 '승상'이라는 고위직에 올랐다.

유비는 오랫동안 은둔자로 살며 때를 기다리다가 형주 지역 최고의 지식인이자 지식인의 대부 격인 '사마휘'를 만나면서 운명이 바뀌게 되었다. 유비는 사마휘를 만나 멘토로 모시게 된다. 그러자 사마휘는 아직 뜻을 펴지 못하고 별 볼 일 없는 신세인 유비에게 제갈공명과 관우와 장비를 곁에 두라는 삶의 길을 알려주고, 천하를 경영하기 위해서는 전략을 짜고 큰일을 도모할 인재를 모으라고 했다.

그리하여 유비는 관우와 장비를 만나 그 유명한 '도원결의'라는 관계맺기를 하게 된다. 그리고 사마휘의 조언대로 스무 살이나 어린 제갈공명을 영입하기 위해 삼고초려를 했다. 제갈공명은 비록 농사를 지으며 살아가는 백면서생이었지만 유비가 처음 찾아왔을 때는 아예 만나주지도 않았다. 그 역시 언젠가는 좋은 리더를 만나 큰 뜻을 펴보고자 하는 원대한 포부를 가졌기에 상대방인 유비와 뜻을 함께하기 위해서는 시대를 잘 알아야겠다는 생각에서였다. 마침내 유비는 자존심을 버리고 세 번이나 찾아가 자기의 뜻을 설명함으로써 콧대 높은 제갈공명을 자기의 휘하로 들어오도록 하는 데 성공한 것이다.

중국 우위썬(吳宇森) 감독의 영화 《적벽대전》은 우리나라에서도 상영되어 최고의 인기를 끌기도 했다. 이 불후의 적벽대전이 바로 제갈공명의 계책이 아니었던가? 오나라의 군주 손권의 자존심을 건드려 손권이 천하의 역적 조조에게 항복하든지, 아니면 유비를 도와 하늘의 순리를 따르든지 하라는 담판을 하여 마침내 유비와 동맹을 맺게 한 것도 제갈공명의 계책이었다.

결국 유비와 손권은 동맹관계를 맺고 조조와의 적벽대전의 전투를 벌여 크게 승리했다.

유비가 성공할 수 있었던 것은, 무엇보다도 형주에서 사마휘를 찾아가 그에게 멘토를 청하여 대세의 길을 안내받은 것이 계기가 되었음은 물론, 유비의 전략적 참모이자 멘토인 제갈공명과 관우·장비·조자룡을 비롯해 손권과 주유를 아우르는 인간관계맺기의 적절한 작동의 성과라고 할 수 있다.

story036
일본 소니 회장의 멘토는 마쓰시타 고노스케 회장

큰 성공을 거둔 과거의 인물이나 훌륭한 스승을 멘토로 하여 롤모델로 모방해라. 그럼으로써 "나도 노력하면 스승(멘토)처럼 될 수 있다."라는 희망을 갖게 된다.

제자가 스승을 따라 하는 것은 좋은 관계이다. 알렉산더 대왕은 아킬레스를, 카이사르는 알렉산더를 모방했다고 한다.

일본 소니를 창업한 이데이 노부유키(出井伸之)는 마쓰시타 고노스케(松下松下幸之助)를 너무 좋아해서 그가 쓴 책은 모두 흥미 있게 읽으며 끊임없이 마쓰시타라는 사람을 공부하고 연구했다고 한다.

미국 대통령 오바마도 에이브러햄 링컨을 그의 멘토인 롤모델로 삼았다고 한다. 링컨 대통령의 생가와 고향은 오바마와 같은 일리노이 주이다. 같은 변호사 출신이고 정치 역정도 길지 않은 점에서 링컨을 더욱 멘토로서 따라 하게 되었다. 오바마는, 링컨이 연방 하원 의원을 지냈지만, 상원에서 두 번 낙선했고, 그들의 장점은 연설과 토론이라는 점을 공감하게 되었다.

오바마는, 대통령은 경험보다 변화와 비전, 용기와 신념을 가지고 미국을 바꿀 수 있다는 메시지로 국민의 상상력을 장악했다.

그리고 존 F. 케네디와 마틴 루터 킹 목사도 그의 멘토가 되었다. 케네디의 리더십의 상징은 세대교체용 변화(change)였다. 킹 목사는 흑백 평등과 연설·대중 동원의 기법을 모방하는 모델이었다.

이처럼 성공하기 위해서는 멘토로서 모방하고 싶은 좋은 본보기를 찾아야 한다. 오바마 대통령은 진정으로 존경하는 사람을 찾은 것이다. 그가 멘토로 삼은 링컨과 케네디·마틴 루터 킹 목사의 세 사람은 모두 역사를 빛낸 위대한 성공자들이었기 때문이다.

08 / 메모를 해라

● 만나고 싶은 사람에 대해 메모하라

무언가를 얻고 싶다면 메모(기록)하는 습관을 길러야 한다. 수첩이나 스마트폰의 메모 앱을 이용해서 좋은 이야기를 들었거나 영감이 떠올랐을 때는 그 자리에서 메모하라. 메모하기가 번거롭다면 스마트폰의 녹음 기능을 이용하라. 나는 인적네트워크의 필요성을 느끼고 있으면서도 무의미하게 흘려버렸던 만남이 많았다. 그들이 내게 준 손실도 적지 않았다. 그래서 메모의 중요성에 대해 이야기하려고 한다.

신문·경제주간지·월간잡지 등에 주로 소개되는 성공한 기업가·창업자·문화예술계 인사·사회 공헌 사업가 등 사회 저명인사와 언론의 '인물'란에서 발굴 소개하는 인사들 중에서 나는 인적네트워크로 만들고 싶은 사람을 발견하면 바로 그 즉시 수첩에 메모하여 만날 계획을 준비하곤 한다. 이는 모두 훌륭한 관계맺기의 자료가 되고 있다. 메모는 만나고 싶은 사람의 이름과 직책, 알게 된 매체와 그와의 주요 관심사항 등을 적어, 대상 인물과 만나 관계할 수 있는 기회를 준비하는 자료로 축적하는 것이다. 메모하지 않는 사람은 관심에서 멀어지겠지만 일단 메모 수첩에 기록한 사람들은 언제라도 만나 대화를 해보겠다는 사귐의 대상 인물로 선정되는 셈이다. 그렇게 하면 가끔 우연한 기회에 참석한 파티나 경조사 모임에서 대상 인물을 만나게 될 때 활용할 수 있는 유익한 자료가 된다. 이처럼 만나야 할 인물이 있으면 메모 계획을 세워라. 가끔 신문이나 잡지를 볼 때 자신이 관심을 갖고 있는 인물에 관한 기사와 광고도 정보가 되어 눈에 크게 잘 들어올 때가 있다.

상대방과 나누는 대화 속에 오르내리던 인물들의 친인척·동창·선후배·지역연고와 관련한 친밀한 사람들의 이야기를 듣게 되면 즉시 메모를 한다. 메모하기가 미안한 때는 잠시 자리를 피해서 메모를 하는 게 좋다. 영향력 있는 멘토나 필요한 관계맺기의 자원으로 만들기 위해서는 분위기를 봐서 대강 메모해 두었다가 집으로 돌아가 다시 정리한다. 세상에 처음부터 아는 사람이란 없다. 얼마나 만나려고 노력하느냐에 따라 누구나 귀한 인맥과 가까워질 수 있는 것이다. 비즈니스에서는 이러한 인적 정보를 얼마나 제대로 확보하고 있는 것이냐가 업무 능력에서 중요한 핵심 기술이 되고 있다.

● 성의껏 메모하는 모습 보여라

비즈니스 미팅 같은 중요한 자리에서는 상대방 이야기를 메모하면서 성의껏 들어주는 사람에게 호감이 가게 된다. 요즘은 언론

사 기자들처럼 대화 중에 수첩을 꺼내 메모하는 사람을 많이 볼 수 있다. 이런 사람에 대해 상대방은 꼼꼼하고 정확한 사람이라는 이미지를 갖게 된다. 특히 수많은 사람을 만나다 보면 눈에 띄는 사람, 즉 기억에 남는 사람이 있게 마련인데, 이렇게 메모하는 습관을 상대방에게 보여줄 경우, 처음 만나는 사람에겐 성실한 사람으로 기억이 된다.

관심이 가는 것을 보게 되면 언제나 메모하고 스크랩하는 습관을 가져라. 미국의 링컨 대통령은 멋있게 쓰고 다니던 나팔관 모양의 모자 속에 항상 종이와 연필을 넣고 다녔다. 그는 만나고 싶은 사람과 만날 사람, 그리고 사람과 만나 나누었던 이야기들과 갑자기 떠오른 생각을 항상 메모하는 습관이 있었다. 덕분에 제대로 된 정규 교육을 받은 적이 없으면서도 미국 역사상 가장 존경받는 대통령 중의 한 명이 될 수 있었다.

발명왕이며 사업가였던 에디슨도 메모광이었다. 그의 연구실에서는 무려 3,400권의 메모 노트가 발견되었다. 이는 1,900여 건의 발명을 위한 99%의 노력을 보여 주는 증거물이나 다름없었다. 에디슨은 회사 'GE(General Electric)'를 설립한 후, 사회 저명인사·언론 편집자·기자·정치인·재계 인사 등을 만나게 되면 자신의 아이디어와 정보를 제공하곤 했는데, 그때마다 그 내용이 언론에 크게 보도되게 하는 등 사업 수완이 뛰어났다는 평가를 받고 있다.

2002년 월드컵 대회 때 대한민국 대표팀 감독이었던 히딩크 감독도 녹음기에다 선수들의 문제점을 바로바로 녹음했다. 글로 쓰는 대신 소리로 녹음한다는 방법만 다를 뿐이지 이것도 메모 습관의 한 예라고 할 수 있다. 역사에 이름을 남긴 성공한 사람들은 이처럼 남다른 열정을 가졌다. 거기에다가 꼼꼼함이 돋보이는 메모 습관을 겸비하니 자연스레 성공의 길을 걷게 된 것이다.

● 메모는 가장 유용한 커뮤니케이션 수단

비즈니스에 바쁜 사람은 평소에 일정을 메모하는 습관을 가져야 한다. 거래처 손님이나 지인들과의 만남 약속 등 만나야 할 사람과 관련한 주요 인물·약속 모임에 따른 할 일 등을 메모하고 이를 관련자들에게 메일도 보내고 체크를 해야 한다. 소소한 작은 일에도 서운해하지는 않는지, 정감 있는 메모를 전하다 보면 사람들에게 남다른 좋은 기억을 심어 줄 수 있다. 격식 없는 짤막한 메모에는 명언이나 좋아하는 명시, 계절 인사와 함께 용건을 쓰는 것도 좋다. 만나서 말로 할 수 없는 표현은 메모로 전달함으로써 상대방의 마음을 사로잡는 데 아주 유익하다.

어느 날 강연을 마치고 참석한 사람들과 악수를 하게 되었는데, 그때 누군가 내게 다가와 명함 한 장을 건네며 "강연 잘 들었습니다."라고 인사했다. 지금도 그가 건네준 명함과 그 사람을 인상 깊게 기억하고 있다. 이처럼 메모는 귀중하고 유용한 소통 수단이 될 수 있다. 메모는 비즈니스나 인간관계에 적용시킬 때 그 의미가 크다. 즉 인맥 관리를 잘하기 위해 메모를 하는 것이다. 간혹 업무에 바빠 사람을 챙기는 일에 소홀해질 때 놓쳐서는 안 될 인맥 관계 지도와 같은 메모는 "꺼진 불도 다시 보자."라는 말처럼 그들을 잊지 않도록 전화하거나 만남을 약속하고 인맥관계를 다져가게 해준다. 이것이 바로 메모의 중요함이다.

story037
김 추기경의 메모를 삶의 나침반으로 삼은 청년

서울 양천구 목동에 사는 K씨가 지금으로부터 40여 년 전, 고교 1학년 여름방학 때 양평군에 있는 용문청소년수련원 청소년 수련캠프에 갔을 때의 일이었다. 그 당시의 수련원 시설은 열악해서 가건물 하나에 학생들이 텐트를 치고 생활하고 있었는데, 김수환 추기경이 장대비를 맞으며 캠프장을 방문했던 것이다. 눈코 뜰 새 없이 바빴을 텐데도 청소년 캠프장을 찾은 걸 보면 당시에도 청소년에게 깊은 애정을 갖고 계셨던 모양이다.

김 추기경은 소탈한 성품으로 누구나 가깝게 느끼는 분이기에 K씨는 노트 한 장을 들고 가서 사인을 부탁드렸다. 추기경은 빙그레 웃으며 글귀와 함께 사인을 해 주셨다. "장마에도 끝이 있듯이 고생길에도 끝이 있단다. 추기경 김수환."

장맛비 속에서 캠프 생활하느라고 고생하는 학생에게 써준 글귀지만 K씨에게는 평생 마음속에 간직하는 '말씀'이 되었다. 메모를 고이고이 간직한 김 씨는 예민한 청소년기부터 김 추기경을 멘토로 여겨왔으며 지금까지 살아오는 동안 누구나 겪는 경제적인 어려움과 육체적인 고통의 시기를 이 글귀를 보며 잘 견뎌냈다는 것이다. 이처럼 한 장의 작은 메모는 인간관계에서 마음을 사로 잡는 중요한 '씨알'이 되어 때때로 성공하려는 사람들에게 엄청난 영향을 미치기도 한다. 그런 만큼 메모는 관계맺기 형성에 쓸 수 있는 소중한 기법이 되는 것이다.

story038
정치인 중 최고 메모광

DJ 정부 시절, 대통령 비서실장과 문화 부장관을 지낸 박지원 국회의원은 정권 이 바뀌면서 겪게 되는 힘든 시절도 꿋 꿋이 견뎌낸 정치인이다. 지금도 언론에 서는 'DJ의 복심'이라 불리는 의리의 표 본 같은 사람이다.

박 의원은 DJ 전 대통령이 퇴임한 후부터 별세할 때까지, 지근거 리에서 과거의 인연을 그대로 지키면서 매일 아침 보고를 했다. 그는 "도마뱀이 몸통을 살리기 위해 팔다리를 자르듯 희생적인 태도로 대통령을 보호하는 것"이 참된 참모의 역할이라고 말한 적이 있다. 이해관계에 따라 배신도 서슴지 않는 정계에서는 매 우 드문 케이스라고 할 수 있고, 정계뿐만 아니라 이 시대를 살아 가는 모범적인 멘토 관계를 보여주는 사례라고 생각한다.

특히 그는 'DJ의 그림자'로 살아가는 데 대해서는 감사하고 행복 하게 받아들인다고 말한다. 또한 겸손한 표현으로 말하기를 "지연·학연·실력도 없고, 또 특별한 가문도 아니어서 삼류 인생이 될 수도 있었는데, 김 전 대통령을 만나 정치적으로는 모든 것을 다 해봤다."라는 소회를 숨김없이 표현했다.

박 의원은 메모광으로 알려져 있다. 수첩 앞부분에는 김 전 대통령에게 들은 말을 기록하고 뒷부분엔 자신이 할 일을 기록하는데, 김 전(前) 대통령이 말할 때는 자신이 할 일을 기록한다. 김 전 대통령이 말한 것을 꼼꼼히 받아 적은 다음 나중에 다시 읽기를 수없이 반복하다 보니 김 전 대통령의 의중을 알게 되는 것이라고 했다. 그는 김 전 대통령이 집필한 자서전이 나온 이후에는 자신도 이 메모를 바탕으로 책을 쓸 것이라고 했다.

박 의원은 DJ 정부 시절 중요한 직책을 맡아 중요한 대북 업무를 비공개 업무로 추진해 온 경험이 있다. 북한 김정일 위원장을 만났을 때도 바쁜 중에 하루하루 그때마다 메모하곤 했다.

박 의원처럼 메모하는 것을 일상적으로 하는 게 중요하다. 명함을 받는 경우, 그 사람과 언제 어디서 어떻게 만났는지 메모를 해야 한다. 회의 참석을 위해 떠오른 아이디어를 메모하지 않고 회의에 참석하면 예상하지 못한 회의장의 다른 분위기에 이끌려 원래 생각이 떠오르지 않을 때 이야기하게 되는 곤란을 경험할 수도 있다.

메모는 머리의 기억 용량을 보완해 준다. 성공한 사람들의 공통점은 성공할 수 있었던 그들만의 좋은 습관적 노하우가 있었던 것이다. 그들은 대부분 메모광이라는 점을 잊지 말자. 성공하려면 반드시 평소 메모하는 습관을 갖는 게 좋다.

story039

프랜차이즈 K사장: 메모는 비즈니스의 출발점

프랜차이즈 사업으로 성공한 K사장의 이야기이다.

그는 제대 후 자신이 할 수 있는 사업을 고민하고 있었다. 아는 인맥도 별로 없었고 건강한 몸뚱이 하나밖에는 믿을 게 없었다.

그런 그의 첫 직장은 전문 프랜차이즈 업체였다. 그 당시는 프랜차이즈 업계가 초창기였지만 한 달에 몇 개씩 가맹점이 늘어나는 것을 보고는 "바로 이거야." 하는 생각이 들어 K씨도 곧 창업 준비를 시작했다. 프랜차이즈에 관한 신문광고·기사·전단지 등을 메모와 함께 스크랩하기 시작했다.

K씨가 메모를 하는 목적 중의 하나는, 사람의 기억력에는 한계가 있어 메모를 해두면 마음 편히 쉴 수가 있어 좋았기 때문이라고 한다. 메모를 해두면 단순한 약속도 잊어버리지 않는다. 그렇게 대인관계에서도 신뢰를 얻게 되고 폭넓은 인간관계가 맺어지는 데도 메모는 큰 역할을 했다.

창업 초기에는 특히 관계맺기가 필요하다. K씨는 명함을 받으면 받는 즉시 만난 사람의 이름과 특징적인 인상, 만난 장소 등 필요한 정보를 반드시 메모해 두었다. 사람이 가장 큰 자산이라고 생각하고 인맥 관련 메모를 많이 했다.

그 후 사업이 성장하면서 직원 관리를 위한 메모를 하게 되었다. 개개인의 장점, 신상 정보, 좋아하는 것이 무엇이고, 무슨 말과 생각을 하는지 그때그때 메모해 두었다가 나중에 대화할 때 기억해 주면, 그 직원은 가족처럼 배려해 주는 사장이라고 생각하고 더 열심히 근무하게 된다.

K사장은 이제는 "메모를 하지 않으면 잊어버리지 않을까."라는 조바심이 생겨 다른 일을 하지 못할 정도가 되었다고 한다.

story040
못난 몽당연필이 천재의 머리보다 낫다

Y사장은 삼성물산에서 인터넷 사업 팀에 근무하면서 사업 아이디어를 얻어 창업한 벤처기업인이다.

그는 평소 신문 기사는 지식과 정보의 보물창고라고 생각하는 사람이다. 그때그때 필요한 정보를 스크랩하기도 하지만 자신의 사업과 관련된 기사는 무조건 스크랩하고 있다. 그리고 '경영자들이 갖추어야 할 덕목'과 같은 참고가 될 만한 기사와 칼럼들도 메모하고 스크랩하고 있다.

평소 그의 지론은 "못난 몽당연필이 천재의 머리보다 낫다"라는 것이다. 그래서 항상 입만 열면 직원들에게 메모하기를 강조한다. 거래처와 만날 때도 내가 무슨 말을 해야 할까를 미리 메모하여 협상의 자료로 삼고, 만났던 사람과 다시 만났을 때는 예의를 잊지 않기 위해 메모한 대화의 내용을 다시 확인시켜주어 상대방에게서 성실하다는 평을 듣게 되었다고 한다.

사업이 급성장하게 된 데는 직원들과 함께 '아이디어 메모 회의'를 매일 실시한 것이 효율적이었다. 아이디어는 즉시 메모하게 했다. 그리고 이 메모 내용을 시간이 날 때마다 제안서로 작성해 제출하게 했다. 업무 중 발생하는 모든 일은 메모로 남겨서 개선에 필요한 아이디어로 채택했다.

Y사장은 사업 구상과 확장을 위한 아이디어를 위해 별도 노트가 있다. 자신과 관계되는 회사를 리스트로 만든 다음 접촉할 수 있는 친구들도 리스트로 만들었다. 꼭 만나서 협조가 필요한 인물들을 압축하여 20명 선으로 하고, 이들과 가까운 사람들을 찾았다. 이들과의 만남은 수시로 징검다리 소개를 부탁하여 관계맺기를 해오면서, 자신만의 귀중한 인적 자산을 가지게 된 것이 큰 도움이 되고 있다.

Y사장이 그때부터 작성하기 시작한 메모는 관계맺기 리스트로까지 발전하여 가장 소중한 자산이 됐다고 했다. 역시 남들보다 앞서가는 사람들은 머리가 좋은 사람이 아니라 메모를 잘하는 사람들이라고 생각한다.

'적자생존의 시대'이다. 즉 적는 자가 살아남는 시대가 된 것이다.

09 / 파티·이벤트

● 영향력 있는 모임을 직접 만들어라

사람들과 식사를 함께하면 10명 이상의 사람들과 깊은 관계를 맺을 수 있다. 디너파티를 비롯한 이벤트들은 인적네트워크를 빠르게 확장할 수 있는 좋은 방법이다. 인맥을 넓히기 위해선 서로 같은 관심사를 가진 사람들과 함께하는 네트워크 모임을 주최하는 편이 좋다. 자신의 직업과 전공 분야만으로는 다양한 인적 네트워크를 구축할 수 없기 때문이다.

주 5일 근무 시행 이후 직장인들은 대부분 주말 시간을 이용하여 문화예술·창작 등의 취미 활동이나 골프·테니스·등산·낚시 등 다양한 오락·스포츠 활동을 즐기고 있다. 취미·스포츠 활동을 함께하려고 만든 모임은 업무 관계로 만나는 교제보다 더 강한 결속력을 갖게 된다. 이는 업무에서 해방된 기분과 격의 없이 만날 수 있다는 점 때문일 것이다. 이런 이벤트를 기획할 때는 모임에 회원으로 포함시키고 싶은 사람들을 먼저 초대하는 것이다. 그래서 자신의 관계맺기의 중심인물이 되는 사람들부터 초대한다. 그

런 다음 친구가 또 다른 친구를 영입하는 식으로, 시간이 지날수록 더욱 새롭고 영향력 있는 인물들이 들어올 것이다.

앞으로 함께 성장해 갈 수 있는 사람이 한데 모이면 서로에게 자신이 가진 자원을 나누거나 사람을 소개해 주고 정보를 공유함으로써 새로운 아이디어나 비즈니스를 만들어나갈 수 있다. 따라서 다양한 업종의 사람들을 통해 경험이나 사업정보 등을 교류하는 것은 자신의 지식 발전과 발상의 폭을 확대하고 사업의 안정과 성장에 든든한 배경이 될 수 있다. 예를 들면 취미 모임·후원회·NGO 단체 결성·각종 협회나 연합회·학습 동아리·종교 활동·스포츠 모임·독서토론회·강연회·사업설명회·영화 시사회·간담회·관련 업종 교류회·자원봉사 모임·지역 향우회·동문회·정치를 꿈꾸고 싶은 사람들의 모임 등이 있다.

이런 새로운 인맥네트워킹을 위해 직접 찾아다니는 것도 좋다. 물론 그보다 더 좋은 것은 내가 직접 행사를 개최하는 것이다. 사람들을 내 주변으로 불러 모아 행사의 주도자가 되어보자. 또한 모임이나 봉사하는 것을 좋아하는 사람이라면 '총무'나 '사무총장' 등을 맡아 열정적으로 활동하는 것도 좋겠다. 그렇게 되면 자신의 인맥관계를 만드는 데 큰 힘이 될 것이다.

한 가지 예를 들어보자.
《성경》에 나오는 '요셉'도 억울한 감옥살이 신세를 지게 된다. 그

안에서 오늘날의 '총무'와 같은 일을 보게 되어 술 관리하는 관원장의 꿈을 해석해 준 인연으로 결과적으로는 바로 왕을 만날 기회가 만들어져서 이집트의 총리 자리에까지 오르게 된 것이다. 이것은《성경》속의 유명한 성공 스토리이기도 하다.

● 작은 파티가 관계를 끈끈하게 만든다

주위 사람들과 좋은 관계를 유지하는 데 가장 효율적인 이벤트는 만찬이나 파티를 주관하여 사람들을 초대하는 것이다.

나는 매월 1회 각 단체 협의회 대표들과 새롭게 영입된 회원과의 귀한 만남을 위해 집으로 초대하거나 분위기 있는 식당에서 파티(점심식사)를 했다. 꼭 나의 인맥으로 만들어야겠다는 생각이 드는 사람을 발견한 경우에는 이런 파티가 가장 효과적이다. 시화공단의 P여사장은 '인맥의 여왕'으로 통한다. 그녀는 명절·크리스마스·연휴나 자신의 생일 등, 이벤트를 할 수 있는 명분이나 시기가 되면 언제나 자신이 교제하고 있는 여러 분야 사람들을 한자리에 모아 파티를 주최한다. 이때 초대받은 사람들 중 서로에 대해 전혀 모르던 사람들이 함께 어울리게 되어 결국 자신을 통해 새로운 관계가 형성되는 것을 보고 그녀는 만족했다. 자신이 인맥의 연결고리가 됨으로써 점점 다양한 방면으로 관계를 뻗어갈 수 있으니 자신에게도 도움이 된다고 여긴 것이다.

이런 몇 차례 파티를 열고나면 "저 사람 주위에는 사람이 많다."

라는 인식이 생겨 점점 더 많은 사람이 모이게 되어 저절로 인맥이 넓어지게 된다. 실제 만찬 파티는 자신의 능력 범위 내에서 해야 한다. 작은 행사부터 시작하다 보면 관계맺기 형성의 끈끈한 지렛 대가 될 것이다. 자신이 주최하는 파티 행사에 성공하려면 고려해 야 할 몇 가지 사항이 있다.

첫째, 초대할 인원은 최소 6명에서 최대 12명을 넘지 않게 해야 한다. 오래된 친구들이 다시 만날 때 그보다 규모가 작으면 새로 운 사람들이 소외감을 느낄 수 있다. 최대 인원은 12명이다. 그 이 상이 될 경우 다른 모든 사람과 대화할 기회를 얻지 못할 것이다.

둘째, 초대하고 싶은 손님이 있다면 상대방에게 전화를 걸거나 문자 메시지를 이용한다. 친구에게 동반자를 데려오라고 요청할 때가 있다. 이때 동반자는 친구의 연인이 아닌 모임 전체에 도움 이 되는 사람을 데려올 것을 요청하는 것이 좋다.

셋째, 장소는 조용한 식당이나 자택으로 정한다. 큰 테이블을 확보하자. 첫 모임은 많은 노력을 필요로 한다. 하지만 그 이후에 모임 인원을 모을 땐, 조금 더 수월할 것이다. 관계 구축에 들인 초기 투자가 인맥을 제공해 줌으로써 두 번, 세 번의 빈도를 늘려 가면 그다지 어렵지 않기 때문이다.

● 이벤트와 파티의 어젠다를 개발하라

요즘은 여러 세대가 한 지붕 아래 살던 옛날과 달리 대부분 가정이 핵가족으로 단출하게 살고 있어 각자 마음에 맞는 사람을 초대해 저녁을 함께 먹는 홈 파티가 일반화가 되어가는 추세이다.

서양처럼 우리 주변에도 특별한 날이나 연말에는 모든 세대가 한 집에 모여 파티를 즐기는 분위기가 늘어나지 않을까 기대하고 있다. 대형마트 레저 코너에서 가장 잘 팔리는 품목 중 하나가 바비큐용 그릴이라고 하는데, 가족·친구나 지인들끼리 모여 소규모 파티를 즐기는 사람들이 늘고 있다는 방증이다.

최근의 서울 청담동의 파티 문화는 브랜드의 마케팅 전략 일환으로 기획된 대형 파티 일색이었다. 유명 인사를 초청하기도 하고, 혹시나 가끔 해외 유명 DJ들까지 초청되어 올 땐 주말마다 주요 클럽 앞에는 파티에 참석하는 사람들로 긴 줄을 이루기도 했다. 그러나 최근에는 신분 있는 사람들끼리의 소모임 위주 파티를 더 선호하게 되면서 문화계 인사들인 인기 배우·유명 디자이너·사진작가 등 소수 사람들만 초대해 친목을 도모하는 행사가 많아졌다. 최근 스포츠 브랜드 'F사'는 압구정동 로데오 거리에 사무실을 열면서 한쪽에 파티 공간을 만들어 친분이 있거나 거래처의 사람들에게 무료로 대여해 주고 있어 이용자들이 늘고 있다.

세상이 각박해질수록 가까운 지인들에게서 위안을 얻고자 하는 것은 세태를 반영하는 현상일 것이다. 하지만 사업 확장과 목적 있는 삶을 위한 관계맺기 형성을 위해서는 참석자들 간의 대화와 친분 관계 형성을 중요시하는 준비된 기획 모임이 되어야 한다. 초청할 인사들에게 파티를 안내하는 문자 메시지를 미리 보내 자신들이 만나고 싶어 하는 사람들이 오는 자리에 혹시 초대받지 못해 섭섭해하는 사람은 없는지 체크해 보아야 한다.

한편 이러한 모임이 재미는 있지만 모임의 의미가 약하다고 생각되면 모임 자체가 건조해지기 쉽다. 그럴 때는 참석자 중 몇 명이 미니 특강을 하게 한다든지, 좋아하는 시 낭송이나 악기 연주, 또는 재미있는 퀴즈 등 어떤 방법을 동원해서라도 참석자들이 통일된 주제로 함께 참여하는 행사가 되도록 진행해야 한다. 그 결과 참석자들이 모임에서 보낸 시간이 의미가 있고 좋은 만남이었다는 생각이 들어야 기획된 이벤트로서 모임의 효과가 나타날 것이다. 그리하여 그 후의 모임부터는 서로 문자와 이메일을 서로 주고받으며 인맥네트워크 확장에 열중하게 된다. 이러한 이벤트로 세미나도 개최하고, 조찬 모임을 만들어 실행해 나간다면 한층 더 확장된 관계맺기가 구축되는 것이다. 모임은 설사 규모가 작더라도 오래 지속하는 것이 중요하다.

story041

벤저민 프랭클린이 청년 시절 만든 '사교 모임'

미국에서 존경받는 애국자이며 정치가 · 발명가로 유명한 벤저민 프랭클린이 청년 시절 사교 모임을 만들었던 일화를 소개한다.

1723년 당시, 벤저민 프랭클린은 무명의 가난한 청년에 불과했다. 그는 형 밑에서 인쇄 일을 배우다가 뉴욕으로 가서 구직에 실패한 뒤 다시 고향으로 돌아온 평범한 새내기 사업 지망생에 불과했다. 그러나 인맥 하나 없는 상태에서도 사업에 대한 열정만큼은 대단해서 사람들과의 관계를 넓혀 나가는 일에 깊은 관심을 갖고 있었다.

그러던 어느 날 그는 괜찮은 인쇄소에 일자리를 잡아 일하던 중에 펜실베이니아 주 지사 윌리엄 카이스를 만나게 되었다. 그의 도움으로 영국에 가서 인쇄소를 차리는 데 필요한 장비를 사 오라는 부탁을 받고 2년간 영국에 가게 되었다. 그러나 그 후 지원이 약속대로 되지 않아 힘든 고생만 잔뜩 하고 다시 미국으로 돌아오게 되었다. 그때 귀국하던 배에서 우연히 만난 어느 승객과 인연을 맺게 되었다. 그것을 계기로 그는 그 승객이 운영하는 가게에서 일을 하기도 했다.

얼마 후 프랭클린은 원래 일하던 인쇄소에 다시 자리를 잡게 되었지만, 그의 사람을 사귀는 탁월한 관계맺기의 기술로 인해 빠른 성장을 하게 되었다.

그러던 중에 그는 필라델피아의 비즈니스 엘리트로 구성된 '클럽'에 들어가길 원했으나 아직 그 정도의 인정을 받거나 존경받는

사람은 아니었기에 뜻을 이루지 못했다. 프랭클린은 이에 대한 자기 성취의 갈증을 해소하기 위해 직접 클럽을 만들기로 했다. 필라델피아에서 뜻있는 젊은 친구 12명을 모아 금요일 밤마다 만나는 '준토'라는 사교 모임을 만든 것이다.

벤자민 프랭클린은 이 모임을 아주 좋아했다. 그의 자서전에서도 누구든 최소한 1개 이상의 사교 모임에 소속되어야 한다고 이야기했을 정도였다. 생각이 비슷하고 성취욕이 강한 사람들이 모인 집단은 불가능할 것 같은 일도 성공 가능하게 하는 지렛대가 되어준다고 얘기했다.

그 후 10여 년이 지나 자기 회사를 차릴 정도로 돈을 모은 벤자민 프랭클린은 망해가는 《펜실베이니아 가제트》라는 신문에 투자해 이 신문을 발행 부수 최고의 탄탄한 회사로 변모시키는 수완을 보였다. 이 신문의 성공에 힘입어 프랭클린은 미디어 업계 거물 인사로 부각되면서 필라델피아 도서관회사·필라델피아 주립대학·최초의 소방서·화재보험사 등을 세웠다. 이러한 사업을 통하여 그의 관계맺기는 점점 넓어졌고, 사회를 위해 좋은 일을 하는 사람으로서 평판이 높아졌다.

그는 일생 동안 관계맺기의 중요성을 깊이 깨닫고 실천하여 성공한 인물이다. 비록 힘없는 소시민들로 구성된 모임인 '준토클럽'에서 시작했지만 영향력이 큰 관계맺기를 형성해서 미 독립선언문과 미국 헌법의 기초를 닦은 역사적 인물로 평가받게 되었다.

10 / 모임·단체 활동

● 잘 노는 것도 실력이다

최근 삼성경제연구소에서 최고경영자들을 상대로 설문 조사를
한 결과 발표한 내용은 81%가 '인재를 채용할 때 잘 노는 사람을
선호한다.'라는 것이다. 그렇다면 잘 노는 사람이 취직도 잘한다
는 얘기가 되지 않을까? 실제 업무에서도 '잘 노는 것이 도움이 된
다.'라는 응답이 95%로 나타났다. 또 놀이의 장점으로는 '다양하
고 색다른 경험으로 창의성이 자라기 때문'이 47%이고 놀이하듯
즐길 때 아이디어가 샘솟는다.'가 10%이며, 놀이를 통해 발상의
전환이 이뤄진다.'가 6%였다.

이처럼 경영자들은 책상에서 일만 열심히 하는 모범생 스타일보
다는 남들이 해보지 못한 다양한 경험을 바탕으로 아이디어를 내
는 인재를 중시하는 경향이다. 그래서 결국 직장에서 성공하려면
잘 노는 사람이 되어야 하는 것이다. 잘 논다는 것은 곧 경험이 많
다는 것을 뜻한다. 이는 무엇보다 중요한 자산이다. 경험을 통해
새로운 아이디어를 얻고 다른 사람의 마음을 읽는 통찰력을 가질

수 있어 많은 사람을 사귈 수 있는 것이다. 이처럼 성공한 사람들이 선호하는 타입을 알고 그에 적응하는 것이 성공할 수 있는 지름길이다. 없는 시간을 쪼개서라도 다양한 사람을 만나 이것저것 가리지 않고 놀이를 즐기면서 새로운 부류의 사람들도 많이 만나고, 술을 마시지 못하더라도 술자리에 잘 어울리는 센스를 길러야 한다. 대부분의 사람들은 재미있는 누군가를 만나고 싶어 한다.

단체나 모임에 참가하는 사람들은 이미 새로운 만남을 받아들일 자세가 되어 있다. 그러므로 주저하지 말고 마음 편하게 단체나 모임에 가입하기를 권한다. 단체나 모임의 회원이 되는 것은 빠른 시간에 많은 사람을 만날 수 있는 가장 효율적인 방법이다.

우리 사회에는 수많은 단체와 모임이 있다. 우선 인터넷으로 찾아보면 수없이 많은 카페의 자료를 확보할 수 있다. 하지만 마음 편하게 참여할 수 있는 단체 모임으로는 직장과 관련한 모임이나 업무와 연결된 비즈니스 모임, 또는 살고 있는 지역 모임에 먼저 가입하는 것이 좋다. 혼자 참가하기보다는 친구나 지인과 함께하든지 평소 잘 아는 기존 회원의 소개를 받아 함께하는 것이 좋다. 참여해 볼 만한 몇 가지 모임과 단체 활동을 소개하겠다.

- 지역 봉사 프로그램
- 직장 내 특별 봉사 모임
- 친목 스포츠, 무술, 취미 클럽

- 경제 단체, 시민 단체 활동
- 비영리 단체의 운영위원회, 이사회
- 교회 등 신앙기반의 종교모임

이와 같은 활동들이 있다. 이미 페이스북이나 카카오톡과 같은 여러 소셜미디어 서비스를 사용하고 있다면 알 것이다. 대부분의 SNS에서는 그룹 기능을 제공하고 있다.

story042
여러 개의 소모임 이용, 보험 여왕에 오른 보험 설계사 K씨
최연소 보험 여왕으로 오른 K설계사는 전년도에도 D생명의 2만여 설계사 중 가장 좋은 실적을 거둔 맹렬 여성이다.

K씨의 고객은 약 700여 명으로 중소기업 CEO·의사·약사·학원장 등 큰손 고객들이 더 많다. 이처럼 K씨가 젊은 나이에 2년 연속 보험 여왕에 오를 수 있었던 것은 남다른 고객 관리를 해온 덕분이다. 물론 그 고객 관리란 것은 관계맺기를 바탕으로 한 성취였다.

그녀는 골프 동호회를 3개나 만들어 동호회 멤버들과 일주일에 세 번 이상 골프를 한다. 그러다 보면 보험 이야기를 하지 않아도 골프 동호회 멤버들이 자연스럽게 자신의 고객이 되고, 또한 이들로부터 새로운 고객도 자주 소개받는다. 골프를 매개로 관계를 맺어오면서 장기적으로 신뢰가 쌓인다. 그 신뢰를 바탕으로 높은 고객을 확보한 것이라고 볼 수 있다.

최상의 영업 성과를 올리는 방법은 골프장 부킹을 잘 선정하여 동호회 멤버들과 골프 하면서 '굿샷'을 열심히 외쳐주는 일이다. 최근에는 고객 20여 명을 초청해 자신의 이름을 딴 'ㅇㅇㅇ골프 대회'를 열었다. 1년에 두 번씩 VIP 고객들을 초청해 각종 세무 정보와 재테크 전략을 제공하는 세미나도 열었다. 또한 고객들이 다른 분야 전문가들을 만나 관계맺기를 주선하고, 또 정보를 교환할 수 있도록 직업이 다른 5명을 한 팀으로 묶어 소모임을 만들기도 했다. 예를 들어 의사들 같으면, 이비인후과·내과·안과·치과·피부과 의사 등등 전문 분야별로 팀을 묶어주는 식이다. 이처럼 소모임 구성을 유도함으로써 단골 고객을 확보했다. 그렇게 했더니 단골 고객 충성도가 높아 계약 유지율이 99%에 달한다.

앞으로 K씨는 경제적으로 어려운 청소년을 지원하는 후원 펀드를 만들고, 현재 30개인 고객 소모임을 100개로 늘려서 사랑나눔 재단도 만들 계획이라는 꿈을 가지고 있다. 그래서 그녀는 언제나 고객들의 애로점을 파악하고 앞장서서 흑기사가 되어 문제 해결에 도움을 주는 인맥을 연결하는, 부드러우면서도 강한 여성으로 일하고 있다. 관계맺기의 힘을 최대한으로 활용한 케이스라고 생각된다.

● 파워커넥터(Power connector)를 만나라

좋아하는 사람들끼리 만남을 갖는 단체나 모임은 많다. 그 모임에 가입할지 말지는 그 단체·모임을 주재하는 리더들이 누구인가, 멤버 구성원들의 인간성은 어떤가를 파악한 후에 결정하는 게 좋다. 어떤 유명 인사들이 참여하는지 확인한 다음 참여하는 것이 좋다는 말이다. 이왕이면 이름 있는 기업의 CEO나 전문가, 알고 지내면 좋은 유명 인사 등을 사귀는 것이 좋다. 사실 대부분의 사람들은 행동반경이 그렇게 넓지 않으므로 매번 만나는 사람도 자신과 비슷한 수준의 사람들뿐일 수밖에 없기 때문이다. 우리가 필요한 것은 새롭고 다양한 관계를 맺을 잠재력을 가장 크게 제공하는 단체와 모임에 시간과 에너지를 투자하는 것이다. 즉 공동의 목표를 가진 활동을 찾아 참여하는 것이 더 효율적이다. 열정을 불러일으키고, 상호의존을 필요로 하는 일을 찾아서 해야 한다. 이런 공유 활동들은 갈수록 다양한 그룹의 사람들을 끌어들이며, 참가자들 사이에 더욱 강한 유대관계를 맺어준다.

단체나 모임에서 만나는 상대방과는 처음에는 어색할 수도 있다. 하지만 적극적으로 인사를 건네고 명함을 받아보자. '처음부터 아는 사람은 없다.'는 신념으로 부딪혀 보는 것이다. 그리고 자신은 상대방이 궁금해할 정보들을 미리 조사해 두고 흥미를 가질 만한 정보를 알려 주거나 항상 정보통으로서 인정을 받아 사람들이 찾을 필요가 있는 사람이 될 수 있도록 준비를 해보자.

이렇게 만나는 유명 인사와 인연을 갖게 되면 그 사람이 가진 인적 자원이 고스란히 자신의 인적네트워크에 연결되어 등록되는 것이다. 그렇게 되면 보다 많은 성공한 사람과 만날 수 있는 기회를 가질 수 있다. 크게 성공을 거둔 사람들과 어울릴수록 자신의 꿈도 그만큼 커질 수 있다. 성공한 사람들과 좋은 연결 관계를 맺으면 직장이나 사회에서도 좀 더 호의적으로 자신을 대해주고 그 존재감이 커지는 등 자신의 품격을 높일 수 있다.

story043
중소기업 사장들의 '인맥 쌓기' 모임

지난해 7월 경남 양산시 통도 칸츄리클럽에서 부산과 울산, 경남 지역 중견 기업인 200여 명이 모였다. 이 모임에서 초대회장을 맡은 C회장은 모임의 취지를 한마디로 이렇게 설명했다. '공부'와 '인맥'이라는 두 마리 토끼를 잡기 위해 나선 부산·울산·경남 기업인들의 모임이라고 말이다.

지역 기업 CEO들이 서로 교류하고 정보를 나눔으로써 최근 급변하는 국내·외 경기 변동에 필요한 정보 교류와 그 성장 방안도 함께 찾기 위해서 이런 모임을 개최했을 것이다.

이들 모임은 앞으로 두 달에 한 번씩 석학과 정치인, 경제전문가 등을 초빙하여 조찬 세미나를 갖는 등 공부도 하고 인맥도 쌓을 계획이며 부산·울산·경남의 인접 시·도 간의 장벽을 넘어 상생 차원에서 서로 돕는 방안도 모색할 것이라고 했다.

한편 중소기업의 2세 경영인들도 한자리에 모여 원활한 가업 승계와 경영 노하우 등을 교류하는 모임인 '뉴리더스 클럽'을 결성했다고 한다. 이 클럽의 취지는 중소기업중앙회에서 경영 후계자의 성공적인 가업 승계를 돕는 한편 2세 경영인들의 자기 혁신과 도전정신을 길러서 우리나라를 대표할 수 있는 중추 기업으로 성장하도록 지원하는 데 있다고 했다. 또한 클럽 회원들은 2세 경영인들끼리 기업 경영과 관련해 업계·학계 관계자로부터 경영 노하우를 익히고 협력하는 관계맺기를 만들어 활발한 교류 활동을 하고자 한다.

사실 성공한 중소기업 CEO들을 만나 고민을 들어보면 창업 경영자들의 고령화로 인해 가업을 어떻게 승계할 수 있을까 하는 것이 중소기업의 현안 사항이었다. 그런데 마침 이 클럽을 중소기업중앙회에서 적절하게 지원하는 모임으로 만들게 된 것은 매우 긍정적인 일이다.

이번 모임이 잘 운영되면 노·사 간의 벽을 허물고 필요한 기업 지원 정보를 교류하여 국제적 시장 개척에 공동 대응할 수 있는 계기가 될 것이다.

story044

J화장품 U사장: 고교 동문 인맥으로 성공하다

바이오 기술을 응용한 기능성 화장품을 개발 생산하는 'J화장품'의 U사장은 30대의 노력파이다.

그는 한양대 분자시스템공학과를 나온 후 1997년까지 대기업의 장학금을 받으며 KIST에서 석사 과정을 마친 이공계 연구원 출신이다. 회사 창립 첫해인 2002년에는 가진 돈이라고는 달랑 300만 원이 전부였는데도 정부의 시장 개척단을 따라 미국에 다녀온 일이 있었다.

그 뒤 U사장은 곧 미국의 대형 유통업체와 계약을 체결하는 끈기 있는 기업가 정신을 발휘했다. J화장품의 첫해 매출은 1억 2,900만 원으로 보잘것없었지만 지난해 매출은 140억 원에 육박해, 6년 만에 100배 이상 성장함으로써 업계의 주목을 받게 된 벤처 회사이다. 많은 기업들이 경기가 나빠졌다고 하지만 J화장품은 차별화한 상품으로 위기를 잘 넘어가고 있다.

U사장은 "모든 것이 하나님이 하신 일"이라고 말하는 크리스천 CEO이다. 창립 초창기 때는 1인 회사로, 자신이 개발한 기능성 마스크 제품을 들고 백방으로 뛰어다녀야 했다. 그때 그 모습을 딱하게 여긴 중소기업청 모 과장이 그의 손을 잡았다.

당시 그 과장은 그에게 같은 학교 출신인 중소기업청 벤처팀장을 소개해 줬다. 벤처팀장은 다시 그를 지원해 줄 만한 동문 사업가들을 물색해 주었다. U사장이 직접 신제품을 들고 명절 설 선물로 써달라며 맨발 홍보를 하고 다니던 때였다.

그때 한 코스닥 등록업체인 동문 선배가 그의 제품을 눈여겨보고는 4억 원의 투자를 약속했다. 투자를 받자마자 바로 U사장은 미국 보스턴에 사무실을 임대해 투자 설명회를 열었다. 그렇게 해서 2006년에 미국 대형 유통 업체와 1,000만 달러 납품 계약을 성사시켰다.

당시만 해도 국내에는 마스크 제품이 잘 알려지지 않았다. 주문자 상표 부착(OEM) 생산 방식으로 수출된 J화장품은 미국에서는 물론이고 국내에까지 입소문을 타고 유명해져서 역으로 국내로 수입되기 시작했고, 배우 조인성 씨가 출연한 마스크 광고가 붐을 일으키면서 매출이 급상승했다.

U사장은 지금도 초창기 때 만약 생면부지의 고등학교 동문들이 도와주지 않았더라면 시작도 하지 못했을 사업이라고 말한다. 그가 평소 감사해하는 것은 "단지 ○○고 출신이란 것 말고는 연고가 없는 분들이 도와주셨으니 신기한 일이죠."라고 말했다. 그는 모든 것이 하나님이 하신 일이라며 감사해했다.

그와 함께 완벽한 제품력이 든든한 보증 수표가 되었다. 상처 치유용으로 만든 패치가 눈가의 주름을 막는 아이패치로 개발되어 판매되기 시작했다. 또 고분자 화학 기술을 응용한 겔 마스크는 홈쇼핑에 소개되자마자 폭발적인 인기를 끌었다. 그로 인해 J화장품은 '장영실 상', '차세대 세계 일류상품', '100대 우수 특허 제품' 등 연거푸 많은 상을 탔다. 세계에서 두 번째로 개발해낸 필름 화장품은 J의 간판 상품이었다. 손톱만 한 얇은 필름에 화장수를 조금만 묻히면 필름이 녹아 얼굴 전체에 바를 수 있는 고급 크림이었다.

U사장은 누구를 만나든 열린 마음으로 대화를 이어가는 능력이 탁월했다. 거기에다가 함께 발로 뛰는 노력과 유용한 학연 관계까지 더해져 성공의 길을 걸을 수 있었다.

story045
협회 가입으로 주말마다 화장하는 사람

'할아버지, 주말마다 화장하고 예식장 간다.'는 제목의 어느 신문 기사를 본 적이 있다. 어느 퇴직 공무원 K씨의 '행복한 주말' 이야기인데, 관계맺기를 잘 활용한 사례이기에 소개한다.

K씨는 공무원 생활을 그만둔 뒤에 많은 시간을 그냥 보내기가 아쉬워서 평일에는 취미생활인 조각에 매달려 작품 활동을 하고 주말엔 가족과 시간을 보내고 있었는데, 지난겨울부터 갑자기 바빠졌다.

요즘 주말에는 다른 약속을 하지 못하고 무조건 비워둔다. 서울시 내의 결혼 예식장에서 주례를 서기 때문이다. 결혼식 주례를 전문으로 하는 사람들의 모임인 '주례단협회'에 가입하여 회원이 되고 나서부터 활동을 시작하게 되었다.

K씨는 한 달에 7~8번가량 주례를 한다. 그래서 주말이면 일찍 일어나 동네 사우나에 다녀와서 화장대에 앉아 눈썹 정리부터 시작해서 화장을 한다. 사진을 촬영하게 되니까 얼굴색이 깨끗하게 나오기 위해 BB크림도 바르고 자외선 차단제인 선블록도 발라야 한다. 결혼식이 열리기 한 시간 전에는 식장에 도착, 인사를 하고 준비를 해서 혼주들을 안심하게 한다.

한 번 주례를 서고 받는 사례비 중에서 K씨의 몫은 4~5만 원 정도이다.

10만 원가량을 받지만 주례단협회 운영비와 협회 후원금 등으로 일부를 쓰기 때문이다. 그는 "수입은 크게 신경 쓰지 않고 봉사하는 마음으로 주례에 나서고 있다."고 하면서, 그동안 사회에 봉사하고 싶은 마음이 있어 기회를 기다렸는데 이런 의미 있는 일을 하니 아주 기쁘다고 말한다. 혼자 있는 시간에도 항상 걸음걸이와 주례 연습을 해보고 집을 나선다.

이처럼 K씨는 우연히 가입하게 된 주례단협회 덕분에 하고 싶은 일을 하면서 봉사도 하고 경제적 수입인 용돈도 마련하니 기분이 좋을 수밖에 없을 것이다. 협회는 관계맺기가 잘 확보되어 있어서 결혼 주례 요청이 끊이지 않으며 그때마다 미리 회원들에게 사전 연락을 하고 있다. 그래서 K씨 같은 주례를 맡은 회원도 항상 아무 걱정 없이 일을 할 수 있으므로 행복한 노후 생활에 큰 도움이 되고 있는 것이다.

story046
지식과 인맥으로 장사하는 다보스 포럼

5만 달러라는 높은 참가비를 내고서도 승인이 떨어져야만 참가할 수 있다는 '다보스포럼'이 세계적 성황을 이루고 있다는 뉴스이다.

대공황 이후 최악의 경제 위기라고 하면서도 제39회 다보스포럼에는 세계 90여 개 국가에서 2,500여 명이 참석했다. 예년에 비해 국가 정상급 참가자 수는 오히려 늘었다. 때문에 다보스포럼은 시장경제와 자유무역의 원리를 존중하는 사람들의 비즈니스의 장으로 확고하게 자리 잡았다는 평가가 나왔다.

1981년부터 열리기 시작한 이 다보스포럼은 회장인 클라우스 슈바프가 세계 경제 포럼(WEF)의 회장이다. 그는 1971년 스위스의 알프스 산자락에 있는 스키 리조트인 다보스에 정계·재계·학계의 세계적 명망가들을 불러 모아 토론과 사교를 위한 네트워크의 장을 열었다. 이름만 대면 알만한 거물급 정치인과 기업가·석학들을 초대했고, 자유시장 경제의 전도사를 자처하는 영국의 《파이낸셜 타임스》와 미국의 《인터내셔널 해럴드 토리뷴》을 끌어들였다. 마침내 그는 몇 년 만에 해마다 1월 말이면 세계 유수의 기업 최고경영자들이 거액의 입장료를 내고 앞을 다투어 알프스의 오지 다보스까지 찾아오는 트렌드를 정착시킨 것이다.

이로써 다보스포럼은 비싼 참가비 5만 달러를 내고도 선택된 엘리트들이 모여 세계적 석학이나 정치인들과 담론(談論)을 나누고, 참가자들끼리 서로 명함을 주고받으며 사업 방향을 모색하는 지상 최고의 사교클럽으로 탄생하였다. 사실 다보스포럼은 홍보도 필요 없다. 워낙 뉴스메이커들이 많다 보니 때만 되면 각국 언론이 알아서 대서특필해 주고 있는 셈이다.

미국의 미래학자 엘빈 토플러가 자신의 저서 《권력의 이동》에서 부력과 금력에 대해 지식의 승리를 예견한 것이 1990년이었는데, 이와 같은 세계적 포럼을 만드는 데 성공한 클라우스 슈바프는 그때보다 훨씬 앞선 1971년부터 지식의 최종적 승리를 내다보고 이를 비즈니스 모델로 구체화했다. 그러니 지식과 인맥을 장사하는 귀재라고 불릴 만하다. 결국 그는 세상이 권력과 돈의 힘만으로 굴러가는 시대는 끝나가고 있음을 간파하고, 미래의 힘은 권력과 부와 지식의 3각 체제에 있다고 확신했던 것이다.

우리나라에서도 해마다 참가비 5만 달러(우리 돈 6,000만 원)를 내면서 몇몇 대기업 총수들과 정부 수뇌급 인사가 참가하고 있다. 올해는 특히 국무총리와 전국경제인연합회에서 거금을 들여 회원들을 상대로 특별 만찬을 제공하기도 했다. 이는 우리나라의 국가 브랜드와 국가 이미지를 격상시키는 한편 어려운 경제난을 돌파하고자 미국이 주도하는 보호무역주의 정책을 사전에 차단하자는 국제적 분위기를 조성하는 정책 공조를 도모하기 위해서였다.

개인도 이와 같은 아이디어를 적용하여 이름 있는 모임을 만들면 어떨까? 참가한 회원들의 긍지와 VIP로서의 명예를 보장하고, 회원 간의 관계맺기와 사업 교류를 통해 정보 교환을 하는 관계맺기의 장(場)은 그 필요성이 나날이 증대되고 있다.

11 교육·포럼

● 학습으로 인맥을 늘려라

성공한 CEO가 되고 싶다면 가장 먼저 실천할 일은 학습 (Learning)이다. 학교 졸업 후 시작한 직장생활에서는 학교에서 배웠던 지식만으로는 충분한 지식이 되지 못한다. 4차 산업 시대다. 급변하는 시대에 적응하기 위해서는 끊임없이 학습해야 한다. 요즘 기업의 CEO들은 학습에 푹 빠져 바쁜 업무 가운데도 수많은 조찬 모임과 최고경영자 과정·독서 클럽 등등에 많은 관심을 갖고 참석하고 있다. 사실 비즈니스 스쿨에 참가하는 이유는 비즈니스와 관련한 공부를 하기 위함이지만 더 큰 이유는 각 분야의 우수한 비즈니스맨들과 관계맺기를 형성하는 데 있다. 이렇게 형성된 관계맺기는 대단히 귀중한 인맥 자산이다.

이 네트워크에서 중요한 점은 직접 비즈니스 관계로 만나는 것이 아니라는 점이다. 배움의 학습 현장에서 만난 동기들인 만큼 구성원들끼리 더욱 강하게 결속할 수 있다. 비즈니스 스쿨에서는 각자의 회사 내 직위 같은 것은 아무 의미가 없다. 공동 학습이 끝나면 수업 후 친목을 위한 뒤풀이 행사가 있는데, 이 과정에서 강한 연대감이 형성된다. 그런 점에서 업무와 관련해 만난 인맥과는 달리 스스로가 가진 인간미를 나누는 공부 친구로서 서로 마음 든든한 존재가 되고 있다. 학습을 통해 형성된 관계맺기는 놀랄 정도로 빠른 시간 안에 확대된다. 특히 지금까지 만난 적이 없었던 분야의 사람들과 만나는 것이기 때문에 비록 만남의 시간은 짧지만 빠른 속도로 수가 늘어나 관계맺기의 전체 규모를 크게 넓힐 수 있다.

● CEO 과정은 두 마리 토끼를 잡는 곳

대학이나 단체에서 운영하는 CEO 과정은 주로 기업 CEO와 임원, 고위공무원 등을 대상으로 하는 6~12개월 단기 비학위 과정이다. 거의 모든 대학과 여러 경제 관련 기관이 최고경영자 과정을 열고 있는데, 현재 전국적으로 500여 개 과정이 있다.

지난해 5월 삼성경제연구소 초청으로 방한한 '구글'의 에릭 슈미트 회장의 강연이 있었다. 국내 주요기업 총수와 최고경영자들 800여 명이 이른 시간에 강연장을 가득 메운 것을 본 슈미트 회장은 깜짝 놀랐다. 이때 슈미트 회장은 경영자가 이렇게 열정적으로 공부하는 것이 한국 경제의 원동력이라고 감탄했다. 오래 전부터 우리 기업인들에게 독특한 문화가 된 이런 형식의 '조찬 모임'은 공부와 관계맺기 구축이라는 두 마리 토끼를 잡는 공간으로 자리잡았다.

직장인을 대상으로 하는 온라인 교육기업인 '휴넷'은 각 경제연구소와 경영대학원·기업·단체 등에서 주최하는 조찬모임이 연간 3,000건이 넘는 것으로 추정하고 있다. 이 가운데서 가장 인기가 있는 것은 삼성경제연구소의 'CEO월례 조찬세미나'로서 매회 평균 500명가량이 참석할 정도인데, 국내 유명 업체의 잘나가는 기업인들은 모두 이곳에 가면 만날 수 있을 정도이다. 그리고 최고경영자 과정 수강 인원은 보통 30~50명 정도, 전국 200여 개의 과정 약 1만 명의 CEO급 인재들이 공부에 열중하고 있는 셈이다. 어떤 CEO는 2~3개 과정을 동시 수강하는 경우도 적지 않아서 관계맺기의 형성에 적극적인 기업인들이 많다는 것을 알 수 있다.

이와 같이 최고경영자 과정이 인기가 높은 이유는 새로운 경영지식을 업데이트하려는 학구열 때문이기도 하지만 인맥과 학벌을 중시하는 우리의 특수한 문화 풍토도 작용하고 있다. 이곳에서 CEO들은 각 분야 리더들과 함께 공부하면서 유용한 관계맺기를 구축할 수 있다. 또 많은 대학들이 최고경영자 과정 수료자에게도 동문 자격을 부여하고 있어 학벌이 부족한 CEO들에게는 학벌의 약점을 만회할 기회가 되기도 한다.

● MBA 과정으로 경력과 황금 인맥을 잡아라

20·30대 직장인들이 회사를 떠나고 있다. 이들은 현재의 자리에 안주하기보다 자신의 가치를 더 높이고 미래 계획에 도전하는 MBA에 몰리고 있는 것이다.

올해 국내 MBA 과정 입학생들의 직장 경력은 90.53%이며 직장에 다녀본 적이 없는 이는 9.47%에 불과했다. 이것은 직장인들이 이미 취업을 했어도 더 나은 인맥 관리를 위해 MBA를 선택한다는 것을 말해준다. 기업도 이런 점 때문에 직원들을 MBA로 파견 공부를 시키는 일이 많아졌다.

직장 파견자 수가 가장 많은 MBA 과정은 성균관대 SKK GSB(주간 72명), EMBA(야간 78명)으로 각각 33명이었고, 고려대 Global MBA (주간 67명)와 금융-MBA(주간 36명)에 입학한 직장 파견자는 각각 29명과 10명이었다. 그리고 MBA를 졸업한 후 얻은 효과로는 경력 전환을 꼽은 사람이 41.7%이고, 인맥 형성이 33.3%이었다. 미국의 와튼 스쿨 멤버 등과 같은 해외 유수 MBA와 같이 '인맥 형성의 장(場)'으로 관계맺기 자리 잡을 가능성이 입증된 셈이다. 서울대 글로벌 MBA과정을 나온 K씨는 지난해 8월 졸업한 후 외국계 증권사에 입사하고 1년이 지났는데, 그의 연봉은 1억 8,000만 원으로 글로벌 MBA 입학 전보다 5배 올랐다고 했다. 실제 《동아일보》가 최근 한국형 MBA의 대표격인 서울대 글로벌 MBA 1기 졸업생 24명(전체 38명)을 대상으로 설문조사한 결과를 보면 졸업 당시 전원 취업에 연봉 상승률이 60.5%에 이르러 관심을 모았던 것이다.

● 인맥네트워크에 도움 되는 평생교육원
직장은 누구나 언젠가는 떠나야 하는 곳이다. 따라서 조기 퇴직과 제2의 창업, 그리고 전직(轉職)이 당연시되고 있다. 그런데 오늘날 평균 수명은 100세로 늘어나서 활동 연령이 대폭 길어지고 있다. 따라서 나이 제한 없이 자기 계발에 대한 관심이 높아지고 있다. 이에 따라 각 대학과 지방자치 단체·여성능력 개발센터·여성비전센터·문화센터 등에 개설된 강좌에 수강생이 몰리고 있다. 최근에는 특히 경제적 불황으로 경쟁력 확보를 위해 자격증 취득 목표에 관심을 많이 보이기 때문이다. 자기 계발을 위한 평생교육 강좌에서 새로운 인맥이 늘어나는 일은 새 직업, 새 직장을 염두에 둔 사람들에게도 큰 도움이 되고 있다.

● 포럼에서의 활동

직장생활에서 새로운 사람을 만나 빠르게 변화하는 시대적 트렌드를 공유하고 신지식 정보를 듣지 않으면 곧 도태되는 시대이다. 바쁜 일상 중에 어떻게 시간을 만들고 공부할 여유를 갖겠는가를 탓하지 말자. 주로 이른 아침에 있는 조찬 포럼에 참석해서 새로운 사람도 만나고 관계맺기를 구축할 수 있는 노력을 해야 한다. 현재 우리 사회 곳곳에는 수많은 포럼이 운영되고 있지만 대부분 조찬 포럼으로 열린다. 드물게 저녁 시간에 개최하는 모임도 있다.

story047

대학 CEO 과정은 인맥네트워크의 사관학교

모 그룹 K부회장은 공부하는 것이 너무 좋아 지금까지 100여 곳의 최고경영자 과정을 이수했다.

K부회장이 처음 CEO 과정에 참여한 것은 10년 전 경기대 행정대학원 최고위 과정 2기이다. 현재는 100번째 과정으로, 여성 경제인연합회 문화예술 CEO 과정을 수강하고 있다.

이렇게 해서 K부회장이 20년간 맺은 관계맺기는 무려 5,000여 명이다. 어떤 때는 한 해 동안 12개 과정을 듣기도 했다. 교육 기간이 대체로 단기 6개월 과정이지만 어떤 대학은 1년 과정도 있어 수강 중에 또 다른 대학 과정을 동시에 등록하기도 했다. 그래서 수업은 취향에 맞추어 매주 1회 또는 격주로 출석했다.

배우는 것이 좋아 시작했는데 벌써 최고경영자 과정을 100개나 이수했으니 이 때문에 CEO 과정과 관련한 크고 작은 행사가 매일 1-2개 정도가 예정돼 있다고 한다. K부회장 자신에게 가장 도움이 됐던 과정은 세계경영연구원의 IGMP 과정이었다. 그는 이 과정을 가리켜 "글로벌스탠더드 경영에 전통문화 예술을 접목해 내용이 알차고 배울 게 많았다."고 말했다.

그리고 최고경영자과정협의회 CIMA 과정이 가장 기억에 남아 유익했었다고 말했다.

K부회장은 열심히 국내외 최고경영자 과정을 다니며 배운 지식을 한데 모아 《부자와 성공의 지혜》라는 책을 펴내기도 했다. 이 책은 그동안 명강사들의 강의 내용을 수강하여 습득한 알짜 지식을 정리하여 모아놓은 하나의 '모음집'이다. K부회장은 "현재 한국에는 각 대학과

기관 단체에 개설되어 있는 최고경영자 과정이 각기 명칭은 달리 부르기도 하지만 약 530개 정도가 되는 것 같다면서 "CEO 과정이 성공하려면 좋은 네트워크를 만들어줄 수 있어야 하는데, 교육 내용과 교육과정 운영자의 열정이 뜨거울수록 교육 효과와 함께 좋은 인간관계맺기로 오래 남게 된다."고 했다.

이와 같이 경제적 여유와 시간이 가능하다면 리더가 되기 위해 갖춰야 할 교양과 지혜를 효율적으로 습득할 수 있는 대학 최고위 과정을 이수하기를 권한다. 변화의 속도가 빠른 21세기는 이미 평생학습의 시대에 들어선 것이다.

story048

탤런트 이순재 씨에게 무료광고 모델을 부탁한 뚝심

김영식 천호식품 회장은 IMF 시절 파산의 나락에서 10년 만에 다시 오뚝이처럼 일어나 연 매출 500억 원의 종합식품회사로 재기하여 성공한 기업인이다.

김 회장은 경남 고성에서 태어나 청년 시절부터 사업에 뛰어난 소질이 있어 초년에 일찍 부자가 되었다. 그러다가 IMF 시절 파산한다. 그 이후 기업가로서 다시 일어서는 과정에서 보여준 번뜩이는 창의력과 열정이 많은 사람들의 귀감이 되고 있다. 그의 재기 스토리에는 탤런트 이순재 씨를 만나 도움을 받는 이야기도 들어 있다. 김 회장은 다른 대학 최고경영자 과정에도 여러 곳을 많이 다녔지

만, 그중에서 연세대 언론홍보대학원 최고경영자 과정에서 이순재 씨와 만난 인연이 큰 도움이 되었다고 했다. 이순재 씨를 만날 때마다 '강화 쑥'으로 만든 건강식품에 관한 이야기를 하도 많이 꺼내며 열변을 토하니까 그를 믿고 이순재 씨가 고객이 되어주었다. 그러나 그보다 더 재미있는 이야기가 있다. 어느 날 김 회장이 이순재 씨를 찾아가 광고모델이 되어달라고 간청을 했는데, 모델료는 나중에 벌어서 주겠다고 했다는 것이었다. 말하자면 외상으로 광고 모델을 제의한 셈이니 김 회장이 얼마나 큰 뚝심의 인물인지 알 수 있는 에피소드이다. 그 당시 이순재 씨는 인기 드라마《허준》에 출연하고 있어 쉽게 만날 수도 없는 바쁘신 분이었지만 마침 최고경영자 과정을 함께 공부하고 있다는 동기로서의 친근함이 든든한 우정으로 뭉칠 수 있었던 것이다.

대부분 배움의 장소에서는 직장 내의 직책이나 나이는 서로가 어울리는 데 크게 부담이 되지 않는다. 물론 이순재 씨도 호탕한 성품이어서 두말하지 않고 기꺼이 광고모델에 응해주었다. 그 도움으로 김 회장의 사업은 쑥쑥 자라 지금은 사회에 공헌하는 기업으로까지 성장한 것이다.

김 회장은 "인맥 관계를 무시하지 말라."고 늘 입버릇처럼 말하곤 한다. 그는 관계맺기로 성공한 기업인이다. 그가 빠른 시간에 재기할 수 있었던 것은 돈으로도 살 수 없는 '사람'을 많이 얻었기에 가능했던 것이다. 김 회장의 사례를 통해서, 다양한 분야의 사람들과 인맥을 쌓을 수 있는 최고경영자 과정에서 유익한 지식 정보를 얻는 한편 사업상의 인맥을 확보하는 두 마리 토끼를 잡는 기회를 얻을 수 있다.

story049
'슈퍼클래스'가 되는 길은 관계맺기에 있다

'슈퍼클래스(Super Class)'란 카네기 국제평화재단 연구원이며 빌 클린턴 행정부에서 상무부 부차관을 지낸 데이비드 로스코프가 100여 명 이상의 국제적 지도자들을 만나 인터뷰하면서 펴낸 책 《슈퍼클래스》에 나오는 단어이다.

저자가 주장하는 슈퍼클래스의 정의는 21세기의 세계를 움직이는 권력을 가진 엘리트들 중에서 최고 상층 즉 '계급을 초월하는 계급'을 가리킨다. 그들을 몸값으로 표현하는 정의는 다음과 같다.

첫째, 업무 시간을 줄이고 효율을 높이기 위해 개인용 제트기 G-550을 타고 뉴욕과 도쿄를 마음대로 오가는 사람, 즉 비행기 한 대당 4,500만 달러(약 550억) 자가용 비행기를 이용할 수 있는 사람들이다.

둘째, 국제적인 영향력을 행사하는 정치·경제·문화적 수단을 가진 사람이다.

셋째, 국경을 넘어 전쟁을 일으킬 수 있는 부력을 보유한 사람이다.

이 정도의 인간이라야 어느 정도 슈퍼클래스라고 할 만한 사람일 것이다. 그래서 슈퍼클래스라고 할 수 있는 사람은 미국과 유럽의 부자가 61%를 차지하고, 다국적 기업과 금융 기관을 소유한 경제계 인사들이 대부분이며 출신 학교는 미국의 하버드대와 예일대 등 명문대 출신이 전체의 3분의 1이라는 것이다.

세계 인구 60억 명 중에서 6,000여 명 정도를 슈퍼클래스로 본다면 이들을 서로 연결하는 그물망, 즉 관계맺기가 관심이 되고 있다. 그들이 펼치고 있는 사업과 관련된 단체·투자그룹·이사회 회원·학연·살고 있는 공간·회의실·식당·호텔 등이 연결망의 '줄'인 셈이다. 실제 그들이 살고 있는 런던·홍콩·파리·두바이·상하이·도쿄 등에는 능력과 돈이 많은 극소수가 모여 사는 특별구가 형성돼 있다. 그들은 자국민보다는 다른 국가의 슈퍼클래스와 가까운 경우가 흔하다.

그들이 전세기와 전용기를 타고 와서 모이는 곳은 매년 1월 스위스 다보스에서 열리는 세계경제포럼(WEF)이다. 이 포럼에서 그들만의 정보를 교환하고, 앞으로 세계의 흐름을 어떤 방향으로 움직일 것인가에 관한 의제를 정한다. '야후'와 '구글' 등의 설립자, 페이스북 설립자 등을 비롯하여 참여자들의 약 3분의 1이 하버드와 예일 등 20개의 명문대학 출신이다. 《슈퍼클래스》의 저자는 '학연'이 어떻게 슈퍼클래스를 만드는 데 연관이 되는지를 제시했다. 한 예를 들면, 일단 창업 아이디어가 좋은 걸 찾으면 동창 관계를 이용해 같은 학교 출신, 즉 동문들 속에서 자금 줄과 접촉할 길을 찾아서 협조가 이루어진다. 그리하여 회사가 성장해 주식을 공개하거나 주식 매각으로 엄청난 부를 챙기면 월가의 엘리트와 연결된다. 이런 과정을 거쳐 바로 이들이 부를 가진 슈퍼클래스로 떠오른 후 다보스포럼 등 주요 국제회의에 참석해 영향력을 행사하게 된다는 것이다.

이들 6,000여 명의 리스트 속에는 미국 트럼프 대통령, 제프 베

조스(아마존 닷컴), 빌 게이츠(MS), 중국의 시진핑 주석, 푸틴, 워런 버핏, 마크 주커버그, 손정의, 사우디 왕가, 로스차일드 가문 등이 포함될 것이다. 이처럼 《슈퍼클래스》의 저자가 세계를 움직이는 슈퍼클래스가 되어가는 과정을 한 예를 들면서 밝힌 것처럼, 슈퍼클래스가 되기 위한 부의 축적 과정은 역시 사업 아이디어를 가진 자와 자금줄의 연결 고리인 학교 동창과 동문들 속에서 이루어진다는 것이다.

story050
공직 선거 희망자들의 필수 코스

공직에 출마하려는 사람들은 누구나 할 것 없이 골목을 누비며 사람을 만나는 것이 제일 먼저 해야 할 일이다. 그러나 공직선거법에는 선거 운동을 할 수 있는 기간이 제한되어 있다.

공직 선거로 선출되는 공무원에 뜻이 있는 사람은 평소 그 지역 내의 대학에서 운영하는 최고경영자 과정을 대부분 이수한다. 더 나아가 자기 계발 교육 프로그램인 카네기 교육과 크리스토퍼 교육·피닉스 교육 등의 프로그램 코스에 참여하는 기회가 있는 지역에서는 이 교육 과정도 이수하는 것이 좋다. 이 모든 교육 과정은 지역의 중·소기업인들과 자영업자·시민단체 관련자 등의 인물들이 참여한다. 이 과정의 특징은 나이·성별·직업·지식수준을 크게 차별하지 않는 다양한 사람들의 모임이 될 수 있어 교육 동기생과 동문회 활동이 매우 활발한 곳이 많다. 이들이 결국 지역 내의 여론 형성을 주도하는 지역 유지들일 수도 있으므로 오다가다 만나 알고 지내던 사람일지라도 최고경영자 과정의 동기가 되면 '우리'라는 연결관계로 울타리 속의 패밀리가 된다. 짧은 기간에 자신이 종사하는 분야의 최신 정보도 얻고 다양한 분야의 사람들과 이어지는 다리 역할도 해주는 이 과정은 인맥 구축의 황금어장이다.

12 / 골프·골맥

● 인생은 골프와 같고, 골프는 인생과 같은 게임이다

푸른 잔디가 넓게 펼쳐진 코스 위에서 인간 대 인간의 깊은 관계를 맺는 이벤트가 바로 골프의 매력이다. 이런 환경에서 자신보다 사회적 지위가 높고 뛰어난 사람, 사업을 쑥쑥 성장시키는 데 도움이 될 사람을 어떻게 만날 수 있는지 고민하는 사람이 되어야 한다. 그래야 훌륭한 관계맺기를 구축할 수 있다.

요즘 사람들은 저녁 술자리보다는 필드에 나가 운동하는 골프를 통해 친목을 다진다. 후자가 사람과의 만남과 소통에 더 적합하다고 여기기 때문이다. 주말에 누군가를 찾으면 대부분 골프장에 가있다. 그래서 '골맹', 즉 골프를 못 하는 사람은 소외되는 시대이다. 나는 어떤 점에서 인생이란 골프와 같은 게임이라고 생각한다. 손정의 소프트뱅크 회장은 "오르고 싶은 산을 결정하라. 이것으로 인생의 반은 결정된다."고 했다. 게임의 룰을 아는 사람, 규칙을 잘 아는 사람이 게임을 잘할 수 있고 성공할 수 있는 것이다.

자신의 성공을 좌우하는 막강한 룰은 자신에게 필요한 사람을 알고 정당한 방법으로 그런 관계의 힘을 활용하는 사람에게서 나오고 그런 사람이 결국 성공한 사람으로 존경을 받게 되지 않을까. 아마 자신의 성공을 도와줄 수 있는 사람은 결국 골프장에서 찾는 것이 좀 더 쉬울 수 있다. 대체로 골프장에서는 골프 잘하는 사람이 인기가 있고 매너가 나쁜 사람은 외면당할 테니까…. 그래서 골프장은 사교의 장인 동시에 인간 평가의 장이기도 하다. 실제로 어느 기업에서는 임원급 이상을 스카우트할 때 골프 면접을 보는 경우도 있다는 것이다.

● 골프는 인맥을 만드는 최고의 수단

골프는 사람의 됨됨이와 성격을 알려주는 일종의 테스트 역할을 할 수 있는 운동이다.

데이비드 리네키가 쓴 책《빌 게이츠는 18홀에서 경영을 배웠다》에서 소개하는 CEO 골퍼들에 대한 보고서에 따르면《포춘》선정 1,000대 기업가들 중에서 71%는 골프 코스에서 만나게 된 사람들과 사업을 같이하게 됐다고 한다. 또한 조사에 따르면 92%의 경영인들이 골프는 사업에 도움이 되는 인맥을 만드는 가장 좋은 방법이라고 답했고 50%가 골프는 고객을 파악하기에 가장 유용한 도구라고 했으며 45%는 고객과 골프를 치면 거래가 더 늘어날 것이라고 믿는다고 했다. K씨는 오랜 실직 상태에서 지냈지만, 대학 때부터 즐기던 골프 덕분에 최근 중견 기업 모 회장과 필드에서 실력을 대결하기를 원하여 함께 운동하고 난 후부터 더 가까워져서 아예 그 회사에 임원으로 취업까지 하게 되었다.

월트 디즈니의 CEO 마이클 아이즈너와 캐피털 시티즈의 톰 머피는 1995년 미국 선밸리 리조트에서 처음 만났다. 그때 톰 머피는 자신의 기업 대주주인 워런 버핏과 동행했다. 그들 세 사람은 자연스럽게 골프클럽으로 이동하여 18홀을 돌면서 많은 이야기를 나누게 되었고, 이 만남은 술과 저녁 만찬으로까지 이어졌다.

결국 이때 나눈 대화가 지금의 거대한 디즈니랜드가 탄생하게 된 시발점이 되었다. 사실 골프장에서 18홀을 함께 돌다 보면 동반자의 성격이나 품성, 그리고 대인관계와 지적 수준까지 그대로 알 수 있다. 이젠 골프가 우리의 삶 속에 들어와 사람의 됨됨이를 평가하는 운동이 되고 말았다. 또한 경영자든 공직자든 인간관계에서 골프장을 찾는 또 다른 이유는 '만남과 소통'에 있다고 하겠다.

● 골프를 함께하면 왜 친해지는가?
중앙공무원교육원 원장을 역임한 윤은기 박사는 평소에 자주 하는 말이 있다. 골프는 스포츠 활동으로서도 매력이 있지만, 또 다른 매력이 있다면 바로 이 '골연'에 있다고. '골연'이란 골프로 맺은 인연의 줄임말이다. 일단 한 번 골연을 맺으면 서로의 지원자가 될 수 있어 곧바로 골프로 맺은 든든한 인맥으로 발전한다고, 그런 인맥을 두고 '골맥'이라고 할 수 있다는 것이다. 그렇다면 골프를 통해 맺어진 인연은 왜 더욱 돈독해질까. 이런 질문에 대해 윤은기 박사는 이렇게 답했다.

첫째, 넥타이를 풀고 만난다
→ 격식을 파괴하면 경계심이 줄어든다.
둘째, 자연 속에서 만난다.
→ 마음이 넓어지고 관대해진다.
셋째, 집중적인 접촉이 가능하다.
→ 라운드와 식사까지 최소 5~6시간을 함께 지낸다.
넷째, 실수하고 망가지는 것을 서로 보여준다.
→ 뒤땅 때리고 벙커에서 허우적거리는 것을 보면 더 친해진다.
인간은 실수를 공유할 때 친해지는 심리가 있다.
다섯째, 홀딱 벗고 만난다.
→ 사우나 안에서도 이야기는 계속된다.
여섯째, 긍정적 최면에 빠진다.
→ 굿샷', '나이스', '뷰티풀'을 서로 외치는 동안 긍정적 공감대가 생긴다.
일곱째, 함께 마시고 함께 먹는다.
→ 땀을 흘린 후 마시는 생맥주가 가장 맛있는 법이다. 이런 음식 문화를 체험하는 동안 친해진다.

이 정도의 연결관계만 있다면 누구든지 골프 운동을 통해 깊은 관계로 발전할 수 있다.

story051
대학생 때부터 골프를 시작하라

서울의 H대 경영학과 4학년생인 김 모 군은 요즘 취업난에 고심하는 친구나 선배들을 만나면서 실내 골프 연습장에 다니게 되었다. 그 후 한 달 정도 운동을 해보니 점점 재미가 있어 본격적으로 실외 골프 연습장에 등록을 하게 되었다. 이왕 할 거면 제대로 해서 골프로 사람도 만나고 인생의 꿈도 키울 수 있지 않겠나 하는 생각이 들어 골프 풀세트를 샀다. 골프용품 구입비 외에도 골프를 배우는 데 드는 돈은 대학생 수준에서는 큰 부담이어서 아르바이트로 용돈을 모았다. 점점 수준을 높여 앞으로는 전문 강사에게서도 레슨을 받아야 하는데 레슨비가 50만~100만 원 선까지 올라간다고 하니 고민이다. 그러나 김 군은 "골프가 성공적인 사회생활을 위해서는 꼭 필요한 운동이니 술 마시고 시간 낭비하는 것보다는 낫지 않느냐."고 답한다.

김 군뿐만 아니라 요즘 대학가에서는 자기 계발 열풍의 일환으로 골프 레슨이 널리 유행하고 있다. 이미 몇 년 전부터 대학에서 교양강좌로 '골프'가 개설돼 큰 인기를 끌고 있고 요즘 대학생들은 학교 밖에서 자기 시간과 돈을 따로 들여가며 골프를 배우는 것이다. 이 학생들은 취업 후의 인맥 관리를 이유로 미리미리 골프를 배우려는 것이다.

최근 경기가 어려워지면서부터 '아주머니 골프 레슨 족'보다 대학생들이 더 많이 늘어나고 있다. 실외 골프 연습장 관계자에 따르면 "겨울방학 중에는 대학생 비율이 더욱 높아진다."고 이야기하면서 대학가 주변 골프장에는 아예 '학생 할인'까지 하고 있다는 것이다. 이처럼 요즘 20대 젊은이들이 일찍부터 사회적 성공을 위한 관계맺기에 골프 운동이 필수라고 생각하고 준비하고 있다니 반가운 현상이 아닐 수 없다.

story052
"골프로 전 세계 한상들을 하나로 묶겠다"

제3회 세계 한상(韓商) 골프 대회 대회장을 맡은 K회장은 개막식 행사에서 이번 행사를 개최하는 취지와 포부를 이야기했다.

"골프 대회를 여는 가장 큰 목적은, 전 세계에 퍼져있는 한국인 기업인들의 친목 도모와 인맥 구축에 있다. 다음으로는 한국에 와서 일하는 불우한 외국인 근로자를 돕는 데 있다. 앞으로도 이번 행사를 기점으로 하여 세계 각지에서 활동하고 있는 한국 출신 기업인들을 골프를 통해 하나로 묶겠다."

K회장에 관한 얘기를 하겠다. K회장은 일본 오사카에서 재일 동포 2세대로 태어나 고등학교 2학년 때 처음으로 한국을 방문해 국립묘지를 참배하면서 자신의 뿌리를 확인했다. 그 이후, 그는 한민족과 한반도에 대해 남다른 애착을 갖게 되었다. 그래서 그는 일본에서 고등학교를 졸업한 후 서울대 영문과에 입학했다가 부친의 갑작스런 사망으로 사업 승계를 하기 위해 1년이 채 못되어 학교를 중퇴하고 일본으로 돌아가야 했다.

K회장은 오일 쇼크 이후 부친에게서 물려받은 사업을 다각화하여 1983년에는 컴퓨터 소프트웨어 회사를 설립했다. 그리고 한

일경제협회 공동의장을 맡기도 했지만 한일 경제협력위원회에 회원으로 가입하고, 한국에 도움이 되는 일을 하기 위해 팔을 걷어붙이고 나섰다.

현재 K회장은 일본 간사이 지방 경제인들의 모임인 '간사이 경제동우회' 멤버로 활동하고 있다. K회장은 "내 역할은 한국과 일본을 연계하고 상호 경제협력이 늘어나도록 도와주는 다리와 같다."고 하면서 한국의 대일 무역 적자 해결 방안에 대해 조언을 많이 하고 있다.

이번 골프 대회를 통해 친목을 쌓아서 세계 각국에서 아직도 뿌리내리지 못한 어려운 한상들을 지원하는 한편 한상들의 관계맺기를 구축하여 고국의 경제인들이 해외 무역 활동을 하는 데 큰 도움이 되는 일을 하고 싶어 한다.

story053

잭 웰치는 골프에서 CEO 자질을 키웠다

GE 전(前) 회장 잭 웰치는 록펠러와 마찬가지로 어릴 때부터 부유한 가정에서 자라지는 않았다. 그는 매사추세츠 세일럼에 있는 컨우드 컨트리클럽에서 캐디로 일하면서 처음으로 골프를 접하게 되었다. 그는 아홉 살 때부터 혼자 골프를 배웠다. 고등학교 시절에는 교내 골프 팀 공동 주장을 맡았으며 대학교에 입학해서는 1년 동안 선수로 활약하기도 했다. 웰치는 골프를 아주 좋아했지만 사업 경영에도 남다른 재능이 있었다. 그는 1966년 초에 GE에 입사한 이후부터 GE에서 승승장구하며 승진을 거듭했다.

그가 1981년 CEO가 되었을 때 'GE는 골프회사'라는 평이 나있을 정도였다. GE의 경영진 회의에는 대부분 라운딩 과정이 포함되어 있었다. 웰치는 전임 CEO인 존스보다 더욱더 공격적으로 골프를 경영 도구로 활용했다. 골프 실력을 승진

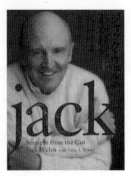

하기 위해 반드시 갖춰야 할 필수 자격으로 만들기도 했다.

웰치가 CEO로 있을 때 GE에 들어간 어느 임원은 입사할 당시 골프에 대해서는 문외한이었다. 그러나 곧 상사에게서, 이 회사에서 승진하고 싶으면 골프클럽을 새로 장만하고 강습을 받으라는 충고를 받았다. 이는 골프가 GE에서는 단지 잡담이나 나누는 수단이 아니라 그 사람의 성격을 파악하는 일종의 테스트 역할을 하기 때문이었다.

웰치는 새로운 임원을 고용할 때 반드시 골프라는 도구를 통해 그 사람이 GE에서 일할 만한 배짱이 있는 사람인지를 테스트했다. 그는 골프가 단순한 게임이 아니라 보험설계사나 은행원들에게는 생산성 향상을, 그리고 각계각층의 임원들에게는 관계 증진을 가져다줄 도구라고 생각했다.

웰치는 CEO로 재임할 당시 1년에 50번도 훨씬 넘게 18홀을 돌았다. 대부분의 경우, 주로 회사 임원들과 골프를 쳤지만 가끔씩 워런 버핏과 빌 게이츠와 같은 저명인사들과도 골프를 쳤다. 한때는 《포춘》지 선정 500대 기업인 가운데 골프 실력이 2위로 평가되어 한때 모임의 총무를 맡은 적도 있었다.

이와 같이 그에게는 오랜 시간을 골프를 통해 맺어온 인맥과 같은 무형의 자산을 활용해 다른 분야에까지 어려운 거래를 성사시킬 수 있을지가 관심 대상이었다.

웰치는 "사업은 대개 형태가 없는 것에서부터 시작된다. 어쩌면 어느 경영 대학을 다닐 때부터 시작할 수도 있다. 이런 경우 하버드나 예일 또는 듀크대를 졸업했다는 것이 도움이 될 수 있다. 단지 교육 때문이 아니라 그 학교에 다니면서 만날 수 있는 사람들 때문"이라고 이야기한 적이 있다.

이처럼 잭 웰치도 사업의 성공은 많은 사람을 만날 수 있는 관계 맺기라는 점을 중요시한 사람 중의 한 사람이었다.

13 / 자원봉사 활동

● 자원봉사는 사회 활력이다

자원봉사 활동은 지역 사회 문제나 국가의 공익사업에 자발적으로 참여해 공동체 문제를 함께 해결하는 활동이다. 봉사활동은 기본적으로 지속적이며 정기적인 참여를 통해 상대방에게 신뢰감을 줄 수 있는 일이다. 자신의 행동이 상대방에게 미치는 영향에 대해 생각해볼 수 있는 기회이기도 하다. 봉사 중에 어려움이 발생했을 때 참여자와 함께 문제를 해결해 나가는 과정이라고 할 수 있다. 봉사활동은 곧 상호의존을 바탕으로 한 행위다. 이러한 활동은 봉사자의 열정을 불러일으킨다. 또한 문제해결을 위해 함께 노력하면서 관계의 유대감을 쌓을 수 있다.

정부도 자원봉사를 사회 활력으로 활용하면서 적극 권장하는 시스템을 확대해 나가야 한다. 자원봉사 활동을 하면 봉사도 할 수 있고 좋은 인연도 만들 수 있다. 봉사활동이란 이처럼 두 마리 토끼를 잡을 수 있는 좋은 기회다. 머지않아 국민들 대다수가 이러한 봉사활동의 장점을 깨닫는 날이 올 것이다. 좋은 만남, 좋은 관

계를 만들기 위해 노력한다면 관계맺기 형성에도 일석이조의 효과
가 있을 것이다.

● 자원봉사 활동으로 성공의 기회를 만든 사람들

미국 오바마 대통령 시절, 미국 정부는 '미국봉사단(USA Service.
org)' 활동을 통해 다음 세대에게 물려줄 미국을 재건하자며 국민
들에게 자원봉사 활동에 직접 참여할 것을 촉구하였다. 그리하여
푸드뱅크·노숙자숙소 지원 등의 공동체 자원봉사, 직업교육·청
소년지도 같은 교육봉사, 공원청소·건물에너지 효율 높이기 재활
용 등 환경운동, 헌혈·재난구호 등의 다양한 봉사 활동을 전개하
였다.

주한 미국대사로 근무했던 캐슬린 스티븐스(Kathleen Stephens)
여사. 그녀는 1961년 케네디 대통령이 창설한 '평화봉사단'에 참
여한 이력을 갖고 있다. 그녀는 충남 예산중학교에서 영어교사를
했던 적이 있다. 그 이후에도 꾸준히 한국과의 인연을 만들어 오
늘날 미국대사까지 역임하는 등 외교계에서 성공한 사람이다.

미국 오바마 대통령의 취임식에서 전 미국을 감동시킨 취임사를
쓴 사람은 다름 아닌 27세의 청년 존 파브로(Favreau)이다. 청년 파
브로와 오바마와의 첫 만남도 극적이었다. 2004년 존 케리 민주
당 후보의 대선 캠프에서 자원봉사로 일하던 청년 파브로를 우연
히 오바마가 발견해낸 것이다. 그 청년은 당시 전당대회 기조연설

을 맡은 오바마의 연설문 작성을 돕는 인턴으로 처음 만났다. 그가 너무 어려 "도대체 이 아이는 누구야."라고 말하는 사람들도 많았지만, 그가 쓴 연설문 덕택에 오바마는 전당대회 연설을 통해 전국적 스타로 떠오르게 되었던 것이다. 그 후 오바마의 선거구호였던 "Yes, We can"도 그의 작품이었다. 이와 같이 파브로 청년은 자원봉사로 만난 소중한 기회를 살려 오바마 대통령은 물론 그의 인생 자체에 대단히 긍정적인 영향을 가져온 것이다.

또 한국계 미국인으로 백악관의 중요한 자리에서 일하게 된 청년 크리스토퍼 강에 대한 이야기도 감동적이다. 강 씨는 조지 부시 행정부에서 국가 장애  위원회 위원(차관보급)으로 활동을 해 온 고(故)강영우 박사의 둘째 아들이다. 그는 아버지로부터 공공 영역에서 봉사하고 어려운 사람들을 돕는 것이 중요하다는 것을 배웠다. 시카고 대학 재학 시절 봉사활동을 하면서 당시 학생처에서 근무하던 미셸 오바마 여사를 처음 만났고 그녀의 소개로 오바마 대통령을 돕게 됐다. 그리하여 강 씨는 오바마 행정부의 백악관 입법 특별보좌관에 임명된 것이다. 이러한 자원봉사활동은 또 하나의 관계맺기를 형성하는 연결고리가 된다. 그 영향력은 누구와 어떻게 연결되느냐에 따라 자신의 발전도 함께 따르기 때문에 완전히 새로운 세상으로 나아갈 수 있다.

● 청년의 꿈. 해외 자원봉사 활동에서 찾자

자원봉사 활동은 대체로 생활 형편이 어려운 소외된 이웃, 또는 감당하기 어려운 재난, 도움의 손길이 필요한 생활 주변의 모든 사람과 환경에 대하여 이를 자발적으로 대가 없이 도와주는 봉사활동이라고 말할 수 있다. 하지만 최근 극심한 경제적 불황에서 봉사의 손길을 기다리는 곳은 계속 늘어나고 있는 반면 자원봉사 활동을 하겠다는 지원자는 줄어들고 있는 현실이다. 그러나 이런 불황과 현실은 잠시 동안일 뿐이다. 미래를 가진 청년들은 절대로 꿈을 포기해서는 안 된다.

취업난이 심해지니까 오히려 해외 자원봉사에 관심을 갖는 청년들이 늘고 있다. 다양한 경험과 인맥을 쌓고 앞으로 취업하는 데도 대비하겠다는 좋은 생각이다. 이를 위한 단체로 '코피온(전 세계 청년봉사단)'이 있다. 코피온은 해외봉사단 파견 전문기관으로, 1999년 IMF 시절 취업난에 시달리던 청년들을 해외로 보내 자원봉사 활동을 하는 것을 돕기 위해 설립된 기구이다. 지금은 43개국, 140여 개 해외 NGO에 3,000명의 자원봉사자를 보내고 있다. 이들은 지역사회 구호는 물론 공부방 운영·우물 파기·의료 서비스·컴퓨터 교육·사무보조 등 다양한 사업을 벌이고 있다.

이외에도 해외 봉사 활동을 하기 위해 젊은이들을 필요로 하는 단체는 많다. 한국 국제협력단(KOICA)·굿 네이버스·굿 뉴스고·해외 인터넷 봉사단(KIV) 등, 기업과 연계된 국제 자원봉사 프로그램도 많다. 현대 기아 자동차 그룹이 주관하고 있는 '해피무브 글로벌 청년봉사단'과 국민은행이 한국 YMCA와 함께 운영하는 대학생 해외 봉사단 '라온아띠', SK 텔레콤의 '글로벌 써니' 프로그램 등 다양한 자원봉사 활동에 참여해 보자. 새로운 기회에 도전하는 젊은이들의 멋진 관계맺기가 기다리고 있을 것이다.

story054
어바인시 시장이 된 이민 1세대 강석희 시장의 경우

미국 캘리포니아 주 오렌지카운티 내 어바인시 시장으로 당선된 강석희 씨의 성공 스토리이다.

어바인시는 로스앤젤레스에서 남쪽으로 50km 떨어져 있는 작은 도시이다. 미국에서 가장 살기 좋은 도시로는 전국 4위이고, 미국 내 가장 안전한 도시로는 4년 연속 1위로 선정된 계획도시이다. 주민 수는 21만 명으로, 잘 꾸며진 아름다운 정원 같은 도시이다.

강 시장은 24세 때 대학을 졸업한 후 미국으로 건너가 현지 전자 유통 판매점인 '서킷시티'의 세일즈맨이 되었다. 그는 15년 동안 영업직 일을 해온 이민 1세대로서 지금까지 한국 국적을 갖고 있다. 이러한 그가 미국에서 정계에 입문하고자 결심하게 된 계기가 있었다. 1992년 로스앤젤레스 흑인 폭동 사태 때 소수계인 한인들이 겪은 엄청난 피해와 차별의 고통을 체험하면서, 한인들도 정치적 힘을 키워 권리를 지켜야겠다는 결심이 선 것이다. 결심을 한 뒤부터 강 시장은 10여 년 동안 재미 한인 사회에서 각종 봉사활동에 적극적으로 앞장서서 참여했다.

얼굴이 널리 알려지면서부터는 지역 주민들과 가까워져 시의원에 당선되었다. 시의원에 재선하면서 더 큰 꿈을 가지고 시장선거까지 출마해 당선한 것이다. 그의 당선은 한국의 이민 1세대가 미국 사회에서 유색인종으로 차별의 장벽을 넘어 화려한 꿈을 이룩해낸 의지와 용기에 대한 선물이다.

그는 한인들의 몸에 밴 근면함으로 2004년 처음 시의원 선거에 출마하면서부터 지금까지 세 번의 선거를 치르면서 모두 당선되었다. 그때마다 세일즈맨을 할 때 실천했던 영업정신으로 철저하게 고객(유권자)에 초점을 맞추어 발로 뛰었다. 시의원 선거 때는 구역 내 1만~2만 가구에 이르는 집들을 일일이 찾아다녔고, 이번 시장 선거 때는 5개월 동안 2만 가구, 하루에 130여 가구를 방문하는 정성을 쏟았다.

방문할 때 만난 유권자들은 "시장 후보가 집까지 찾아오는 것은 처음이다. 너무 인상적이다."라면서 기뻐하고 놀라워했다. 그들을 만날 때마다 "진실하게 봉사하겠습니다."라고 겸손하게 인사를 했다. 이제 그의 포부는 "시장 임기 내에 뉴욕 시 센트럴파크의 두 배 규모인 '어바인 대공원'을 완성하고 어바인시를 최고의 교육도시로 만들겠다."는 것이다. 그리고 대공원 안에 한국문화센터를 세워 한국을 적극 알릴 생각이라면서 이민 1세대로서의 뿌리를 잊지 않았다.

어바인시 강석희 시장처럼 앞으로 누구를 만나느냐에 따라 인생이 달라진다는 것을 명심하자. 이때 만나는 사람들을 선별하여 관계맺기를 확장하는 것은 미래를 준비하는 사람이 꼭 해야 할 일이다.

14 / 인터넷 커뮤니티

● SNS 관계망 구축

SNS(Social Network Service)는 특정한 관심이나 활동을 공유하는 사람들 사이에 관계망을 구축, 새로운 인맥 관계 확대 등을 통해 사회적 관계를 강화시켜 주는 온라인 서비스이다. 지금은 스마트폰의 급속한 보급으로 SNS를 사용하는 사람이 급증하고 있다. SNS는 멀리 떨어져 있거나 끊겼던 옛 동료들과도 웹상에서 서로의 정보, 소식을 주고받을 수 있을 뿐만 아니라, 친구, 동료 등 아는 사람과의 관계를 강화시켜 주고, 새롭고 폭넓은 인간관계를 연결할 수 있게 돕는다. 요즘에는 트위터, 인스타그램, 텔레그램, 페이스북, 링크드인, 카카오톡 등을 통해 대화를 나누고 관심을 갖는 분야의 사람들을 중심으로 '모임방', '대화방'을 만들 수 있는 '그룹' 기능을 활용할 수 있어 좋다.

● 블로그·미니홈피·카페를 운영하라

현대 사회를 살다 보면 시간에 쫓기기 쉬워 인간관계마저 좁아지는 경우가 많다. 일에 쫓겨 자연히 인간관계를 유지하고 넓히는

데 시간을 쓰지 못하는 것이다. 그러나 자투리 시간을 최대한 활용하면 인터넷으로도 얼마든지 인간관계를 넓힐 수 있다. 인터넷에서 좋은 인맥을 맺길 원하면 좋은 인맥들이 많이 모이는 커뮤니티·블로그·미니홈피를 방문하여 회원으로 가입하면 많은 관계맺기를 형성할 수 있다. 특히 온라인 동호회(스터디·취미·스포츠)나 동문회·비즈니스 모임 등에 가입을 하면 상당히 빠른 방식으로 많은 관계맺기를 만들 수 있다.

나의 가까운 지인 가운데는 블로그를 통해 친한 인맥이 된 사람이 많다. 블로그 또는 트위터·페이스북·홈페이지를 방문한 것이 계기가 되어 이메일을 주고받기 시작하여 친밀감을 느끼고 친구가 되어 만남을 가졌다. 지금이라도 당장 몇 개의 동호회에 가입하여 온·오프라인 모임에 참여해 보자. 누구든 수십 명의 새로운 인맥을 만날 수 있다. 그러나 온라인상의 인맥이 오프라인까지 좋은 인맥이 되려면 단순한 가입만으로 되는 것은 아니다. 게시판에 글을 올려 동호회에서 애초부터 자신이 무엇을 원하는지, 어떤 만남을 원하는지 등으로 서로를 파악해야 한다. 그러다가 실제로 만나게 되면 상당히 반가울 뿐만 아니라 마치 오래된 사이처럼 친해지는 것이다.

지난 미국 대선에서 한인 2세인 유진 강이라는 24세의 청년이 웹사이트를 만들어 오바마 대통령을 도왔던 사례를 소개한다.

유진 강 씨는 인맥 관리시스템(SNS)인 마이스페이스 등을 이용해 자신의 출신학교인 미시간대 동창들을 거미줄 식으로 묶는 방법으로 오바마의 선거 조직을 관리해 왔다. 유진 강 씨는 오바마를 위한 선거운동에 뛰어들면서 한국계로는 오바마와 가장 가까운 인사가 되었다. 그의 공식 직함인 '정치보좌관'이 말해주듯이 선거운동 기간 내내 오바마 옆에 그림자처럼 붙어 다니며 일정을 전담 관리하고 휴대폰 비서 역할을 하여 오바마의 대선 당선 후 첫 휴가지인 하와이에서 빨간 티셔츠를 입고 골프 라운딩을 함께하면서 담소하는 사진이 언론에 크게 보도되기도 했다. 그 당시 오바마와의 인맥을 부러워하던 《워싱턴포스트》는 그를 취재하여 보도하기도 했다. 이와 같이 인터넷을 통해 인맥을 쌓기도 하고 그 인맥을 따라 성공한 사람이 있는 것처럼 인터넷은 관계맺기에서 중요한 기법 중의 하나임을 알 수 있다.

● 커뮤니티 운영자를 인맥으로 만들어라

지금 국내에는 100만 개 이상의 인터넷 커뮤니티가 운영되고 있다. 그야말로 인터넷 커뮤니티의 천국이라고 할 수 있다. 여기에는 커뮤니티 숫자만큼이나 많은 인터넷 동호회 운영자들인 '시솝'들이 있다. 또 이들 시솝들의 모임인 '시솝클럽(www.sysopclub.com)'도 결성되어 있다. 이들 시솝클럽의 회원인 각 개별 시솝들을 많이 만나고 시솝클럽의 운영자인 각 시솝 회장에게 오랫동안 공을 들인다면 관계맺기의 속도가 인터넷 속도만큼이나 급속하게 확대될 수 있다.

요즘엔 이런 커뮤니티에서 만나는 인맥들을 '디지털 인맥(모바일 인맥)'이라고 부른다. 이 디지털 인맥의 장점은 동호회 게시판의 글을 통해서 상대에 대한 정보를 충분히 파악할 수 있어 친밀도가 급속하게 높아지는 데 있다. 다만, 혈연이나 지연·학연은 이미 어느 정도 검증 과정을 거쳤다는 의미가 있지만, 디지털 인맥은 상대방의 과거에 대해서 전혀 모른 채 오로지 동호회에 노출된 정보에 의해서만 상대방을 판단해야 한다. 따라서 상대방에 대한 검증이 쉽지 않다. 아무튼, 카페나 클럽 등 동호회의 온라인 커뮤니티를 운영하는 사람들은 우리 관계맺기를 확대하는 데에 있어 좋은 협력자가 될 수 있다. 특히 커뮤니티에 가입하면 가급적 운영진으로 참여해 보자. 그러지 못하면 커뮤니티 내에 소모임을 개설하여 직접 운영해 보는 것도 좋다.

개인 블로그를 운영하는 것도 많은 사람들과 접촉할 수 있는 좋은 수단이다. 뿐만 아니라 미니홈피를 개설하여 활용하면 더욱 좋다. 블로그나 미니홈피를 전문적으로 운영하는 운영자들과도 개인적으로 친분을 쌓게 되면 블로그에 올리는 글을 통해 많은 도움을 받을 수 있다. 또 최근에는 기업인들을 위한 경영이나 경제적 정보를 이메일 뉴스레터로 발송하는 사람들도 많아졌다. 예를 들면 '조영탁의 행복한 경영 이야기(www.happyceo.co.kr)', '예병일의 경제노트(www.econote.co.kr)', '고도원의 아침편지' 등의 '메일러' 들이다. 이들과도 개인적 친분을 쌓아 두면 관계맺기를 형성하는 데 도움을 받을 수 있다.

● 인맥 관리 사이트로 인맥을 찾는다

최근 경기가 침체하자 고용 상태가 불안해지고 있다. 인맥 관리 사이트 내에서는 헤드헌터와 각 분야 취업 희망자가 서로 교류하는 비즈니스 인맥 쌓기, 즉 비즈니스 SNS 교류가 늘어나고 있다. 비즈니스 SNS(Social Network Service)란 동년배·동호인 중심으로 인맥을 쌓는 일반 SNS와 달리 개인의 직업 경력을 매개로 온라인 인맥을 쌓도록 만든 서비스를 말한다.

국내 비즈니스 인맥 관리 사이트인 링크나우(linknow.kr)에 따르면 이 사이트의 매월 방문자는 급속도로 늘어나고 있는 추세라고 한다. 일반 SNS에서도 취업과 관련한 인맥 쌓기가 늘어나고 있어, 취업과 관련된 클럽(정보 교류 커뮤니티) 개설이 급증하고 있다. 우리나라뿐만 아니라 경기 침체로 감원 바람이 불고 있는 미국·유럽에서도 비즈니스 인맥 관리를 바탕으로 원하는 직업을 찾아주는 링크드인(Linkedin), 싱(Xing), 비아데오(Viadeo), 플락소(Plaxo) 등 비즈니스 SNS 사이트들이 전례 없는 인기를 누리고 있다.

흥미 있는 사례가 하나 있다. 하버드대 재학생인 마크 주커버그가 2004년 돈벌이 겸 취미 삼아 하버드대생들의 대인 관계 사이트를 개설했다가 이 사이트

가 하버드대 안에서 인기를 끌자 이 사이트를 인맥 관리 사이트로

확장했다. 해당 사이트를 통해 대학 친구들의 신상 정보 교환이 점차 늘어나자 소문을 통해 퍼지면서 급속도로 더 많은 대학생들이 이 인맥 사이트에 모여들게 되었다. 이 사이트가 바로 페이스북이다.

그는 대학 3학년 무렵 대학 동료 2명과 함께 빌 게이츠처럼 학교를 중퇴하면서 페이스북을 미국 전역에 개방하여 2006년에는 미국 내 2,000여 개 대학과 2만 5,000여 개 고등학교 학생들이 페이스북에 가입하였고 그해 한 달간 방문자 수가 1억 2,390만 명에 이르렀다. 이로써 하버드대 학생들끼리의 놀이로 시작한 사이트가 불과 몇 년 만에 실사용자 1억 명을 돌파, 기업가치 15조 원의 세계 최대의 인맥 관리 사이트로 성장한 것이다.

우리 국내에서 인맥 관리 사이트가 시작된 것은 이보다 먼저인 1990년대 말 '아이러브 스쿨'이 처음이었다. 현재는 인맥 커뮤니티인 '싸이월드'가 약 300만여 명이 가입할 정도로 급성장했다. 국내 최고의 인물 정보 사이트는 '조인스 인물 정보(people.joins.com)'로서 '인물 정보 플러스'와 '기업 정보'를 제공하고 있다. 조인스 인물 정보는 인맥 간 연관성을 알려주는 인맥 관계도와 기업 인맥 관리 솔루션을 통해 주요 인사들의 인맥도를 쉽게 파악할 수 있도록 도와주고 있다. 최근 '한국 인물 정보'는 관계맺기를 활용해 고객을 관리하고 잠재 고객을 개척할 수 있도록 네비게이트 '힌트' 서비스(www.hintwho.co.kr)를 시작했다. 또 '링크나우'는 다른 사람에게 1촌 맺기를 신청하는 기능이 있다. 회원으로 가입한 사람들의 프로필을 보고 쪽지를 보내면 상대방과의 승인 여부에 따라 1촌으로 연결되기도 한다. 1촌이 되면 연락처는 물론 서로의 인맥까지 공유할 수 있다.

이 외에도 중년들을 위한 네트워크로 '피플747(www.people4080.com)', 20대를 위한 감성 커뮤니티 '피플투(www.people2.co.kr)' 등 현재 국내 SNS 사이트만 20여 개에 달한다. 이처럼 인맥 시장이 커지면서 이제 중소기업을 위한 본격적인 비즈니스 인맥 관리 시스템도 등장했다. 국내에서 본격적으로 비즈니스 인맥 관리 시스템을 시작한 곳은 벤처기업인 (주)코아비즈(www.corebiz.co.kr)였다.

최근 이 회사는 명함을 통해 인맥을 한곳에 통합 관리할 수 있는 '비즈맵'을 개발하였는데 이는 이메일·문자메시지 전송과 인맥 연결 기능이 있어 이용자가 늘고 있다. 현재 국내에는 '코아비즈' 외에도 10여 개의 인맥 관리를 하는 프로그램을 내놓은 기업이 있다. 최근 한국 '머텔테크'가 고객 관계 관리 시스템인 '유니콜'을 출시하였으며 한국인식 기술에서도 '인맥 관리 시스템'을 출시했다고 한다.

사실 그동안 인맥 관리는 자동차 세일즈맨이나 보험 업계에서 활용하는 수준이었지만 최근 급변하는 경제 활동에 적응하기 위해 여러 중소기업에 이르기까지 앞다투어 경영에 접목하여 활용하는 관계맺기 시대가 되었다.

● T.G.I.F 시대의 관계맺기,

– 시대의 흐름에 맞는 소통 기술로 인맥을 든든히 다져라

지금은 트위터(Twitter) · 구글(Google) · 아이폰(I-phone) · 페이스북 (Facebook) 시대이다. 그래서 트위터의 T, 구글의 G, 아이폰의 I, 그리고 페이스북의 F의 앞 글자를 따서 T.G.I.F의 시대라고 부른다. 최근 트위터와 페이스북이 전 세계적으로 각광을 받고 있다. 앞으로 소통의 중심에 페이스북이 있을 거라는 전문가들의 견해도 대두되고 있다. 페이스북은 모바일에서도 활용이 가능하다는 신속함과 편리성으로 그 사용자가 점차 증가하고 있는 추세이다.

트위터(twitter.com)는 140자의 단문으로 글을 작성해 올리는 인터넷 커뮤니케이션 서비스다. PC는 물론이고, 아이폰이나 안드로이드폰 같은 스마트폰을 이용해서도 사용할 수 있다. 트위터로 올린 메시지는 내 트위터 홈페이지뿐만 아니라, 내 메시지를 받아보기로 한 다른 사람(팔로어)의 트위터 홈페이지에도 자동으로 보여진다. 이렇게 나와 다른 사람들이 서로 터놓고 메시지를 주고받기 때문에 인맥이 형성된다. 사용자들 간에 서로의 글을 공개하는 인맥을 맺는 싸이월드의 '1촌 맺기'와 비슷하지만, 1촌 맺기는 상호 동의가 필요한 반면, 트위터는 동의 없이도 원하는 사람이 올리는 메시지를 얼마든지 받아볼 수 있다.

페이스북(facebook.com)은 기본적으로 블로그나 미니홈피와 비슷한 서비스이다. 다만 가족 · 친구 · 직장 동료 등 지인들과 교류하는 데 매우 편리하게 만들어진 것이 다른 점이다. 예를 들어 친구의

최신 글이나 활동 내용 같은 것을 바로 확인할 수 있다.

싸이월드의 경우 친구 홈페이지에 새로운 글이 올라왔는지를 파악하려면 직접 친구 홈페이지로 찾아가야만 했는데, 페이스북에선 친구가 홈페이지에 쓴 내용도 내 홈페이지에서 보여주기 때문에 이럴 필요가 없다. 게다가 페이스북은 자신이 회원 가입할 때 입력해 뒀던 공개 정보 등을 바탕으로, 나와 관계가 있을 것으로 추정되는 사람들을 계속해서 새로운 친구 대상으로 추천해 준다. 이러다 보니 잊고 지내던 친구들까지 찾는 경우도 많다. 트위터는 익명의 사람들과의 소통을 가능케 하지만, 페이스북은 알고 있는 사람과의 소통을 이어주게 함으로써 페이스북 친구가 되어 소통의 진정성을 부여한다. 트위터가 정보 지향적이라면 페이스북은 관계 지향적이다. 가족·친구·지인들과 더욱 쉽고 빠르게 소통을 할 수 있는 것이다. 물론 '면(面) 대 면(面)'으로 직접 만나 인맥을 다진다면 더할 나위 없이 좋겠지만, 시간과 장소가 허락하지 않는다면 페이스북처럼 모바일(또는 인터넷)을 활용한다면 더욱 발 빠른 인맥 네트워킹을 할 수 있다.

story055
대학 등록금 내준 '키다리 아저씨'

올해 연세대 신입생이 입학 등록금이 없어 입학을 포기하려 한다는 가슴 아픈 이야기가 페이스북에 올라왔다.

"열심히 공부한 끝에 연세대의 원하는 학과에 합격했지만 등록금을 낼 형편이 되지 않아 입학을 하지 못할 것 같다."는 A씨의 안타까운 사연이 담긴 글이었다. A씨가 "연세대 합격이라는 기쁨을 느껴본 걸로 만족하겠다."고 글을 맺자 W씨는 바로 "무이자로 빌려주겠다."는 댓글을 달았다.

학생과 연락이 닿은 W씨는 다음 날 아침 한 학기 등록금에 해당하는 300만 원이 넘는 돈을 계좌로 송금했고, A씨는 이 돈으로 이날 오후 등록금을 납부할 수 있었다.

해당 게시글은 6200명 이상의 이용자에게 좋아요를 받는 등 SNS에서 큰 반향을 불러일으켰다.

도움을 준 W씨는 작년 무역회사에 입사한 사회 초년생으로, 그에게도 한 학기 등록금은 결코 작은 돈은 아니었다. 그럼에도 "학생의 글에서 전체적으로 진실성이 느껴졌고 간절함을 엿볼 수 있어 도와줬다."고 한다.

W씨의 선행은 '선의의 선순환'으로 이어졌다.

W씨가 A씨가 올린 글에 댓글을 달아 "등록금은 제가 빌려주는 것으로 하고 원하는 사람에 한해 갚지 않아도 될 정도의 소액을 지원하는 것이 좋겠다."고 쓰자 후원을 하고 싶다는 댓글이 잇따라 달린 것이다.

그는 후원자와 학생을 직접 연결해 주는 중간다리 역할을 맡았고 후원자들이 직접 A학생의 계좌로 후원금을 보낼 수 있도록 했다. W씨는 "사업가, 군인, 경찰, 대학생, 고등학생, 주부 등 여러 사람의 온정이 학생에게 전달됐다."며 "저보다 다른 분들이 도움을 많이 주셨고 저는 등록금을 빌려주는 일밖에 한 것이 없어 이번 일에 대한 칭찬은 과분하다."고 자신을 낮췄다. "제 작은 선행이 바이러스처럼 퍼지는 게 신기했습니다. 주변에 따뜻한 사람이 많이 있어 세상은 아직 살 만한 곳이라는 걸 다시 한번 느꼈습니다."라고 했다.

story056
카페 동호회 회원은 가족보다 더 끈끈하다

회사원 K씨는 다음 카페 '동반자 연주인'을 개설하여 현재 회원 수 6,720명의 중형 카페가 되어있다. 회원들 대부분이 50대의 초보 연주자들이다.

K씨는 "젊은이들 카페에서도 몇 번 활동해 봤는데 말도 함부로 하고 적응이 잘되지 않아 시니어만을 위한 공간을 만들고 싶었다."며 "1년에 두 번 50명 정도가 모여 정기 오프라인 모임을 갖는데 조만간 동반자 합주회도 열 계획"이라고 했다. 그는 "인터넷에서 서로의 안부를 주고받으며 회원들끼리 가족보다 더 끈끈한 정을 느끼고 있다."고 했다. 그는 또 "인맥에서 가장 중요한 것은 소중한 사람들과 함께하는 즐거움"이라고 했다. 그리고 카페를 통해서 만난 인맥들은 전국적이라서, 가령 전국 여행을 할 경우 어디를 가더라도 먹고 자고 할 곳이 다 있을 정도라는 것이다. 거미줄처럼 연결된 이런 든든한 관계맺기가 그에게 무한한 행복과 기쁨을 가져다준 것이다.

다음 달 자신의 생일에는 그가 가족처럼 여기는 시흥시 지역 동반자 연주 팀을 집에 초대해 밤을 새워가며 즐겁게 놀 계획이라며 큰 기대를 하고 있었다. K씨가 가장 행복감을 느끼는 순간은 바로 누가 먼저 세상을 떠나든 끝까지 함께하자고 약속을 나누었던 순간과 누군가 힘든 일이 생기면 서로 도와주고 이끌어주는 형제애를 나누기로 한 순간이라고 했다.

요즘은 50대 이상 시니어들이 사이버 세상에서 제2의 삶을 만끽하고 있다. '실버=컴맹'이란 공식은 이제 옛말이다. 회원 수가 20만 명에 육박하는 인터넷 카페에서 그들만의 커뮤니티를 구축하고, 블로그 세상에선 경륜을 무기로 오히려 젊은이들의 눈길을 사로잡고 있는 사람들이 많아졌다. 이와 같이 성공적인 관계맺기를 위해 고민도 하고 열정과 끈기, 나눔의 정신, 그리고 책임 있는 노력을 계속한다면 남보다 더 삶의 보람과 행복을 느낄 수 있을 것이다.

story057
실제 인구보다 사이버 시민이 더 많은 공주시

충남 공주시는 인구 12만 8,000명 정도이며 백제 시대의 수도였던 옛 도시답게 주변에 유적들이 많은 농촌형 관광 도시이다.

그런 공주시가 3년 전부터 '사이버 공주' 홈페이지(http://cyber. gongju.go.kr)를 마련하여 '사이버 시민' 모집을 하고 있다. 클릭을 하는 순간 "당신은 백제 왕도(王都)의 시민이 됩니다. 다양한 혜택도 누릴 수 있습니다."라고 팝업창에서 반가이 맞아준다. 침체 상태의 농촌에 활력을 불어넣고 관광객을 유치하는 데 도움이 될 것이라는 생각에서 전국에서 처음 시도한 것이다.

그 당시 개설 첫 50여 일 만에 가입자가 10만 7,000명을 넘어섰다는 것이다. 웅진그룹을 비롯한 향토 기업·학교 동문회·향우회 등을 중심으로 가입 운동이 빠른 속도로 확산됐기 때문이다.

공주시의 목표는 사이버 시민 100만 명 확보이다. 1년 만에 시민 숫자가 두 배로 늘어 사이버 시민이 벌써 주민등록 인구(실제 거주하는 12만 7,000명)를 넘어섰다. 목표로 하는 사이버 시민 100만 명 확보도 문제없을 거라는 게 공주시의 전망이다.

사이버 시민이 되는 방법은 아주 쉽다. 지역·성별·연령 등에 상관없이 누구나 인터넷을 통해 등록만 하면 된다. 반면에 그 혜택은 사이버 시민증을 홈페이지에서 출력해 제시하면 공주 지역 식당과 숙박업소에서 할인이 되고, 농촌 체험 관광 및 농·특산물 할인과 문화유적지 관람 입장 무료라는 혜택이 주어진다. 앞으로도 계속 사이버 시민들에게 유적지 관광 정보와 농·특산물 할인 쿠폰 등을 풍부하게 제공하여 전국 각지에서 공주를 즐겨 찾도록 하겠다는 게 이준원 공주시장의 구상이다.

공주시에 거주하지 않는 각처의 사이버 시민들이 공주시 발전을 위해 관광지에서 느낀 점과 불편 개선을 위한 좋은 아이디어와 시책들을 함께 고민하고 제안하면 시 발전에 있어 다른 지방자치단체보다 모범적인 공주시가 되리라는 전망이 나온다.

공주시 공무원들의 반짝이는 아이디어와 창의적인 시책의 성과가 기대된다.

인터넷 커뮤니티가 대통령을 만들었다

미국 경영 전문 전문지 《패스트 컴퍼니》는 미국 오바마 대통령의 성공에 대해서 경영학 연구자들이 그의 성공을 놓고 분석한 결과 MBA(경영학 석사) 강좌의 '케이스 스터디' 감이라고 했다. 그 내용을 소개한다.

① 새로운 고객층을 창출하는 블루오션을 추구했고
② 치밀하게 계산된 브랜드 전략을 구사해 미국 대선 사상 최대 고객 6,325만 표를 확보했다는 것이다.

특히, 온라인으로 지지자를 모았다는 점에서 구글의 창업자 래리 페이지와 비슷하다고 평가했다. 오바마는 어떻게 미국 역사상 가장 많은 유권자를 자신의 고객으로 끌어들일 수 있었을까. 이런 궁금증이 높아져서 각계각층에서 화제가 되고 있다. 이를 분석해 보면 그의 선거 전략 중의 하나가 '핵심 고객의 충성심'의 확보 전략이었다. 다시 말하자면 오바마의 성공은 입소문을 내주는 '핵심 고객' 확보에 성공했기 때문이다.

오바마 홈페이지는 방문자들이 그에 대한 정보를 적극적으로 퍼서 나르도록 했다. 즉 오바마 홈페이지는 지지자들이 "와서 나의 정보를 떠서 옮겨달라(come and take me)."라는 모토로 했다면, 매케인과 힐러리는 단순히 "와서 보라(come and see)."로, 온라인 콘텐츠를 자신들이 만드는 것으로 일방통행 식이었다. 또 오바마는 선거 캠페인을 실시간으로 알릴 수 있는 휴대전화 프로그램 등 지지자들이 만들어 올리고 전하는 쌍방향 소통에 강점이 있었다. 그리고 두 번째로는 '유권자와 친구가 되는 것'에 있었다. 예를 들면 우리가 매장에서 어느 제품을 샀는데, 뜻밖에도 그 제품을 생산한 회사의 오너 회장으로부터 감사 메일을 받는다면 기분이 어떨까? 오바마는 이 점을 노렸다. 오바마 선거 캠프에서 유권자에게 보낸 모금 권유 이메일은 "오바마@" 또는 부인인 "미셸 오바마@"로 작성하여 보내왔다. '당 선거대책 본부장@' 또는 '민주당@'으로 보냈으면 지워졌을 메일도 대통령 후보 자신의 것으로 함으로써 사람들이 한 번 더 읽도록 만든 데 있었던 것이다. 최근 오바마 미 대통령은 선거 당시 지지자 130만여 명의 선거운동 조직을 앞으로 치러질 중간 선거와 2012년 본인의 재선용 대통령 선거에 활용하기 위해 공식 단체인 'Organizing For The America'를 출범시켰다.

오바마는 당시 선거 지지자들을 대상으로 한 온라인 영상 메시지를 통해 대통령으로서 앞에 놓인 도전 과제들에 맞서기 위해서는 모든 미국인이 필요하다며 지지자들이 지역사회에서도 계속 변화를 위해 싸우기를 부탁했다. 늘상 경제 정책이 공화당의 반대에 부딪히더라도 국민을 상대로 직접 호소하여 국민들이 여론으로 의회를 압박하도록 하기 위한 사전 계획이 아닐까 하는 예상이다. 이에 대해 민주당 측은 이들 지지자들의 이메일을 넘겨주기를 원하고 있으나 오바마 측 백악관은 활동은 민주당과 공유하되 리스트(명단)는 별도로 관리하겠다고 결정했다는 언론 보도도 있었다. 오바마의 성공은 온통 인터넷 커뮤니티의 파워가 이룩한 관계맺기의 결실이라고 이야기할 수 있는 증거들이다.

성공은 당신이 하는 일이 아니라
당신의 인맥이 결정한다

요즘 젊은이들 중엔 나홀로족이 많다. 혼자 놀고 혼자 밥 먹고 혼자 여가시간을 보낸다. 그만큼 혼자 있는 시간을 즐기는 사람들의 숫자가 늘어났다는 소리다. 일명 혼밥 세대라고 할 수 있다. 핵가족 시대를 배경으로 성장한 젊은 세대들은 각자의 개성이 강하여 사람들과 어울리는 관계맺기를 귀찮아하고 두려워한다.

5G 시대가 열리는 초연결사회다. 이런 초고속 시대에 살면서 자신에 대한 깊이 있는 성찰은 등한시되고 있다. '나는 누구인가', '어떻게 살 것인가', '내가 원하는 목표에 어떻게 도달할 수 있는가'. 이런 질문에 대한 깊이 있는 사색 시간을 갖지 못하고 그저 먹고살기에 급급한 나머지 현실에 매몰되어 살아간다.

사람들은 저마다 꿈꾸는 이상이 있다. 하지만 이상을 실현시키기란 쉬운 일이 아니다. 현실이라는 벽을 뛰어넘어야 하기 때문이다. '꿈은 높은데, 현실은 시궁창'이라는 영화 대사도 있지 않은가. 자신이 꿈꾸는 이상, 그러나 그것을 방해하는 현실의 무게. 이 둘 사이의 간극을 좁히기 위해 사람들은 발버둥치며 살아간다. 현실의 벽 앞에서 좌절한 젊은이들도 적지 않을 것이다. 벽을 뛰어넘기 위한 여러 번의 시도 끝에 그들은 결국 좌절하고 만 것은 아닐까. 커다란 벽 앞에서 열망이 식어버린 젊은이들도 적지 않으리라. 사회 초년생들이라면 특히나 더욱 그러할 것이다.

오늘날 우리 청년들이 기억해야 할 것은 두 가지다.

그것은 바로 꿈을 펼칠 수 있는 용기, 그리고 버텨낼 수 있는 의지와 자신감이다. 이것들만 있다면 뭐든지 할 수 있다. 그렇다면 이제부터 누구를 만나더라도 꿈과 열정을 크게 소리쳐 이야기하자. 꿈과 열정은 사람으로 하여금 일을 하게 만드는 배터리이자 삶을 나아가게 하는 원동력이다. 그리고 사람을 만나자. 인간관계에서 길을 찾자. 사람이 곧 재산이요, 힘이다. 4차 산업혁명 시대의 핵심 키워드는 바로 초연결, 초인공지능이다. 여기서 말하는 '연결'이란 사람으로부터 나오는 능력이다. 이 시대는 단연코 '사람 중심의 시대'이다. 사회생활과 비즈니스의 중심에는 바로 사람이 있다. 인간관계가 핵심이다.

인간관계란 거창한 것을 말하는 것이 아니다. 평소의 일상적이고 사소한 관계조차도 소중한 인연이다. 그러니 소홀히 여기지 말자. 사람과 사람 간의 만남을 통해 새로운 세계로 나아갈 수 있다. 그만큼 인간관계가 중요하다는 소리다. 인맥이 넓은 사람들이 있다. 그들은 어떻게 해서 그토록 많은 사람을 알고 있는 것일까?

또 그 사람들은 어떻게 노력했기에 가능한 걸까.

이 책은 인간관계의 관계맺기의 기술에 관한 이야기를 하고 있다. 즉 누구든 파워 커넥터가 되는 길에 관한 이야기이다. 사람과의 관계에서 네트워크를 확장하는 가장 좋은 방법은 이미 존재하는 주변의 네트워크에 대한 분석과 이해를 높이는 것이다. 이전에 알고 지내던 사람이나 아직 잘 모르는 사람, 즉 '약한 연결'로 이어진 관계부터 관심을 가져보길 바란다.

인간관계는 우리 삶의 꿈과 성공에 어떤 영향을 미칠까.

이 책을 통해 그것을 보여주는 흥미로운 사례를 제시하였다. 사례를 바탕으로 나 자신을 성장시키는 관계맺기의 기본적 마인드와 테크닉, 그리고 자신의 세계를 확장하는 방법들을 살펴보고자 한다.

우리 주변에 누가 있는지 평소에 관심을 갖고 살펴보길 바란다. 즉 누구와 어떻게 연결되어 있는가 하는 문제를 살펴보는 게 중요하다. 성공하는 사람들은 자신과 연결된 인맥 네트워크를 제대로 연결하여 길을 잘 찾는 사람들이다.

누구를 만나느냐에 따라 인생이 달라지기도 합니다
이제는 스펙이 아닌 인(人)테크의 시대,
사람이 곧 재산입니다

| 권선복
도서출판 행복에너지 대표이사

위대한 성인들께서 세상에 진면목을 드러내기 전, 그들에게도 소위 인(人)테크가 있습니다. 부처님의 수행(修行)은 궁궐을 벗어나 세상 사람들과의 만남을 통해 이루어졌고, 예수님의 진리 설파도 그 첫걸음은 12제자들과의 만남이었습니다. 공자의 가르침 역시 춘추전국시대의 주유천하(周遊天下) 속에서 수많은 임금들과의 만남을 통해 무르익고, 제자들에 의해 집대성된 것입니다.

심지어 성인들도 이럴진대 세상 누구도 나 홀로 지금의 자리까지 걸어온 사람은 없습니다. 개인적 친분이든 사회적 공동 목표든 간에 인간 세상은 이처럼 만남과 만남의 관계를 통해서 정서적 유대와 목표 실현 가능성을 더욱 높여왔습니다.

그러나 요즘 우리 사회에는 개인주의가 팽배합니다. 심지어 과거 일본에서나 들려오던 히키코모리 현상이 한국 젊은이들에게도 종종 발견된다 합니다. 이런 사회에서 관계의 결속력을 다지기란 쉽지 않은 일입니다. 하지만 바로 이와 같은 현실 때문에 우리는 더더욱 성공하는 사람들이 공통적으로 소중하게 일궈낸 관계망, 인(人)테크의 힘에 주목해야 합니다.

사람은 혼자서는 살아갈 수 없는 존재입니다. 아무리 잘난 사람이라고 한들 누군가의 도움 없이 살아가기란 불가능합니다. 인간은 사회적인 동물이기 때문입니다. 어떤 사회적인 소속감을 필요로 하며 그 안에서 타인과 공존하는 법을 배웁니다. 아무리 사회가 서구화되었다지만 집단노동력에 의존한 농경사회를 오랫동안 유지해 왔던 우리의 문화와 의식구조 속에서는 이 인간관계망과 인테크의 소중함이 더욱 남다릅니다.

이 책 『파워커넥터』에서 저자는 지식이나 기술을 습득하는 일보다도 사람을 더 많이 아는 일이 큰 재산이라고 합니다. 저자는 그런 인맥재산을 두고 인(人)테크라고 말합니다. 무수한 거미줄의 결을 하나하나 직조해 가듯 우리의 인생은 사람들과의 만남을 통한 교직(交織)으로 완성되어 갑니다. 그리고 때로는 어떤 사람을 만나느냐에 따라 인생의 전환점을 맞이하기도 합니다.

이 책 『파워커넥터』의 독자가 되시면 무심코 옷깃을 스치는 인연들 하나하나가 소중해짐을 느끼게 됩니다. 그리고 그 인연들을 우리 인생의 자양분으로 소중하게 되돌리는 노하우를 절실히 깨닫게 되실 것입니다. 오늘 이 순간, 그동안 잊고 지냈던 사람에게 먼저 연락을 해보시는 것은 어떨까요? 독자 여러분에게도 사람의 곳간에 보물을 쌓는 인테크의 비법이 실현되기를 진심으로 기원합니다.

하루 5분나를 바꾸는 긍정훈련

행복에너지

'긍정훈련'당신의 삶을
행복으로 인도할
최고의, 최후의'멘토'

'행복에너지
권선복 대표이사'가 전하는
행복과 긍정의 에너지,
그 삶의 이야기!

인터파크
자기계발 분야 주간
베스트 1위

권선복

도서출판 행복에너지 대표
지에스데이타(주) 대표이사
대통령직속 지역발전위원회
문화복지 전문위원
새마을문고 서울시 강서구 회장
전) 팔팔컴퓨터 전산학원장
전) 강서구의회(도시건설위원장)
아주대학교 공공정책대학원 졸업
충남 논산 출생

책『하루 5분, 나를 바꾸는 긍정훈련 - 행복에너지』는 '긍정훈련' 과정을 통해 삶을
업그레이드하고 행복을 찾아 나설 것을 독자에게 독려한다.
긍정훈련 과정은[예행연습] [워밍업] [실전] [강화] [숨고르기] [마무리] 등 총
6단계로 나뉘어 각 단계별 사례를 바탕으로 독자 스스로가 느끼고 배운 것을 직접
실천할 수 있게 하는 데 그 목적을 두고 있다.
그동안 우리가 숱하게 '긍정하는 방법'에 대해 배워왔으면서도 정작 삶에 적용시키
지 못했던 것은, 머리로만 이해하고 실천으로는 옮기지 않았기 때문이다. 이제
삶을 행복하고 아름답게 가꿀 긍정과의 여정, 그 시작을 책과 함께해 보자.

『하루 5분, 나를 바꾸는 긍정훈련 - 행복에너지』

'행복에너지'의 해피 대한민국 프로젝트!
〈모교 책 보내기 운동〉

대한민국의 뿌리, 대한민국의 미래 **청소년·청년**들에게 **책**을 보내주세요.

많은 학교의 도서관이 가난해지고 있습니다. 그만큼 많은 학생들의 마음 또한 가난해지고 있습니다. 학교 도서관에는 색이 바래고 찢어진 책들이 나뒹굽니다. 더럽고 먼지만 앉은 책을 과연 누가 읽고 싶어 할까요?
게임과 스마트폰에 중독된 초·중고생들. 입시의 문턱 앞에서 문제집에만 매달리는 고등학생들. 험난한 취업 준비에 책 읽을 시간조차 없는 대학생들. 아무런 꿈도 없이 정해진 길을 따라서만 가는 젊은이들이 과연 대한민국을 이끌 수 있을까요?

한 권의 책은 한 사람의 인생을 바꾸는 힘을 가지고 있습니다. 한 사람의 인생이 바뀌면 한 나라의 국운이 바뀝니다. **저희 행복에너지에서는 베스트셀러와 각종 기관에서 우수도서로 선정된 도서를 중심으로 〈모교 책 보내기 운동〉을 펼치고 있습니다.** 대한민국의 미래, 젊은이들에게 좋은 책을 보내주십시오. 독자 여러분의 자랑스러운 모교에 보내진 한 권의 책은 더 크게 성장할 대한민국의 발판이 될 것입니다.

도서출판 행복에너지를 성원해주시는 독자 여러분의 많은 관심과 참여 부탁드리겠습니다.

도서
출판 **행복에너지**
☎ 010-3267-6277

능력을 인정받는 공무원의 비결

이수희 지음 | 값 15,000원

저자는 본인의 생생한 경험과 공직생활에서 얻은 체험을 바탕으로 공무원이 되고 싶은 사람이나 현직 공무원 새내기에게 도움이 되는 구체적인 '꿀팁'들을 전해 준다. 직접 작가가 실무에 뛰어든 내용을 예로 하여 실용적인 내용을 통해 공무원으로서 지녀야 할 규율과 행동요령을 정리해 주는 이 책을 통해 독자들은 공무원으로서 근무한다는 게 어떤 것인지 보다 확실하게 알 수 있을 것이다.

공무원 탐구생활

김광우 지음 | 값 15,000원

『공무원 탐구생활』은 '공무원'에 대해 속속들이 들여다본 책으로, 다양한 시각으로 공무원에 대해 분석하고 있다. 특히 '공무원은 결코 좋은 직업이 아니다'라며 기본적으로 비판적인 시각을 가지고 분석한다는 걸 특이점으로 꼽을 수 있다. 이미 공직에 몸담은 공무원뿐만 아니라, 공무원을 준비하고 있는 이들에게도 앞으로의 진로 설정 방향과 공무원에 대한 현실을 세세히 알려준다. 30년이 넘는 시간 동안 공직생활을 통해 쌓아 온 저자의 경험이 밑바탕이 되어 독자들에게 강한 신뢰감을 준다.

하이파이브 부부행복

김진수 지음 | 값 15,000원

이 책은 부부간의 건강한 관계와 소통방식에 대해 얘기하고 있다. 단순히 싸우지 말자는 구호에서 그치는 것이 아니라 어떻게 하면 갈등을 '잘' 풀어나갈 수 있을 것인가에 관해 고민하며 쓴 책이라고 할 수 있다. 다섯 개의 손가락에 비유되는 각 키워드를 따라가다 보면 가정의 화목을 고민하고 있는 모든 남편, 아내에게 해결의 실마리를 제시해 주는 훌륭한 지침서가 될 것이다.

일어나다

박성배 지음 | 값 15,000원

책 『일어나다』는 '고난은 신이 주신 선물'이라는 명제 아래, 이 힘겨운 삶을 이겨내고 행복을 품에 안기 위해 반드시 갖춰야 할 태도와 노하우를 담은 책이다. 저자의 풍부한 경험과 학문적 연구를 바탕으로 '책, 사람, 꿈, 믿음'이라는 네 가지 주제를 든든한 삶의 버팀목으로 제시한다.

내 인생의 첫 책쓰기

허재삼 지음 | 값 15,000원

많은 사람들이 책은 아무나 쓸 수 없다는 고정관념을 가지고 있다. 이를 극복한다고 해도 예비 작가나 초보 작가일수록 모든 게 낯설고 어떻게 시작해야 할지 막막한 것이 사실이다. 그러나 허재삼 저자는 그것을 극복해야만 펜을 쥘 수 있다고 이야기한다.
원고 작성부터 책 출간까지, 3개월간 그가 경험한 극복과정을 따라가다 보면 어느새 독자들의 가슴 한 켠에도 책 한 권을 써낸 작가로서의 꿈이 피어날 수 있을 것이다.

결국 그들은 당신을 따른다

정태영 지음 | 316쪽 | 값 15,000원

책 『결국 그들은 당신을 따른다』는 평범한 '일반 리더'를 극심한 경쟁 속에서도 탁월하게 빛나는 '브릴리언트 리더'로 거듭나게 해 줄 '심리경영 핵심스킬'을 담고 있다. 21세기 리더가 갖춰야 할 소양과 비전을 제시하며, 팔로어에 대한 올바른 팔로어십(followership) 고양과 적절한 모티베이션(motivation) 방안에 대해 이야기하고 있다.

작은 습관, 루틴

오히라 노부타카 · 오히라 아사코 지음/장나무별, 장영준 역 | 값 15,000원

이 책 『작은 습관, 루틴』은 우리가 일상적 업무 속에서 스트레스가 되는 다양한 요소의 해결책을 제시한다. 이러한 스트레스의 크기를 느슨하게, 고통으로 느끼지 않고도 충분히 우리들이 해소할 수 있는 작은 단위로 쪼개어 해결할 수 있는 방법을 구체적이고 상세하게 제공하는 책이다. 이 작은 보물지도가 여러분의 조직에서, 가정에서, 새로운 세상과 새로운 삶으로 이끌어주는 마법의 램프를 찾도록 도와줄 것이다.

나는 리더인가

홍석환 지음 | 값 15,000원

『나는 리더인가』는 〈리더스 다이제스트Leader's Digest〉와 같은 책이다. 전체 80항목으로 구성되어 있으나 길지도 짧지도 않은 분량으로 리더가 갖춰야 할 필수 항목들을 요약적으로 짚어내고 있다.
군더더기 없는 핵심만을 지적하고 강조한 점에서 리더가 되고 싶은, 혹은 리더의 길을 걸어오며 한 번쯤 자신을 되돌아보고 싶은 분들이 본인의 체크리스트로 삼기에 더없이 좋은 책이다.

PoWer connector

파워커넥터

이연수 지음